l'Art de Vivre au

PORTUGAL

Préface de Mario Soares
Texte de Anne de Stoop
Photographies de Jérôme Darblay
avec le concours de Caroline Champenois

Flammarion

Direction éditoriale
Ghislaine Bavoillot

Création graphique
Marc Walter

Réalisation PAO
Octavo Editions

Photogravure
Colourscan France

A Martine et Antonio
Anne de Stoop

En souvenir d'Agua de Peixes
Jérôme Darblay

SOMMAIRE

PRÉFACE

par Mario Soares

Est-ce vraiment possible de définir l'art de vivre au Portugal, un art tout en nuances, loin de tout discours, comme semble le suggérer cet *Ange du silence*. L'élégance et la délicatesse de ce symbole de tout un peuple. Peint probablement à la fin du XVIIIe siècle, il se trouve dans la chapelle du palais de Santos, appelé aussi le palais Abrantes, où se trouve l'Ambassade de France à Lisbonne.

Ce livre – qui paraît dans une collection destinée à faire connaître les habitudes, les traditions, les richesses naturelles et culturelles, l'art de vivre dans divers pays – est véritablement un *itinéraire* de voyage au Portugal. Un excellent itinéraire pour une connaissance approfondie.

Du patrimoine naturel et des paysages à l'architecture et à l'histoire, de la gastronomie aux arts populaires, de la musique à la peinture et, surtout, à la littérature, ce livre indique pour chaque région, pour chaque ville, même sans être exhaustif, tout ce qui s'y trouve de plus significatif et qui mérite d'être apprécié.

Avec des caractéristiques qui le rapprochent d'un guide touristique, ce livre va cependant plus loin. Par le soin mis dans ses références culturelles, avec de constantes citations d'écrivains et d'artistes, et par l'ensemble des informations qu'il réunit, il constitue une brève et utile introduction pour tous ceux qui souhaitent connaître le Portugal et qui veulent le visiter.

Pays à la longue histoire multiséculaire, à la culture riche et originale, ouverte à plusieurs influences, le Portugal possède une très grande diversité d'hommes et de paysages, tout en étant constamment une nation d'une rare identité nationale.

Pays européen, penché sur l'Atlantique, qui adoucit son climat, situé à l'embouchure de la Méditerranée, qui marque son caractère, le Portugal se lança au XVe siècle dans l'aventure des Grandes Découvertes maritimes et fit connaître le Monde à l'Europe. Stratifié en multiples couches d'influences et ayant intégré plusieurs cultures et coutumes, le Portugal, un des plus anciens pays parmi les États européens, aux frontières inchangées depuis le XIIIe siècle, sut garder une identité propre – et très particulière – au cours de tous ces siècles. Ce fut le premier pays européen à bâtir un vaste empire – qui allait de Malaisie et d'Inde jusqu'aux côtes d'Afrique et d'Amérique latine, avec le Brésil, sans oublier les nombreuses îles atlantiques – et le dernier à l'abandonner. De cette aventure qui se prolongea pendant six siècles, il nous reste une langue commune, parlée par presque deux cents millions d'êtres humains, et un croisement original de cultures marqué par un grand sens d'humanisme universaliste et de fraternité, indépendamment des ethnies et des religions.

Le Portugal est aujourd'hui un pays ouvert à la modernité, à la démocratie et au respect des droits humains. Sorti d'une longue dictature avec la « révolution des œillets » (le 25 avril 1974), révolution pacifique et sans effusion de sang, le Portugal s'inséra en 1985 dans la Communauté européenne, reprenant sa vieille tradition démocratique qui date des débuts de la nationalité (1140). Il sait intégrer les valeurs de paix et de solidarité, persuadé qu'une meilleure connaissance entre les peuples et l'échange de cultures sont des facteurs irremplaçables pour l'enrichissement humain et le respect mutuel dans la tolérance devant ce qui est différent.

La collection à laquelle appartient cet ouvrage contient cette même proposition d'ouverture grâce à une meilleure connaissance de ce qui nous est étranger. Pour cela, il me plaît d'écrire ces quelques mots d'introduction et de saluer ainsi éditeurs et auteur.

Mario Soares

Presidencia da Republica
Palacio de Belém, Lisbonne, juillet 1994
Traduit du portugais par Pierre Leglise-Costa

LE PAYS
DE LA DOUCEUR
DE VIVRE

« Tout ce qui doit être blanc est blanc pur » remarquait Jean Giraudoux dans son livre sur le Portugal. Dans la plaine immense de l'Alentejo, les villages surgissent comme des mirages. La blancheur éclatante des murs contraste avec le schiste gris du pavement des sols qui, dans sa rude simplicité, rappelle toute la violence de cette terre. Les maisons, ici, ressemblent à des sculptures de terre, de chaux et de lumière (page ci-contre à Monsaraz).

Présenter le Portugal en quelques lignes est une entreprise d'une folle témérité. Comment porter un jugement sur un pays que l'on aime, passé maître dans l'art de vivre ? Convient-il de le laisser à son mystère ou de le hisser sur le socle de toutes les merveilles ?

Le Portugal, on aimerait y partir dès les premiers mots de portugais entendus. L'accent mélancolique, les intonations surprenantes, la phonétique mystérieuse, la foisonnante richesse, la musicalité de cette langue de poètes sont une délicieuse invitation au voyage.

Très vite, on découvre que ce pays diffère profondément de l'Espagne voisine. « L'Espagne et le Portugal vivent sur la même péninsule, mais dos à dos plutôt que face à face », souligne Michel Déon. Car le Portugal est depuis très longtemps un monde à part. Défini depuis près de huit cents ans, il est même le plus vieux pays européen dans ses frontières actuelles. Plus encore, il est la première nation du continent à n'avoir qu'une seule et même langue. Cette ancienneté est l'une des clefs pour comprendre une entité très tôt consciente de son caractère original.

Adossé à l'Espagne, long rectangle bordé par l'Atlantique, le Portugal a toujours été tourné vers l'ailleurs. « On comprend qu'au cœur de l'immense plaine *alentejana* soient nées la foi et l'espérance en un destin national aux dimensions du monde, note l'écrivain Miguel Torga. Il fallait partir de ces vagues de terre se succédant sans naufrages et sans abîmes pour pouvoir aller en confiance vers la mer. »

Toute l'histoire portugaise est ainsi un hommage aux Grandes Découvertes, cette aventure qui, dès le XVe siècle, a contribué à modeler profondément le pays. D'abord timidement jusqu'au Maroc, puis de crique en crique jusqu'au cap de Bonne-Espérance, enfin jusqu'au Japon et au Brésil, les navigateurs portugais sont partis vers l'inconnu.

Tout Portugais a toujours au fond de lui-même, selon Fernando Pessoa, une certaine nostalgie de la grandeur d'hier. Cette mélancolie douce-amère, la saudade, « un mal dont on jouit, un bien dont on souffre », selon l'expression du poète Francisco Manuel de Mello, fait partie du quotidien. Elle serait aussi le goût d'un bonheur toujours inassouvi mêlé à une certaine nostalgie du futur.

Chercher à connaître le Portugal, c'est aller de surprise en surprise. En hiver, un blanc manteau recouvre le sol ; chape de neige sur la *serra da Estrela*, tapis de fleurs d'amandiers en Algarve, ce pays aime les contrastes... Dans le Nord, contrée verdoyante, arrosée de pluies, le soleil perce parfois des brumes légères venues de l'océan. L'atmosphère est souvent baignée d'une poétique lumière gris perle. Ici, l'Atlantique n'est jamais très loin. « J'ai quelquefois pensé que le Portugal pourrait s'appeler Atlantis, remarque l'écrivain A. T'Serstevens. Son climat, sa végétation, sa vie côtière et même sa vie agricole, son histoire, ses découvertes, ses conquêtes, son architecture propre – le manuélin –, une grande partie de sa littérature, sa race, son caractère et son langage s'expliquent en un seul mot : l'Atlantique. »

Pourtant, dans la province de l'Alentejo, *Além Tejo* – au-delà du Tage – la fraîcheur tempérée de la mer semble bien loin. Ici, les grands froids hivernaux succèdent à la chaleur brûlante de l'été. Ce n'est plus l'Atlantique, mais déjà l'Orient. Pour s'en convaincre, il suffit de descendre vers l'Algarve, cette région toujours ensoleillée à laquelle le bleu du ciel, la transparence de l'air et une fabuleuse lumière donnent un attrait incomparable.

Les maisons éclatantes de blancheur semblent surgir de l'atmosphère qui les entoure. Car dans ce pays, tout est couleur, même le blanc des façades irradiées de soleil. Les angles des maisons, les corniches, les plinthes, l'encadrement des baies sont souvent ourlés d'ocre, bordés de bleu, teintés de vert, soulignés de rouge. Par effet de contraste, la couleur ici accuse, souligne ou rectifie les volumes ; elle devient essentielle, structure même. Elle couvre aussi les murs crépis de jaune ocré au bord de la mer, de rose, de rouge, de vert pâle. On la retrouve même sur les maisons de granit du Nord, irisées par les lichens verdoyants, dorées par le soleil, lavées par la pluie, rehaussées par les encadrements de fenêtres traditionnellement bicolores.

Toutefois, ce qui résume peut-être le plus la couleur du Portugal, ce sont les azulejos, ces prodigieux carreaux de faïence qui rythment la vie portugaise. Avec eux, ce pays de poètes a enseigné au monde le rêve au quotidien. Depuis plus de cinq siècles, sous l'influence conjuguée des Maures et de leur voisin espagnol, les Portugais ont réinventé ce décor qui transforme aujourd'hui l'intérieur des édifices religieux et des maisons, orne les patios et les jardins, envahit les façades. Pour Paul Morand, « les azulejos sont partout à leur place, dans les chapelles privées des palais, [...] dans les antichambres nobles, prolongeant les lampes des salons d'un rose éteint, ou dans les jardins, au dossier des bancs ou sous l'eau des vasques ; [...] ils réveillent l'austérité des buis taillés, font chanter le vert des boulingrins, distribuent leurs couleurs rares avec une audace qui va parfois jusqu'au dévergondage. » Et toujours ils envoûtent, captivent, qu'ils racontent une histoire dans la tradition narrative des peuples d'Occident ou qu'ils composent de savants assemblages géo-

métriques, un chant presque incantatoire à l'image des décors d'Orient.

Cet Occident sans cesse tourné vers l'Orient est incontestablement l'un des attraits du Portugal. Déjà, Rome a marqué de sa présence l'extraordinaire site de Conimbriga. Plus tard, au Moyen Âge, ont fleuri ces abbayes romanes et gothiques, orgueil de toute la chrétienté. Puis, l'architecture a évolué au cours des siècles, enrichie par les apports de la Renaissance italienne, de l'art baroque, du rocaille, de l'éclectisme nationaliste... Partout, des monuments prestigieux se découvrent : les églises et les monastères d'Alcobaça, de Batalha, de Tomar, d'Évora, de São Roque et de Graça à Lisbonne, les palais de Vila Viçosa, de Queluz et de Mafra, l'escalier du Bom Jesus à Braga...

Très vite, pourtant, on réalise que le tempérament portugais est foncièrement baroque tout comme l'esprit français est éminemment classique. L'architecture lusitanienne, comme d'ailleurs la langue portugaise, porte en elle une spécificité : la liberté des formes et la profusion ornementale privilégient la fantaisie et la sensibilité. Cette tendance constante à l'expression baroque donne sa pleine mesure à la fin du XVe siècle avec l'art manuélin conçu dans l'aura de gloire et de richesse du règne de Dom Manuel. Au couvent des Jerónimos de Belém, au monastère de Batalha ou de Tomar, l'imagination des artistes, appuyée sur les structures du gothique tardif, est comme exaltée par les découvertes à travers le monde.

Follement baroque encore, au XVIIIe siècle, toute la profusion de la *talha dourada* ! Ces bois sculptés et recouverts de l'or qui afflue du Brésil envahissent les retables et parfois les églises entières avec une incroyable fougue notamment à l'église de São Francisco à Porto. Bientôt, dans le nord du pays surtout, ce sont aussi les façades qui s'incurvent et tout le décor de pierre se transforme en formes végétales frémissantes, exacerbées par la dynamique rococo. Au XIXe siècle encore, le

Les chatoyants costumes du Minho sont parmi les plus beaux du Portugal. Le gilet, la jupe et le tablier fleuris de broderies de laine aux couleurs vives sont portés avec une chemise et des bas blancs. On les admire lors des pardons et des pèlerinages qui se succèdent du printemps à la fin de l'automne ; le plus célèbre étant sans conteste celui de Notre-Dame de l'Agonie à Viana do Castelo. Les processions se succèdent ; puis, avec cette liberté festive si *minhota*, feux d'artifice et *foguetes* – fusées – accompagnent les danses populaires (page ci-contre, une fête près de Ponte de Lima).

Selon Paul Morand, «le Portugal est le royaume de la terre vernissée, la faïence ayant été à ses anciens maîtres, les Arabes, ce que la porcelaine fut à Cathay. Si sobre en Andalousie, l'azulejo ose au Portugal des mauves hardis, des jaunes stridents, des scènes de légende, des portraits, des naumachies, des poèmes, du paysage ; l'histoire lusitanienne se lit, grâce aux azulejos, en plein air». Ces carreaux de faïence si caractéristiques, font partie du paysage portugais. Une grande attention est toujours portée aux bordures des panneaux (page ci-contre, la Casa Anadia, près de Mangualde).

style « revivaliste » réactualise cette dynamique. Cette tendance au baroque, le *barroco* – ce mot créé par les Portugais qui signifie « perle irrégulière » – se décline dans l'art des jardins. Au sud, où le climat est plus amène, ils prolongent la maison et se cachent derrière de hauts murs. Par leurs artifices, les azulejos y surpassent souvent en magnificence le foisonnement de la nature et habillent de leur polychromie arcs décoratifs, fabriques, bancs où il fait bon se reposer. Dans le Nord, les jardins sont plus ouverts sur la nature, moins secrets et plus monumentaux avec leurs statues de granit, leurs grandes fontaines et leurs sculptures végétales que sont arcades, tonnelles, banquettes, volatiles et serpents de camélias ou de buis.

Le jardin est toujours une image de l'Eden, un paradis en quête duquel ce peuple profondément religieux n'en finit pas de rêver. Pour s'en convaincre, il suffit de voir sur les routes du pays les pèlerins qui cheminent vers Fátima, ce sanctuaire qui, pour beaucoup, est le vrai cœur mystique du Portugal. Ici, le sens du spirituel s'exprime par une religion qui a su rester populaire, et chaque geste est chargé de symbole. Ce sont les *romarias* – les pardons –, les processions, les *alminhas*, ces petits oratoires populaires disposés au bord des routes... Et puis, il y a aussi les chapelets accrochés dans les taxis, et *Maria*, le nom de la Vierge, qui apparaît partout, sur les céramiques, sur les bateaux, sur les camions, sur le pain et même sur le riz au lait, légèrement tracé avec de la cannelle.

Cette foi permet de comprendre le tempérament portugais, ce comportement particulier fait de fraternité immédiate et d'ouverture. Car ici, il n'est jamais inconfortable d'être différent. Serait-ce le secret de l'art de vivre au Portugal ?

Définir celui-ci est assurément inconcevable, disent avec amusement les Portugais quand la question leur est posée. C'est un tout tellement complexe. L'art de vivre dans ce pays de vieille culture serait peut-être d'abord un art de vivre en société. Les Portugais sont d'une politesse exquise

et l'on devine combien sont subtiles les nuances dans le *tratamento*. La façon de s'adresser à l'autre se conjugue de moult façons, mais le plus souvent, et tout naturellement, à la troisième personne ; plaisir royal qui fait oublier l'ennuyeuse dictature du tutoiement.

Au Portugal, le sens de l'accueil est une tradition nationale. Ici, la cordialité est toujours empreinte d'un charme infini. De fait, la capacité d'adaptation de ce peuple poussé par la nécessité vers des contrées étrangères a toujours été étonnante. Cette fascination pour l'étranger, cette aptitude à apprendre les langues font de ce pays une terre d'accueil privilégiée. Dès le XVIe siècle, Camões, le poète voyageur, chantait l'immensité de la terre élargie par le dialogue des civilisations, faisant de sa patrie la terre originelle de l'universalisme contemporain.

La joie de se retrouver explique le goût des Portugais pour les plaisirs de la table. A cette véritable liturgie du quotidien, où se partagent en famille ou entre amis joies et peines, s'ajoutent, bien sûr, les plaisirs de la gastronomie. Car les paysans et les marins savent ici offrir les meilleurs produits de la terre ou de la mer. Certains plats associent même viande et coquillages en une synthèse très symbolique.

L'art de vivre au Portugal a de multiples facettes. Pour essayer de les dévoiler, cet ouvrage se propose de présenter le bonheur et le charme de la vie quotidienne plutôt que d'évoquer l'histoire ou les monuments prestigieux du pays. Il reste maintenant à les découvrir en parcourant le pays du nord au sud, en laissant à regret au large Madère et les Açores, un monde à elles seules... Un voyage qui nous invite à contempler des paysages modelés de lumières et de couleurs, à flâner dans les villes et les villages à la prodigieuse diversité, à rêver dans les jardins, à déguster des plats et des vins savoureux, à découvrir les œuvres des artisans, en étant reçu dans des palais, des *quintas*, des manoirs, des *montes*... qui illustrent si bien un certain style de vie.

MINHO ET DOURO

Les régions du vin

Cet ange illuminé de lumière veille dans la chapelle du manoir de Calheiros. Merveille que cette *talha* – ces bois sculptés généralement peints ou dorés qui tentent de transformer chaque retable en reflet du royaume de Dieu (double page précédente).

Quelle est belle cette verte campagne du Minho, ce berceau du Portugal (page ci-contre). Partout, ces hautes meules de paille (ci-dessus à droite) témoignent de la présence d'une civilisation pastorale. Des piliers de granit soutiennent les treilles, si hautes qu'elles obligent

à cueillir le raisin avec des échelles. Parfois, ils servent tout simplement à tendre les fils sur lesquels sèche le linge (ci-dessous).

En cette terre d'élevage, les bœufs sont l'orgueil de tout fermier. Leurs jougs sculptés sont de véritables œuvres d'art (ci-dessous, en bas).

Berceau mythique du Portugal, l'Entre-Douro-e-Minho est devenu la fabuleuse province du Minho. Bordée au nord par le *rio* Minho qui la sépare de la Galice, ennemie et complice depuis toujours, elle s'étend au sud jusqu'au *rio* Douro au cours impétueux. C'est une passionnante région où la symbiose entre la nature, l'homme et la tradition est si parfaite que la contempler est un vrai bonheur.

« Le vert ici dévore l'arc-en-ciel », disait Miguel Torga. Complexe mosaïque de verts que décline la campagne *minhota*, poétique marqueterie à laquelle la luminosité diffuse et l'air chargé de l'humidité océanique donnent une grande douceur. Symbole de l'énergie de ce peuple, cette région montagneuse est devenue un jardin où, depuis toujours, chaque pouce de terre est cultivé. Les amples vallées rythmées par des champs et des pâturages en terrasses s'étagent doucement vers les hauteurs. Partout l'eau murmure. Sauvage ou domestiquée, elle alimente lavoirs et fontaines, irrigue les champs de maïs, chantonne dans de petits fossés, emprunte même de curieux sentiers, mi-ruisseaux, mi-chemins, judicieusement surélevés et empierrés en leur milieu.

Vertes encore, d'un émeraude irradié de lumière, les *vinhas de enforcado*, vignes suspendues et grimpantes, au bord des champs, prennent parfois des dimensions gigantesques, s'accrochant d'arbre en arbre, enlaçant clôtures et poteaux, formant un rideau de verdure le long des routes. Souvent aussi, elles composent d'admirables cathédrales de feuillage. Soutenues par d'imposants fûts de granit monolithes, ces *latadas*, immenses treilles étirées à l'horizontale, abritent de leur ombre pommes de terre, haricots, fèves et choux à la verdeur veloutée, ces choux étonnants, le véritable légume national. Intrépides et capricieuses, ces vignes produisent ce vin allègre, à peine sucré, légèrement acide et pétillant, le si bien nommé *vinho verde*. En automne, des rires et des chants animent la contrée. Et les vendangeurs montent sur de hautes et légères échelles en

bois d'eucalyptus que l'on appuie aux arbres pour atteindre les vignes.

Récolté avant sa maturité complète, le raisin produit ce *vinho verde* – par opposition au *maduro* –, faiblement alcoolisé. C'est à cause de cette caractéristique et non pour sa couleur qu'il est appelé *verde*. Car le vin vert le plus typique est d'abord le *tinto*, un rouge qui a une saveur de fruit vert et un étonnant goût métallique. Cet amusant breuvage rustique, surtout apprécié dans les campagnes, tiré du tonneau et servi dans des bols dans les petites tavernes de village, est le plus souvent produit dans les vignobles traditionnels. Mais, succès oblige, le *vinho verde* blanc est de plus en plus souvent produit sur des vignobles palissés. Privé de liberté dans ces paysages sagement policés, le vin perd quelque peu de sa gaillarde verdeur.

Car le vin est un peu la quintessence du Minho, cette riante contrée aux récoltes abondantes. On entend encore parfois l'antique grincement des chariots aux roues pleines tirés par des attelages de bœufs. Leurs immenses cornes en forme de lyre semblent s'étirer vers le ciel. Certains jours, quand un tel cortège bucolique apparaît au détour d'un chemin bordé de vignes ou sous des pampres illuminés de soleil, on comprend, dans un éclair, que le Minho est tout proche du jardin d'Arcadie.

Ce jardin a pourtant une frontière, cette puissante *serra* do Marão qui le sépare d'un autre monde, la province du Trás-os-Montes – littéralement « au-delà des monts » – où coule le Haut-Douro. Cette vallée située loin à l'intérieur des terres est une ardente contrée où naît ce vin de Porto connu dans le monde entier. Elle offre un des plus beaux paysages du monde aménagés par l'homme.

Profondément encaissé, le Douro roule ses eaux entre des monts escarpés. Ces massifs sur lesquels les terrasses sont maintenues par de hauts murs de pierres sèches ont la majesté des antiques ziggourats assyriennes. Les horizontales des *socalcos* et les verticales des *calços* qui attei-

16

gnent parfois cinq mètres de haut, modèlent chaque courbe de niveau, tels d'ondoyants sillons. Ces montagnes sculptées se colorent au gré des saisons en vert, or, pourpre, brun, beige. Plus encore, elles se métamorphosent selon la lumière, qu'elles soient éclairées par les rayons du levant, taillées par le soleil de midi, façonnées par la lumière rasante du soir, modelées par la lune, voilées par la brume, estompées par le brouillard...

L'homme en apprivoisant une nature rétive semble avoir rivalisé avec le créateur de l'univers. Mais pourquoi tant d'efforts ? Personne mieux que Miguel Torga n'a expliqué ce terrible paradoxe d'un sol âpre, pauvre, au climat difficile et au relief escarpé qui produit ce vin si doux, appelé *vinho generoso* : « Aucun flot de chez nous ne court en un lit plus dur, ne rencontre d'obstacles plus acharnés, ne lutte aussi rudement tout au long du chemin ; nul autre coin de terre de chez nous ne montre d'aussi vastes friches, aussi fertiles et maudites. [...] En été une chaleur de forge brûle le schiste et transforme le courant en un cauchemar de lave en fusion ; en hiver, même les yeux des sarments pleurent de froid. [...] Etre sur ce sol aride et hostile un nouveau créateur de vie, donner ici une réponse quotidienne à la mort, transformer chaque flanc en un parapet d'espérance et chaque goutte de sueur en une goutte de douceur, voilà ce que Titan a enseigné aux hommes. »

Mais là aussi, comme dans le Minho, le paysage se modifie peu à peu. On édifie des terrasses sans muret, maintenues par des talus en obliques ; on met en place des plantations d'un nouveau type, perpendiculaires aux courbes de niveau, qui permettent la mécanisation des récoltes. Est-ce un pari technique risqué ou tout simplement la solution d'avenir ?

Plus loin, montagneuse encore et toujours, cette province du Trás-os-Montes se révèle dans toute sa pureté telle que la décrit passionnément Miguel Torga. « Je vais vous parler d'un royaume merveilleux. [...] Ce qu'il faut pour le voir, ce sont des yeux qui ne perdent pas leur innocence originelle

devant la réalité, et le cœur, alors, n'hésite pas. [...] On voit d'abord un océan de pierres. Des vagues et des vagues, sidérées, dressées et hostiles. » Mais parfois apparaît un village si dense avec ses murs de pierre et ses toits de chaume qu'il semble né de ce sol austère et aride.

Déplacé dans l'espace, le serait-on également dans le temps ? Tout est digne, noble et pur dans ces landes au climat difficile. Même l'air est d'une transparence inouïe. Plus au nord, la *serra* de Gerês, située dans la province du Minho, offre des sites admirables. Ses forêts sont peuplées d'animaux sauvages. On y rencontre notamment des chevaux, des aigles... C'est ici qu'a été créé le parc national da Peneda-Gerês, l'un des plus riches écomusées d'Europe.

VILLES ET VILLAGES DE SCHISTE ET DE GRANIT

Parcourir le Nord, quel merveilleux programme. Montagnes, collines, amples vallées et larges estuaires métamorphosés chaque jour selon la ronde inlassable des saisons abritent tant de cités, de villages animés ou de poétiques hameaux. Partout les pierres sont omniprésentes, qu'elles soient crépies de blanc ou laissées nues. Comme l'a écrit Fernand Pouillon dans *Les Pierres sauvages* :

Plus du tiers du Portugal est couvert par des forêts qu'avec une patience et une ténacité remarquables on s'est efforcé de reconstituer après les dévastations des siècles précédents où les besoins de la marine à voile engloutissaient le bois de régions entières», écrit Michel Déon. Inondée de lumière, la *serra* d'Alvão avec ses hautes futaies et ses arbres immenses et centenaires en est un témoignage (page ci-contre).

Dans ce pays où la céramique est reine, on découvre parfois de charmants épis de faîtage en terre cuite, comme cette colombe qui semble roucouler au bord du toit (ci-dessus).

Partout, l'eau ruisselle et vient à bout du dur granit. Elle se faufile dans de petites rigoles, coule au pied des maisons, mais creuse aussi de profondes vallées comme celles du Vez, du Tâmega ou du Lima où l'on pêche truites et lamproies (à gauche et ci-dessus).

Le vent souffle sur les rives du Lima où sèchent les draps. Le Nord est le pays du linge (ci-contre). Les toiles de lin écru étaient naguère tissées à la maison. Comme le coton, elles sont aujourd'hui travaillées dans les fabriques qui émaillent la campagne.

Dans le Minho, les escaliers et les encadrements des portes et des fenêtres exaltent la beauté du granit (ci-dessus). Le superbe fronton orne la chapelle du manoir de Calheiros.

« la lumière semble y déposer tour à tour les couleurs du prisme, gris composé, imprégné de soleil. Les blocs bruts arrachés au sol deviennent matériaux nobles ; chaque coup, chaque éclat apparent, sont témoins de l'énergie et de la persévérance. »

Sur la côte, les ports sont de riantes cités dont l'essor est dû aux Grandes Découvertes. Au fil des ans, Viana do Castelo s'est couvert de demeures de granit ornées de portes monumentales blasonnées, puis de maisons de *Brésiliens*, ces Portugais qui ont fait fortune au Brésil au siècle dernier. En ce qui fut le haut lieu de la pêche lointaine, il faut goûter, installé sur une charmante place à arcade, la spécialité locale de morue, le *bacalhau à Margarida da Praça*. Le poisson de rivière n'est pas moins réputé dans ces ports d'estuaires. C'est le pays des aloses et de ces succulentes lamproies, pêchées dans le *rio* Minho, que l'on accompagne d'un *vinho verde* frais et légèrement pétillant.

La vallée du Lima, empreinte de la sérénité des paysages classiques de Poussin, est jalonnée d'agréables bourgs. Ponte de Lima, Ponte da Barca et, plus loin, Arcos de Valdevez sont des lieux de passage traditionnels comme l'indique leur toponymie. Ponte de Lima se découvre en flânant dans les petites rues. C'est le règne du granit, apparent ou chaulé de blanc. Toujours travaillés avec art, accolades gothiques, cordages manuélins, frontons maniéristes, encadrements de fenêtres baroques se succèdent. Un écrivain portugais, le comte d'Aurora, a chanté ces lundis où la ville devient autre. « Oh, si tu pouvais, étranger, venir un jour de marché… » Tôt le matin, dans un halo de soleil et de poussière, le passage de troupeaux entiers sur l'étroit pont sur le Lima offre une image biblique. Au bord de la rive, une poétique mer de parasols blancs rectangulaires abrite toujours les forains et les marchands qui viennent des alentours.

A l'heure du repas dans un petit restaurant, un plat rustique originaire de Ponte de Lima, l'*arroz de sarrabulho* s'impose. Ce riz cuisiné avec du sang et de la viande de porc est devenu une spécialité

bien enracinée dans les traditions gastronomiques de la région. Dans le même style, les *rojões à moda do Minho* sont aussi un vrai résumé de la terre *minhota* : porc, pommes de terre, marrons, sang cuit, abats sont un vrai régal. Ces plats s'accompagnent le plus souvent d'un délicieux pain de maïs à la couleur dorée, la *broa de milho*, et bien évidemment de ce *vinho verde tinto* – rouge – de Ponte de Lima, fort apprécié pour sa saveur fruitée, fraîche et légèrement tannique. Comme dessert, l'*aletria com ovos*, jaune d'œuf au sucre, en vermicelles, est une agréable friandise locale. Pendant les fêtes de Pâques, les pâtisseries, en accord avec la liturgie, proposent les succulents *folares da Páscoa,* ces gâteaux en forme de nid d'oiseau sur lesquels les œufs qui affleurent à la surface, recouverts d'une croix en pâte, symbolisent la Résurrection.

Ces produits typiques se trouvent sur les marchés et tout particulièrement sur l'un des mieux achalandés du Minho, celui de Barcelos, qui se tient le jeudi, ce que personne n'ignore, même à Lisbonne. Toujours très animé, il propose en toutes saisons les productions de la région. Comme tous les marchés du monde, c'est le lieu de rendez-vous des paysans escortés de leur bétail, richesse traditionnelle et fierté des *Minhotos*. Ici, les fermières proposent les volailles qui caquettent dans leurs cages et, bien sûr, les légumes et les fruits présentés en pyramides multicolores qui embaument. Toutes sortes d'instruments agricoles ou ménagers modernes côtoient des objets traditionnels comme ces grands balais de brandes.

Barcelos étant l'un des grands centres d'artisanat du Portugal, c'est l'endroit idéal pour découvrir des merveilles. Ainsi les fines dentelles au fuseau, les serviettes, les fameuses *colchas*, ces couvre-lits de lin tissés à la main, et les nappes brodées de fleurs multicolores de Viana do Castelo illustrent une tradition maintenue très vivante dans le Nord. Des jougs de bœufs en bois, sculptés ou ajourés comme des moucharabiehs et parfois peints de couleurs éclatantes, vrais chefs-d'œuvre de l'art populaire, voisinent avec d'amu-

sants jouets rustiques, des objets en cuivre et des paniers. Outre les coqs emblématiques, ce sont peut-être les céramiques en terre cuite vernissée qui retiennent le plus l'attention, les figurines et aussi ces étranges personnages religieux ou profanes de la céramiste Julia Ramalhão. Bien qu'extrêmement rustique, la vaisselle vernissée fabriquée avec cette modeste argile rouge, peinte de motifs jaunes, réussit parfois à être somptueuse. Serait-ce dû à la beauté de ses proportions ou, plus encore, à l'allégresse créatrice de ce peuple *minhoto* ? Magnifique Portugal !

Cet hymne au Portugal devrait se chanter à Guimarães. Car ici est né le royaume libre du Portugal lorsque Alfonso Henriques a proclamé son indépendance en se séparant de la Castille en 1139. Dépositaire de telles traditions, cette ville prospère a su conserver son patrimoine architectural comme ses places si homogènes bordées de demeures médiévales et de maisons du XVIIIe siècle. Les robustes maisons aux toitures mansardées sont percées d'immenses fenêtres ornées de grilles de fer forgé. Mais ce qui apparaît comme l'un des monuments les plus étonnants du Portugal est sans doute le palais des ducs de Bragance, presque entièrement reconstruit et réinventé dans le style salazariste des années 30.

La plus belle ville de la région est sans conteste Braga, la capitale deux fois millénaire du Minho. Dans cette antique cité religieuse, les palais voisinent avec de riches églises bordées d'amples places, de fontaines, de jardins fleuris de camélias. Les passionnés d'art rococo y découvriront même des joyaux, comme la Casa do Raio inspirée des palais rocaille d'Allemagne.

Au bord du *rio* Tâmega, Amarante, avec ses maisons aux balcons de bois, est une petite cité de caractère où les traditions sont restées très vivantes. Ses pâtisseries sont réputées. Certaines même, les *bolos de São Gonçalo* que l'on s'offre lors de la *romaria* du saint protecteur de la ville, São Gonçalo, relèvent d'une très vieille coutume, qui passait pour favoriser les mariages.

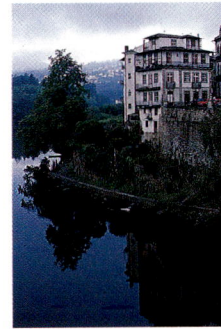

Amarante qui se mire dans le rio Tâmega (ci-dessus) accueille, elle aussi, un marché animé, qui se tient le mercredi. Ses pâtisseries au sucre et aux œufs sont très réputées. Les plus fameuses sont les *foguetes* et les *bolos de São Gonçalo* que, selon une très vieille coutume, les jeunes gens et les jeunes filles s'offrent mutuellement lors de la fête de São Gonçalo.

Sur le marché d'Amarante, on trouve aussi les délicieux *biscoitos da Teixeira*, des gâteaux carrés au miel et à la cannelle (ci-dessus, à droite).

Ces plats en terre cuite vernissée que l'on trouve également sur les marchés

sont utilisés pour la préparation des recettes régionales. Ils sont frottés d'ail et remplis d'eau vinaigrée bouillante avant la première cuisson afin de supporter la chaleur. Ils servent notamment à cuire le riz. Ici, un *arroz de forno* – riz au four –, toujours admirablement préparé au Portugal (en bas).

Au Portugal, les marchés rythment la vie

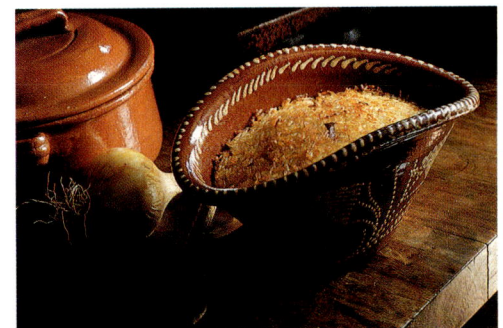

quotidienne. Celui de Barcelos est l'un des plus anciens du pays. Sous de hautes frondaisons, une forêt de tentes blanches abrite les forains qui s'y pressent le jeudi en toutes saisons (page ci-contre).

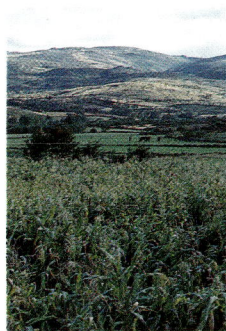

Dans la province
du Trás-os-Montes, aux
montagnes rudes rythmées
de ravins sauvages, le plus
célèbre enfant de la région,
Miguel Torga, découvre
parfois une «oasis dans
l'inquiétude qui a creusé tant
de rides géologiques,
une vallée immense, de pur
humus, où la vue se repose
de l'agression des rochers»
(en haut).

Ces vallées fertiles
produisent en abondance
fruits et légumes, mais
aussi le seigle qui sert à
confectionner un excellent
pain rond à la mie de
couleur brun soutenu.

Bergers et cultivateurs
s'installent dans de grandes
fermes de pierre. La
Casa de Carvalhinha, près

de Ribeira de Pena, conserve
sa cuisine rustique. L'âtre,
situé dans un angle de la
pièce, est tout simplement
installé à même le sol dallé.
A l'aplomb, l'écartement
des tuiles du toit fait office
de cheminée. Le froid et le
vent pénètrent dans
la maison. Cependant,
l'absence de cheminée
permet à la chaleur de
rester plus longtemps dans
la pièce, hélas souvent trop
enfumée (page ci-contre
et en bas).

Ici le plafond voûté de
bois amplifie l'espace de la
chambre aux murs
simplement chaulés
de blanc sur lesquels sont
accrochés des petits
tableaux et des images
de saints (ci-dessus).

Au bord
du Lima la fête se prépare.
Bientôt ces échafaudages
de bois seront garnis
de fleurs en papier et
transformés en arc
de triomphe pour accueillir
la procession (ci-contre).
Passeront alors les *andores*
portés à quatre épaules,
ces estrades où sont
présentées les lourdes
statues de bois des saints
que l'on vénère, habillés de
vêtements brodés d'or.

La beauté du Lima
était déjà appréciée des
Romains qui le comparaient
au *Léthé* , le compatissant
fleuve de l'oubli. Sur ses rives
se dresse l'étonnant palais
néo-vénitien de Portuzêlo,
près de Viana do Castelo
(ci-dessous à gauche).

Lieux paradisiaques que
les estuaires... Entre mer et
terre, les odeurs de l'iode se
mêlent à celles du foin,
les oiseaux volent à tire-
d'aile, les lumières ne cessent
de jouer sur le ciel et l'eau.
Très tôt des ports se sont
établis sur ces sites
privilégiés. A Viana do
Castelo on exportait le vin et
le sel, tandis qu'arrivaient les
toiles et le *bacalhau*, la
morue
si chère aux Portugais
(en bas et à droite).

Le Douro se faufile entre de hautes montagnes, difficiles d'accès. Les barques qui transportaient les lourds tonneaux vers Porto, le remontaient autrefois. Puis le chemin de fer les a remplacées (page ci-contre).

La gare de Pinhão, bourgade entourée de montagnes au cœur de domaines viticoles, est réputée pour ses panneaux d'azulejos créés en 1937. Ils représentent des paysages du Douro et des scènes de vendanges (à droite).

Quelques instants de repos, en profitant de la douceur d'un mur ensoleillé (en bas).

DES QUINTAS ET DES VIGNES

Le Nord est un pays de traditions, traditions gravées dans le granit, matériau rétif, que tant d'habiles sculpteurs ont réussi avec maestria à métamorphoser en formes amples et frémissantes. Tout au long de leur histoire les habitants du Nord ont aimé leurs pierres, schiste et granit. Quel savoir-faire ne fallait-il pas, déjà, pour ériger ces terrasses dans les hautes vallées du Minho et du Douro.

Au cours des siècles, ces pierres se sont faites palais et manoirs. Ceux-ci sont dénommés par plusieurs appellations bien précises. Le *solar*, mot employé parfois abusivement, indique uniquement une demeure et un lieu d'où une famille est originaire. La *honra* signifie que celle-ci possédait d'importants privilèges. Le *castelo* est un château fort, le *palácio* une résidence royale ou de grande taille. Le *paço* a

servi de résidence au roi, à des infants ou à des princes de l'Église, ne serait-ce qu'une seule nuit. La *casa* est un terme général qui indique aussi bien une simple maison qu'un manoir, appelé également *casa nobre* ou *casa senhorial*. Quant à la *quinta*, elle désigne des terres, souvent entourées de murs, sur lesquelles une maison a été édifiée.

Dans la vallée du Haut-Douro où s'étagent les

vignobles du vin de Porto, les demeures sont insérées dans des *quintas* viticoles. Le vin de cette région avait déjà grande réputation quand, au XVIIe siècle, deux Anglais dégustèrent dans un couvent près de Lamego un curieux nectar au velouté d'une grande douceur. A leur demande, l'abbé leur en confia le secret qui deviendra celui du porto : l'adjonction d'eau-de-vie en cours de vinification. Plusieurs négociants réalisèrent alors que ce procédé en contribuant au bon vieillissement facilitait le transport. Très vite, l'acheminement par la route, vers Viana do Castelo, fut remplacé par le voyage sur le *rio* Douro vers Porto, bien plus accessible. Voilà pourquoi le vin qui naît dans ces montagnes lointaines a pris le nom de *vinho do Porto*.

Au milieu du XVIIIe siècle, le tout-puissant marquis de Pombal créa la *Companhia Geral da Agricultura das Vinhas do Alto Douro* pour régulariser la production et le commerce presque ex-

« Sur les rives d'un fleuve d'or crucifié entre la chaleur du ciel qui le boit par le haut et la soif de son lit qui par le bas l'assèche s'élèvent les flancs du miracle. Sur des gradins escarpés, terrasses qui ne sont d'aucun palais, les ceps poussent comme le basilic sur les balcons ». Tel est le Haut-Douro pour Miguel Torga (double page précédente et page ci-contre).

A la Quinta de Vargellas, la montagne sculptée en terrasses est baignée par les eaux du Douro. Les Robertson accueillent leurs amis et préparent de savoureux repas avec les légumes du potager (ci-dessus et en bas à droite). La terrasse ombragée par une treille est agréable lorsque vient le moment de déguster les grands portos de Taylor produits sur ce domaine.

A la Quinta do Porto, très beau domaine près de Pinhão, Vito Olazabal, président de la firme portugaise Ferreira, offre des dîners inoubliables. On y savoure un prestigieux Tawny, de dix ans d'âge, rouge, tuilé, moelleux, avec un *queijo da Serra*, fromage de brebis onctueux et délicat servi avec une tranche de pâte de coing (ci-contre).

clusif avec les Anglais. Plus encore, il délimita le terroir, inventant ainsi le premier vignoble d'appellation d'origine contrôlée d'Europe. Ce n'est qu'au siècle suivant que les négociants commencèrent à s'intéresser de près aux vignobles et à acheter des *quintas* dans le Douro. Ces nombreuses *quintas* témoignent aujourd'hui de l'art de vivre des grands maîtres du vin.

LA QUINTA DE VARGELLAS. Ce beau domaine est l'une des très grandes *quintas* du vin. Située dans le Douro Supérieur, pays aride où le fleuve se faufile dans une vallée inhospitalière, mais ex-

cellent terroir, cette *quinta* réputée, achetée en 1893 par Taylor, première firme anglaise à acquérir des terres dans ce lointain Douro, en devient très vite le plus beau fleuron. Les vins de Vargellas constituent l'essentiel des très célèbres Vintages de Taylor.

Il faut absolument venir ici par le pittoresque petit train de Porto. C'est un voyage unique. En face de Vargellas, l'impétueux Douro s'étale dans le lac de barrage que bordent les vignobles en terrasses ponctués de quelques maisons blanches. Le bout du monde. Le train stoppe dans la petite gare de la *quinta* où Alistair Robertson, l'âme de Taylor, vous accueille chaleureusement.

Porto semble si loin. C'est l'automne, les vendangeurs arrivent des alentours, marchant parfois encore au son de l'accordéon ou de l'harmonica. Le grincement des chariots à bœufs ne se fait plus entendre, mais la montagne retentit toujours de mille bruits atténués par la chaleur intense.

Partout, des cohortes d'hommes montent ou descendent les chemins cailouteux et les escaliers de schiste menant aux terrasses. Leurs hottes en osier sont lourdement chargées de ces grappes de raisin à la teinte bleu roi si caractéristique. Ces images pittoresques empreintes de gravité, celle d'un très dur labeur, peuvent même se contempler à loisir tout au long de l'année sur les panneaux d'azulejos de la gare de Pinhão.

A la fin de la journée commence le foulage aux pieds dans les grandes cuves de granit, les *lagares*. Les invités peuvent y participer, comme l'illustrent les amusants dessins de l'artiste

Willie Rushton à Vargellas. De moins en moins utilisée, cette façon de presser le raisin est toujours pratiquée dans les *quintas* réputées du Douro pour vinifier les cuvées les plus renommées.

Tout près de l'*adega* – le cellier – s'élève la grande maison d'une blancheur éclatante. Avec sa colonnade de style géorgien, ses confortables salons décorés par Gillyane Robertson, hôtesse attentive, on y retrouve l'ambiance anglaise, si caractéristique de ce monde du porto. Gillyane raconte : l'installation d'un potager, bien utile au quotidien, l'époque héroïque où il n'y avait pas l'électricité, les visiteurs passionnés venant de divers horizons, même en hélicoptère. Chacun évoque sa journée et ses impressions du Douro. Il fait chaud, le cocktail de Vargellas est délicieux ; porto blanc, Tonic Water et feuille de menthe, accompagné d'amandes et d'olives de la *quinta*. La table est mise sur la grande terrasse ombragée. La nuit tombe, si douce.

LA QUINTA DO VESÚVIO. Ici, on garde le souvenir de Dona Antónia Ferreira, figure légendaire du porto. Veuve à trente-trois ans, en 1844, cette femme exceptionnelle sut faire de ses *quintas* les meilleurs vignobles du Douro. Sa richesse fabuleuse, sa générosité, sa bonté lui ont valu l'admiration de ses contemporains qui l'appelaient la *Ferreirinha*. Elle fut aussi l'âme de la belle Quinta do Porto, qui fut longtemps la propriété de Ferreira et appartient aujourd'hui au groupe Sogrape.

Dona Antónia contribua à faire de la Quinta do Vesúvio, située très loin dans le Haut-Douro, un « domaine épique et colossal », immense avec ses collines et ses trente et une vallées, tel qu'il le décrivaient les chroniqueurs du siècle dernier. La maison blanche, très haute avec ses deux étages et flanquée de sa chapelle dans le goût baroque, est en elle-même très imposante. Le rythme des façades, la petite taille des fenêtres destinée à éviter que le froid comme la chaleur ne pénétrent, en font une ferme-manoir

parfaitement intégrée à son environnement, ce cirque de montagne surplombant le Douro.

Avant la construction de la voie ferrée, dans les années 1885, puis de la route, plus récemment, on s'y rendait par le fleuve. Des petits bateaux à voile qui naviguaient sur le Douro étaient l'unique moyen de communication entre le vignoble et la lointaine Porto. Le voyage de ces *barcos rabelos* chargés de soixante tonneaux durait en général trois longues journées. Des passagers utilisaient aussi ce moyen de transport qui n'était pas de tout repos à cause des rapides et de terribles courants. Le groupe Symington, qui a acheté récemment la Quinta do Vesúvio aux Ferreira, tente maintenant de gérer ce si prestigieux vignoble comme un château bordelais, individualisant les fabuleux vins de Porto qu'elle produit en créant des « single port ».

LA QUINTA DO NOVAL. Célèbre entre toutes, la Quinta do Noval est aussi l'une des mémoires du porto. Déjà connue en 1715, elle devient plus tard la propriété de négociants de Porto qui n'auront de cesse de mettre en valeur ce terroir. Dans les années 20, on conçoit les terrasses différemment, aussi bien pour agrandir l'espace que pour améliorer l'exposition. Noval, c'est le symbole de la qualité, toujours privilégiée, sur la quantité, grâce à la politique du « single port ». Ses Vintages sont parmi les plus fascinants.

Plus quotidiennement, à la Quinta do Noval le contraste est étonnant entre l'ombre bleutée de cette incroyable treille de huit cents mètres de long et le fantastique panorama qui vous assaille littéralement en arrivant sur la terrasse. Le Douro, les terrasses, tout se teinte de ces verts innombrables des vignes comme des arbres qui ombragent le manoir. Chaque saison apporte ici des parfums qui embaument. Sous le soleil, le schiste chaulé de blanc du manoir irradie. Même les arêtes des toits de brique sont immaculées. Bien adossé à la pente, comme toujours dans le Douro, il abrite aussi bien l'*adega* et l'*armazém* que la chapelle dédiée à São Nicolau qui a béni tant de vendanges.

De la Quinta do Noval, le regard ne peut se détacher de cet océan de schiste et de vignes, de ces puissantes terrasses bâties par la volonté des hommes, de ces montagnes escarpées, de ce fleuve qui roule ses eaux sombres au fond de la vallée (page ci-contre).

Noval est une oasis au milieu des vignobles. A la fois ferme viticole et confortable résidence, elle est très portugaise par son élégance dénuée d'ostentation (en haut).

Résumé de tous les charmes du Portugal : des Vintages de 1990 provenant de la célèbre Quinta do Vesúvio devant des carreaux d'azulejos en camaïeu de bleu... Jusqu'au milieu du XVIIIe siècle, les bouteilles de porto étaient ventrues avec un long col. Peu à peu, elles se sont allongées, prenant au milieu du siècle dernier cette forme devenue classique (en bas).

Près de la maison se trouve une sorte de sanctuaire. Il s'agit du fameux *Nacional*. Ces cinq mille pieds de vigne non greffés ont échappé au tragique désastre du phylloxéra qui, à partir de 1868, a ravagé tout le Douro. Bien sûr, les trois mille bouteilles de *Nacional* qui sont produites chaque année sont des merveilles réservées à des amateurs privilégiés.

LA CASA DE MATEUS. Comme l'art de vivre au Portugal se révèle complexe dans son raffinement ! Un des meilleurs exemples de ces splendeurs est la Casa de Mateus, près de Vila Real, très réputée sous le nom de Solar de Mateus. Ce château portugais le plus connu à l'étranger l'est d'abord à cause d'un vin. Cherchant une image de marque prestigieuse pour le rosé qu'il créait, Fernando Guedes a demandé au propriétaire de la Casa de Mateus la permission de reproduire le château sur les étiquettes. Le vin ayant remporté le succès que l'on connaît, la Casa de Mateus continue toujours à conférer son prestige à un nombre incalculable de bouteilles.

Sa beauté pourrait pourtant suffire à sa réputation car c'est l'un des plus beaux palais baroques d'Europe. Sa construction s'échelonne du XVIIᵉ siècle au milieu du siècle suivant, avec la très probable collaboration de l'Italien Nicolau Nasoni, grand architecte de Porto. C'est lui qui aurait insufflé tout ce dynamisme à une structure assez austère, mettant en mouvement le décor du patio : escalier, balustrades, statues, frontons et formidables amortissements. Nasoni aurait également créé les clairs-obscurs si chers aux artistes baroques en jouant avec le blanc des murs et le gris doré de la pierre. Il faut dire que le talent des sculpteurs du Minho, qui ont su donner vie à la pierre austère, a contribué à conférer au palais cette noblesse mêlée d'allégresse qui est typiquement portugaise.

Soucieux de préserver l'héritage familial et de l'ouvrir au public, Dom Francisco de Sousa Botelho de Albuquerque a créé en 1971 la Fondation de la Casa de Mateus que préside au-

Toits chantournés, fronton armorié, balustrades ornées de statues monumentales et pinacles géants de la Casa de Mateus s'élèvent allègrement dans le ciel du Trás-os-Montes (ci-contre).

L'intérieur est digne de l'extérieur. Ici, de belles portières rythment l'enfilade des salons (ci-dessus, en haut).

Les administrateurs de la Casa de Mateus ont toujours été des hommes de culture. L'un d'eux a édité en 1817 les *Lusiades* de Camões, illustrées par Fragonard et Gérard. Cette édition monumentale est conservée dans la bibliothèque (ci-dessus).

jourd'hui son fils, Dom Fernando. Lorsque ce dernier parle de ses ancêtres, il raconte qu'une relation permanente, un profond attachement a toujours existé entre les seigneurs de ces lieux, administrateurs du majorat – les *morgados* – et la Casa de Mateus. Pour chacun d'eux, Mateus restait une obsession, aussi bien la maison que les terres. C'est ce qui explique, tout naturellement, la vitalité d'une fondation destinée à préserver la Casa de Mateus et à organiser de multiples activités culturelles, scientifiques…

Le palais est ouvert au public. Et lors du festival de musique, des remises de prix littéraires ou encore de nombreux séminaires, on profite pleinement de cette magnifique demeure. A l'occasion d'un concert de musique de chambre, c'est un vrai plaisir d'admirer les enfilades de salons, coiffés de magnifiques plafonds de bois sculpté, et le somptueux mobilier de famille. Il ne manque ni les grands bancs de bois peint au dossier sculpté et armorié, ni les impressionnantes portières en feutre brodé du blason familial.

Dehors, il fait bon découvrir les jardins qui illustrent l'attachement séculaire que la famille porte au domaine, en cherchant depuis toujours à créer une œuvre monumentale. L'image de rêve, la carte postale traditionnelle, c'est sans conteste le palais auréolé de lumière qui se reflète dans la pièce d'eau bordée de fleurs. Autre vision magique, dans la tradition des jardins baroques, le long tunnel de cèdres dont les troncs tordus et noueux, serrés dans l'obscurité, contrastent avec l'extérieur taillé telle une immense chenille de sept mètres de haut. Cette pénombre se prolonge, atténuée, sous une vaste treille à laquelle les piliers de granit sculptés en forme d'obélisque confèrent une grande majesté. A côté, la savante ordonnance des parterres de buis, le jardin de camélias et les pièces d'eau dessinées par l'architecte António Lino apparaissent dans toute leur lumière.

LA HONRA DE AZEVEDO. Autre château de prestige du Minho, le domaine situé près de Barcelos,

A la Honra de Azevedo, tous les volumes sont empreints de majesté. L'ample galerie-haute tournée vers le sud et rythmée par des colonnes de pierre offre la chaleur à la saison fraîche et l'ombre en été. Au rez-de-chaussée où est située la salle à manger, les trois arcades ont été ouvertes plus récemment (ci-dessus, en haut et en bas).

Dans ce pays où l'accueil est toujours un art, les halls d'entrée, souvent situés à l'étage noble, sont conçus pour recevoir dignement les visiteurs. Ici les armoiries peintes au centre du plafond légèrement voûté définissent somptueusement la qualité du maître de céans. Dans un cartouche où triomphe le rococo et ses trompe-l'œil plane l'aigle de la puissante famille des Azevedo. Les larges bancs armoriés aux dossiers chantournés sont toujours à leur emplacement d'origine. Des objets d'art, des meubles en bois tourné et des tapis d'Arraiolos brodés sur mesure complètent le décor (ci-contre).

est également placé sous le signe du vin. Le *solar* de la puissante famille des Azevedo, resté dans la même lignée pendant près de huit cents ans, a été agrandi et remanié au cours des siècles. Il appartient maintenant à la Sogrape, firme portugaise qui a créé en 1942 le Mateus Rosé, vin doux et légèrement pétillant, bu dans le monde entier. A la suite de Fernando Guedes, le créateur du Mateus Rosé, son fils Fernando, assisté de sa femme Dona Mafalda, a réussi avec talent à faire revivre et à rendre très chaleureuse cette demeure.

L'imposant donjon semble adouci par la présence de la large galerie-haute à colonnes qui domine la campagne et par le patio à arcades où grimpe la glycine. A l'intérieur, sur le plafond du grand hall, l'aigle impérieux des Azevedo peint dans un cartouche rocaille semble veiller sur les visiteurs. Partout, meubles, tapisseries, objets d'art et même panneaux d'azulejos contribuent à l'élégance si portugaise de ce *solar*. Même la cuisine est très *minhota,* avec le saloir, les fours et surtout l'immense hotte de granit à colonnes. Bien placés au bord de l'âtre se trouvent les deux bancs de bois traditionnels appelés non sans humour dans le langage familier des *preguiçeiros* – des endroits propices à la paresse.

L'ACCUEIL AU MANOIR

Cette ambiance si particulière se retrouve aussi dans les prestigieux manoirs du Minho, bâtis en général entre le XVIe et le XIXe siècle, et toujours en-

Dans le parc de la Honra de Azevedo, des vignes, des collines boisées et une végétation exubérante composent un paysage très *minhoto* (à gauche).

La silhouette des arbres dans la brume, la courbe d'un toit aux tuiles rousses, des vases de pierre, un portail de rêve où l'on devine le blason d'une vieille famille... Nous sommes à la Casa de Sezim, près de Guimarães. Ce splendide portail de la fin du XVIIIe siècle aux armes des Freitas do Amaral est crépi d'un rose inhabituel dans la région. La porte ouverte invite le voyageur à entrer et à découvrir le charme de ce manoir : le patio, les salons et les chambres qui s'ouvrent sur les jardins, la longue terrasse où le temps semble suspendu (à droite).

C'est probablement Manuel de Freitas do Amaral Castelo Branco, l'un des ancêtres des propriétaires actuels, qui a choisi ces papiers panoramiques pour la Casa de Sezim. On admire ici les *Vues d'Amérique* créées par Jean Zuber en 1834 à Rixheim en Alsace. Au premier plan, à gauche de la porte, des voyageurs admirent l'Arche de l'Utah, un étonnant pont naturel en pierre. De l'autre côté, un bateau vogue tranquillement devant les chutes du Niagara. Ces vues ont remporté un tel succès que, dès leur édition, elles ont été commandées dans toute l'Europe et même aux États-Unis (page ci-contre).

Dans cette maison de charme qui accueille les hôtes de passage, la salle à manger et les chambres sont ornées d'élégants meubles de famille et de porcelaines de la Compagnie des Indes (ci-dessus et ci-dessous).

tourés d'importants domaines agricoles. Il s'agit souvent de vignobles qui produisent un vin vert apprécié, comme le fameux *alvarinho* du Paço da Brejoeira, ou encore les excellents Casa de Sezim, près de Guimarães, et Paço d'Anha, près de Viana do Castelo. En dégustant ces vins, les gourmets se sont mis à découvrir la région et peu à peu les hôtes de ces lieux ont ouvert leurs portes aux voyageurs.

Cette formule d'accueil au château – tourisme d'habitation –, développée par le comte de Calheiros et les châtelains du Nord, a remporté un très vif succès auprès des amateurs d'un nouveau style de voyage et s'est très vite répandue dans le reste du pays. Depuis toujours, d'ailleurs, les récits de voyageurs ne tarissaient pas d'éloges sur la qualité de l'hospitalité. Ouvrir sa maison aussi bien à l'ami qu'à l'étranger est une tradition restée très vive dans le nord du pays.

Le secret de cette réussite réside autant dans le charme et le confort de ces manoirs que dans l'accueil chaleureux et la qualité de ceux qui y résident. Il faut ajouter que la plupart des propriétaires, polyglottes et passionnés par leur Minho, sont les meilleurs ambassadeurs qui soient. Parfois même, à leur retour, les visiteurs pris de *saudade*, décident de s'initier à la langue portugaise pour lire ces captivantes *Novelas do Minho*, qui n'ont toujours pas, hélas, été traduites. Sous la plume de Camilo Castelo Branco, le Balzac portugais, ces textes font revivre le Minho du siècle dernier en faisant souvent allusion aux ancêtres de ceux qui nous reçoivent. Car, c'est vrai, il n'est pas rare d'être accueilli dans des domaines transmis par les générations successives pendant plus de cinq cents ans, ce qui est un des attraits supplémentaires de ce périple dans le Nord.

La Casa de Sezim, près de Guimarães est ainsi dans la même famille depuis plusieurs siècles. Ce château crépi de rose, qui se présente selon un plan en U, s'ouvre sur le traditionnel portail armorié. António et Maria Francisca Pinto Mesquita, hôtes très attentifs, reçoivent leurs visiteurs dans

leurs grands salons en enfilade. Leur décor de papiers peints du siècle dernier provenant de la manufacture mulhousienne de Zuber est un éblouissement. Fait exceptionnel, deux séries indépendantes se succèdent, *Les vues d'Amérique du Nord* et *L'Hindoustan*, auxquelles s'ajoutent quelques panneaux de *La Campagne d'Egypte*. Quelle invitation au voyage ! Ces panoramiques captivants, aux couleurs d'une intense fraîcheur, associés aux meubles et aux tableaux de famille, forment un ensemble d'une grande beauté. Situées dans une des ailes du manoir, les chambres donnent sur d'agréables jardins.

Oui, ces manoirs surprennent toujours par quelque chose de nouveau, d'insolite, de passionné. Ne serait-ce pas un des attraits du Minho ? Au Paço de Calheiros, à Calheiros, ce sont les tours qui en imposent. Cette architecture qui semblerait avoir inspiré les autres manoirs de la région de Ponte de Lima est particulièrement intéressante. Outre ces tours, la chapelle au cœur de la maison et la galerie-haute sont bien caractéristiques. Là, le soir, lorsque s'exalte l'odeur de la glycine, il est si plaisant de contempler la vallée du Lima et de prendre un rafraîchissement, quand le comte et la comtesse de Calheiros parlent du pays. Le grand escalier de pierre est une merveille. Ah, ces escaliers du Minho ! Toujours construits à l'extérieur, chaque fois différents pour ceux qui les contemplent, ils sont surtout le symbole d'un accueil qui ne se lasse jamais, celui qui vient du cœur.

Pathétique pourtant est le souvenir d'un accueil toujours gravé dans les mémoires et qui s'est déroulé au Paço d'Anha, près de Viana do Castelo. C'est là qu'a été abrité en 1580, dans des conditions tragiques, le prétendant au trône du Portugal, Dom António, prieur de Crato, traqué par les Espagnols. Maria Augusta d'Alpuim, une des propriétaires, qui écrit l'histoire de la région, raconte cette maison pleine d'atmosphère. Elle montre le coffre précieusement conservé où se serait caché le malheureux prince et la chapelle du XVIIe siècle. Mais elle réconforte aussi ses visiteurs en leur offrant à boire

Tout près de Viana do Castelo, la pittoresque Casa do Ameal se transmet de génération en génération depuis plusieurs siècles et a été remaniée à plusieurs reprises. La famille, habituée depuis toujours à ouvrir ses portes à ses amis, continue la tradition avec ses hôtes, toujours accueillis avec délicatesse. La façade se mire ici dans le vaste bassin de granit aux formes chantournées (page ci-contre).

Le voyageur qui parcourt le Minho est frappé par les tours des manoirs qui apparaissent derrière un rideau d'arbres ou sur une hauteur. Parfois, tout en haut, le drapeau aux couleurs du seigneur des lieux flotte au vent : celui des Lancastre à la Casa de Bertiandos près de Ponte de Lima, celui du comte d'Águia à la Torre d'Aguia près d'Arcos de Valdevez... Le plus souvent, ces tours sont conçues comme des emblèmes. De larges fenêtres et des terrasses remplacent alors les étroites meurtrières comme ici, au Paço de Calheiros, séduisante demeure ouverte aux hôtes de passage (ci-dessus et ci-dessous).

le délicieux Paço d'Anha, le *vinho verde* maison.

Dans chaque manoir, l'histoire du Minho se déroule comme un fil d'Ariane. Au Paço de São Cipriano, près de Guimarães, Jõao et Maria Teresa de Sottomayor ouvrent toujours avec joie les portes de leur château. Son ordonnance complexe illustre une cohabitation de plusieurs siècles entre une famille et les murs qui l'abritent. L'intérieur réserve toutes les surprises de la vie de château, superbe cuisine de granit, salle à manger dans le goût médiéval, chambres dans la tour. Dehors, les buis taillés et l'immense coq en topiaire tout à fait dans la tradition des parcs anglais sont superbes.

Surprise encore à la Quinta de Santa Comba, près de Barcelos, comme à la Casa da Boa Viagem près de Viana do Castelo, merveilles tellement *minhotas* où la majesté d'un portail et d'une chapelle s'allie au charme plein de bonhomie du manoir attenant. Erigés au milieu du XVIIIe siècle,

ces portails sont un des éléments essentiels de ces *casas nobres* du Minho. Leurs frontons armoriés témoignaient autant de l'ancrage du seigneur dans une lignée, d'un statut social avec ses devoirs et ses prérogatives que du désir d'accueillir noblement ses invités.

À Boa Viagem, Júlia et José Teixeira de Queiroz disent tout le plaisir de vivre dans une telle demeure. Dans le parc, l'eau dévale dans les rigoles de granit et coule dans la fontaine monumentale crépie de jaune ocré où l'allégresse des statues de granit semble être communicative. Le matin, le petit déjeuner avec les confitures maison et le pain au lard est succulent.

Car les petits déjeuners sont toujours des instants privilégiés dans ces manoirs. Souvent, ils sont servis dans ces imposantes cuisines de granit où la cheminée et ses fours, à pain et à rôti, occupent près de la moitié de la pièce. Au Paço da

Aimés de génération
en génération, les manoirs
du Minho et du Douro
renferment meubles et
objets qui rappellent mille
souvenirs. Au Paço d'Anha,
belle maison d'hôte près
de Viana do Castelo, les
collections ont été réunies
par José de Alpuim da Silva
de Sousa e Meneses, le
grand-père des propriétaires
actuels. A Anha, qui était
sa maison de campagne,
les voyageurs peuvent ainsi
admirer des lits en bois
tourné, des cabinets,
des verres précieux et des
porcelaines de Chine
témoignant de cette passion
(en haut).

Au Paço da Glória,
nul n'a oublié le comte
de Santa Eulália. Dans les
années 1900, grâce à la
fortune de son épouse
américaine, il transforma
cette demeure en un
château de conte de fées.
A sa suite, lord Peter Pitt en
a accentué l'aspect
romantique à l'image des

manoirs anglais. Ceux qui
s'arrêtent aujourd'hui dans
cette agréable maison d'hôte
apprécient particulièrement
le petit déjeuner que l'on
prend dans l'agréable
galerie-haute à arcades
(en bas).

Au Paço de São
Cipriano s'arrêtaient
autrefois les voyageurs en
route vers Saint-Jacques
de Compostelle. On y fait
toujours étape aujourd'hui,
mais ce fabuleux lit aux
rideaux de tulle digne de la
«princesse au petit pois»
est beaucoup plus
confortable que les rustiques
paillasses où dormaient les
pèlerins (ci-contre).

Chapelle, jardins de topiaires, fontaines et escaliers extérieurs sont des éléments essentiels des manoirs du Minho. A la Casa do Campo, la chapelle, très simple à l'extérieur, s'ouvre sur les ors fabuleux d'un retable. Dans les jardins de ce manoir (ci-dessous) ouvert aux hôtes de passage,

les camélias sont taillés telles des sculptures vertes, selon les règles de la topiaire monumentale (page ci-contre).

L'eau n'est jamais absente de ces jardins du Nord. A la Quinta de Santa Comba, autre étape de charme pour le voyageur, elle murmure dans une vasque de granit (en bas à droite).

Glória, près d'Arcos de Valdevez, le panorama grandiose qu'offre la large galerie-haute à arcades transforme ce petit déjeuner en un vrai moment de bonheur. Les *torradas* y semblent meilleures encore. Ces tartines de pain de mie, bien chaudes, grillées et imbibées de beurre salé, servies doubles et toujours coupées en trois parties sont une spécialité bien portugaise qu'il ne faut surtout pas manquer. Ce Paço da Glória, ré-

cemment restauré par l'actuel propriétaire Maurício Macedo e Moreira, amateur d'art passionné, dégage un charme infini qui a toujours ensorcelé ceux qui y habitaient.

Les jardins du Minho, et plus particulièrement ceux de la région de Basto, sont enchanteurs. C'est le royaume des camélias, ces *japoneiras* si bien acclimatés au Portugal depuis les Grandes Découvertes. La majestueuse Casa do Campo,

A la Casa da Boa Viagem, agréable maison d'hôte, on coule des jours heureux en admirant la fontaine et ses sculptures de pierre baroques patinées par les ans, dragons dans le goût chinois et divinités aquatiques. L'escalier ressemble à celui du manoir. Il est conçu autant comme un moyen de circulation que comme un élément de prestige social (ci-dessus et en bas à gauche).

La Casa de Pascoaes garde le souvenir du poète Teixeira de Pascoaes, qui y résidait. Les voyageurs qui y font halte peuvent encore admirer son bureau (en haut).

La cuisine avec sa table et sa cheminée de granit à colonnes, résume l'art de vivre au Portugal, sage pays où l'on connaît la valeur des nourritures terrestres. L'écuelle de *caldo verde*, cette rustique soupe au chou, est encore un symbole du Nord. Après le repas, les bancs de bois près de l'âtre, invitent à la paresse (page ci-contre).

près de Celorico de Basto, où nous reçoit Maria Armanda de Meireles, possède le plus étonnant jardin de camélias taillés du Portugal. Cet art de la topiaire monumentale s'est maintenu jusqu'à nos jours grâce à l'énergie de châtelains dont notre hôtesse est le meilleur exemple.

Pyramides, cylindres, tonnelles et portiques composent un ensemble fascinant qui a parfois même un air égyptien. De janvier à mai, pendant la floraison, boire un vieux madère ici, sous une fraîche fabrique de verdure habitée d'ombres et de lumières, est comme un voyage dans un pays inconnu. Éblouissante aussi, la chapelle érigée au XVIIIe siècle resplendit sous les ors de ses bois sculptés.

Les plus beaux hymnes à la beauté du Nord, berceau de la nation, lieu mythique d'un paradis oublié, sont sans conteste ceux du poète Teixeira de Pascoaes. Son souvenir est précieusement conservé dans la maison où il a habité, la Casa de Pascoaes, située près d'Amarante, à São João de Gatão, terroir d'un vin vert, le Gatão. Le poète y accueillait ses amis comme Unamuno et Raúl Brandão pour réinventer le monde. Maria Amélia Teixeira de Vasconcellos continue cette tradition en offrant à ses hôtes venus du monde entier le calme et la fraîcheur de son manoir situé près du *rio* Tâmega.

Dans cette grande cuisine si typique, on ne peut que s'initier à la gastronomie de cette province que le poète a tant aimée. Un *caldo verde* – la traditionelle soupe aux choux –, bien fumant, accompagné d'un plat de fèves, ces favas guisadas cuites avec du jambon de Trás-os-Montes et *du chouriço*, est un vrai régal. Le vin vert d'Amarante, très fruité, accompagne particulièrement bien de tels plats rustiques.

Porto

Ombre et soleil sur le grand marché du Bolhão dont l'harmonieuse architecture associe le fer et l'ardoise. La galerie du premier étage semble composer le décor d'un opéra aux multiples acteurs où les cris, les bruits et la houle des voix se mêlent à mille fragrances (double page précédente).

Une ville grise, Porto ? Il suffit d'aller à Praça da Ribeira ! La polychromie que déclinent ses façades en fait l'une des places les plus colorées et pittoresques de la ville. Serrées les unes contre les autres, ces maisons illustrent la passion des Portugais pour la céramique. Les façades recouvertes de faïence semblent faire partie du paysage depuis toujours. Pourtant, cette vogue ne date que du XIXᵉ siècle. Ce sont les Brésiliens qui ont découvert les possibilités thermiques et techniques de la faïence jusqu'alors plutôt réservée à la décoration intérieure. Cette mode, en traversant l'Atlantique, a pris son essor au Portugal (ci-contre).

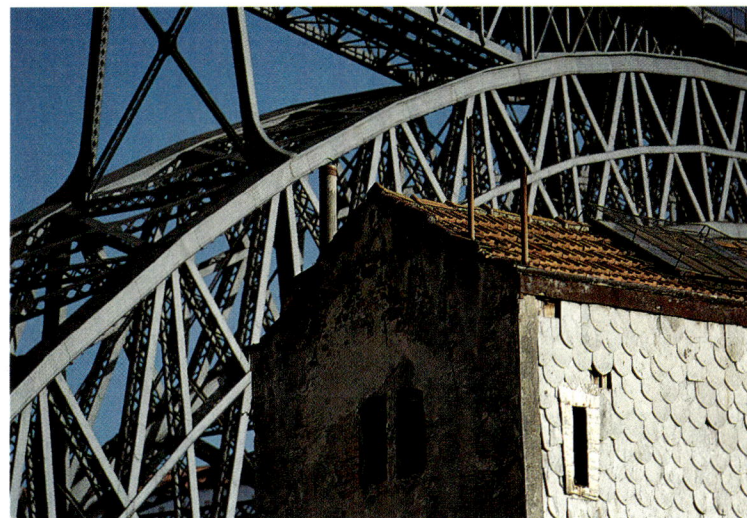

A Porto, on a la passion du métal... En levant les yeux, on découvre partout ces grands garde-corps en fonte qui se déroulent tout au long des façades (ci-dessus, en haut).

«Porto a couché ses tours Eiffel à l'horizontale ; elles lui servent de ponts », écrit Paul Morand. Celui qu'a construit Gustave Eiffel, le pont Dona Maria Pía est le plus célèbre. Construit dans les années 1880 et inspiré de celui-ci, le pont Dom Luís se trouve en aval. Formé d'une audacieuse arche en fer, il enjambe le fleuve à soixante huit mètres de hauteur et relie la ville à Vila Nova de Gaia (ci-dessus).

Ici, le décor de faïence grimpe jusqu'aux cheminées (ci-contre).

Le voyageur découvre la belle façade rehaussée d'azulejos de l'église des Congregados, une des plus belles de Porto. Jorge Colaço a retracé sur ces panneaux la vie de saint Antoine (en bas).

Dans l'immense salle des pas perdus de la gare de São Bento, les azulejos racontent les grandes pages de l'histoire portugaise et mettent en

scène la vie quotidienne des provinces du Minho et du Douro. Ici en 1916, le peintre Jorge Colaço semble avoir voulu montrer que les certitudes du passé pouvaient aider à surmonter les incertitudes d'un présent obscurci après l'assassinat du roi Dom Manuel et l'avènement difficile de la République.

Il est neuf heures du matin. Sur le pont Dona Maria Pia qui surplombe la vallée encaissée d'un Douro aux eaux sombres, le train roule lentement. Subitement, la ville se révèle, accrochée à la colline ; cette ville qui a donné son nom à l'un des vins les plus fabuleux du monde est nimbée de lumière. Tous se taisent, même les habitués, fascinés par la beauté toujours renouvelée de cette apparition. Porto, cité grise, terne ? Ne serait-ce pas une fable véhiculée par les chantres d'un Portugal monocorde, exclusivement représenté par des maisons blanches écrasées de soleil ?

Déjà peuplée à l'époque romaine, Porto s'est développée autour de la Pena Ventosa, ce rocher fouetté par les vents d'ouest sur lequel se dresse la cathédrale, à soixante-dix mètres au-dessus du fleuve. Là, c'est un fourmillement de rues qui dégringolent vers le fleuve, rua Senhora das Verdades, rua dos Mercadores..., véritables sculptures, musées vivants. Escaliers, passages voûtés, venelles se faufilent entre les maisons sombres, pour la plupart construites en profondeur et presque imbriquées dans la falaise. L'urbanisme populaire de ce quartier plein de vie témoigne des liens profonds qui se maintiennent toujours entre ses habitants. Puis le quai de la Ribeira, avec ses maisons et ses couloirs à arcades bourdonnants d'activité, rappelle l'importance du trafic sur le Douro avant que n'ait été créé sur l'océan le port artificiel de Leixões, à la fin du siècle dernier.

Aujourd'hui, le cœur de la cité, en cours de réhabilitation, renaît sous la conduite de l'architecte Fernando Távora. Ce quartier retrouve ses couleurs ternies par les ans, ses crépis ocrés, ses azulejos bleutés et ses briques vernissées polychromes. Un regard attentif découvre alors que toute couleur, en cette ville septentrionale, est toujours adoucie par la brume légère et la lumière d'un gris de perle qui baigne l'atmosphère.

Porto ne se livre pas au premier abord. La vogue des façades recouvertes de carreaux de faïence à motifs répétés ne date que du XIXᵉ siècle et vient du Brésil, cette deuxième patrie

pour le nord du Portugal, terre d'émigration.

Cette mode a connu un succès si grand que la céramique a bientôt envahi les façades, les nouvelles comme les anciennes. La célèbre praça da Ribeira présente comme une synthèse de ce Porto coloré. Là voisinent en bonne compagnie aussi bien les crépis jaunes et blancs que les briques vernissées bleues et rouges et les azulejos à motifs répétés en camaïeu azuré.

Les façades de cette ville intrépide sont intéressantes et toujours empreintes de vigueur. Dans la rua das Flores, l'un des meilleurs témoignages de l'architecture urbaine du XVIIIᵉ siècle, les maisons serrées les unes contre les autres sont assez hautes et étroites. De grandes fenêtres occupent presque tout l'espace et laissent entrer la lumière argentée tamisée par l'air du large. Parfois même, comme sur la praça Almeida Garret, le mur disparaît presque entièrement. Là, au gris doré de la pierre s'associent les garde-corps de ces caractéristiques balcons en fonte qui s'étirent sur toute la façade. Car à Porto, on sait par tradition et on aime travailler le métal.

D'ailleurs, l'une des plus belles images de Porto n'est-elle pas le prodigieux pont Dona Maria Pia qui a inspiré tant de poètes ? « Vraie dentelle de Bruxelles » pour Teixeira de Pascoaes, « tour Eiffel couchée à l'horizontale » pour Paul Morand, cette arche unique inventée par Gustave Eiffel en 1876 – la première au monde ! – a été reprise par l'un de ses disciples pour le pont Dom Luís. A cette époque, le fer forgé disparaît au profit de la fonte et de l'acier dont on découvre avec enthousiasme toutes les possibilités. Apparaissent alors dans cette cité toujours ouverte à la modernité de splendides constructions métalliques. Simples, complexes, ajourées, elles couvrent halles et marchés, envahissent balustrades, portails et grilles. Elles conquièrent même les toits des maisons, ourlant le verre d'innombrables *clara boias*, ces merveilleux lanterneaux qui, le jour, miroitent au soleil et, la nuit, se transforment en lanternes magiques.

A Porto, la mémoire du pays s'inscrit sur les murs. Au début de ce siècle, avec une ardeur empreinte de *saudade*, architectes, peintres et fabricants de céramique réinventent les grands panneaux historiés en vogue au XVIIIe siècle. La réalisation la plus spectaculaire est sans conteste celle de la salle des pas perdus de la gare de São Bento, inaugurée en 1916. La partie supérieure est rythmée par une fresque polychrome qui illustre fort à propos l'évolution des transports depuis le char à bœufs jusqu'à la locomotive. Partout ailleurs, d'héroïques pages d'histoire voisinent avec de touchantes scènes bucoliques en camaïeu de bleu. C'est l'invitation au voyage vers de merveilleuses contrées, vers le Minho et aussi vers le Douro, avec le poétique petit train qui monte vers les vignobles.

A la suite de cette réalisation monumentale du peintre Jorge Colaço, auteur également des azulejos du palais-hôtel de Buçaco, d'autres monuments baroques ou contemporains se couvrent d'azulejos historiés. Un des plaisirs de Porto est ainsi de découvrir, au hasard des promenades, des églises dont les ornements de granit sculpté gris argenté, traités avec une grande vigueur plastique, s'associent avec bonheur à ces superbes panneaux reflétant la lumière. Sur les murs des églises dos Congregados, do Carmo, das Almas, les azulejos proposent un enseignement et racontent la vie des saints, comme les prédications en plein air des *romarias*. Ces tons de bleu soutenus sont d'une grande beauté. A Porto, les gris de la pierre résonnent toujours de couleurs.

Sur la rive abrupte du Douro – le *rio d'Ouro* c'est-à-dire le fleuve d'or – s'étage la *cicade invicta*, la vieille cité invaincue, libre et fière. C'est la fin du jour, les derniers rayons de soleil éclairent la puissante cathédrale qui domine les clochers, les riches demeures et les modestes maisons dans une harmonie de gris bleutés, d'ocres et de blancs (double page suivante).

PORTO AU QUOTIDIEN

Au marché du Bolhão, installé dans un vaste édifice à l'architecture métallique, on sent battre le cœur de la ville. Comme le raconte Eduardo Paz Barroso dans *Saveurs de Porto*, « les marchés traditionnels offrent de très belles occasions de rencontres avec ce que la retenue atlantique de la cité cache de tempérament profondément latin et méridional. L'odeur des tripes et du sang cuit – indissociable de la gastronomie de Porto –, le caquètement de la volaille, le spectacle du poisson sur les étals de marbre, les va-et-vient incessants d'une foule bigarrée qui mêle vendeuses aux paniers regorgeant de fruits, de légumes, de fleurs odorantes, et chalands qui s'affairent, sont autant de signes de la vitalité d'une ville qui a su conserver en son centre les formes les plus simples – presque archaïques – d'un rapport sensible et savoureux à la vie quotidienne. »

Si les préparations rustiques à base de sang cuit sont appréciées à Porto, les tripes sont sans conteste la spécialité la plus réputée. Elles sont liées à l'histoire de la ville dont les habitants sont surnommés les *tripeiros*, les mangeurs de tripes. Les *tripas à moda do Porto,* agrémentées de viande de porc, de saucisses et de poulet, et servies avec des haricots blancs, valent le voyage ! Des restaurants avec pignon sur rue aux plus modestes *tascas*, tous se font un point d'honneur à en préparer de fort savoureuses.

Sur les quais de la Ribeira, le marché se tient en plein air, au bord du fleuve. Il y a quelques dé-

En 1914, l'architecte Correia da Silva reconstruisit le marché du Bolhão, installé au cœur de la ville depuis plusieurs dizaines d'années déjà. Il conçut une circulation sur deux niveaux avec ces grandes structures métalliques en vogue à l'époque. Le marché est en partie à ciel ouvert ; des stores et des toiles protègent les étals des intempéries (ci-dessus en haut et page ci-contre).

Entourée d'une campagne prospère, Porto a toujours eu des marchés animés et bien achalandés. Cette tradition de convivialité est intimement liée à celle des fêtes et des pardons, ces éléments culturels essentiels du Nord. Les fruits et légumes s'empilent sur les étals et sont parfois découpés sur place (ci-dessous).

Sur les quais de la Ribeira, au bord du Douro, la Taverna do Bebodos accueille les clients depuis 1876, comme l'indique son enseigne. Dans sa charmante salle voûtée qui donne sur le fleuve, on déguste une cuisine régionale très rustique et notamment les *papas de sarrabulho*, une soupe que José Saramago a rendue célèbre et qui, selon lui, «alimente le corps et console l'âme» (ci-dessus, en haut et en bas).

Le Nord est le pays de la morue, ramenée depuis la fin du XVe siècle par de hardis marins naviguant dans les eaux lointaines, froides et poissonneuses, des côtes de Terre-Neuve. C'est à cette époque qu'a commencé la longue complicité entre les Portugais et leur cher *bacalhau*, appelé familièrement le *fiel amigo* – l'ami fidèle. A Porto, la *Casa Oriental* (ci-dessus et ci-contre) est une boutique très célèbre pour les amateurs de morue. Les poissons ornent sa devanture comme de véritables œuvres d'art...

Sur les quais se tient aussi le marché de la Ribeira. A l'origine, les produits étaient amenés par des bateaux venant de la mer et aussi, par le fleuve, de l'intérieur des terres. Parmi d'appétissantes victuailles, ces pains de maïs (ci-dessus) si appréciés dans la nourriture portugaise. Jorge Tavares da Silva, ethnologue et cuisinier, explique que l'on retrouve le pain partout ; dans *les açordas* – soupes – , *les migas* – sauces –, *les ensopados* – ragoûts – , certaines charcuteries – les *alheiras*... et dans les multiples recettes de *fatias* – ces tartines sucrées, succulent pain perdu.

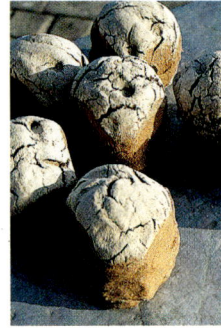

Sur la façade de A Pérola do Bolhão, en face de l'entrée du marché du Bolhão, ces accortes jeunes femmes à l'exotisme d'opérette sont peintes sur des azulejos. Au Portugal, comme en Chine, le thé se dénomme *chá* (page ci-contre, à gauche).

Ce marchand qui officie dans ce noble décor de faux marbre près du marché du Bolhão conseille les acheteurs et leur propose des graines en sachets multicolores ou en vrac, bien rangées dans des sacs de toile (page ci-contre, à droite).

cennies, il était encore principalement approvisionné par les bateaux du Douro. Aujourd'hui, sur les tréteaux de bois, on trouve toujours tout ce qu'il faut pour préparer les menus au quotidien. Il y a les oignons, les pommes de terre et ces choux de Galice, finement émincés sur place par le marchand pour le *caldo verde*. Cette soupe si typique du Nord est agrémentée d'un filet d'huile d'olive et d'une rondelle de *chouriço*. Plus loin, on trouve les pains qui accompagnent traditionnellement les soupes portugaises comme la *broa de milho*, pain de maïs, exquis, à la mie jaune et à la croûte épaisse, bien croquante. D'autres étals proposent du poisson en abondance et, bien sûr, de la morue.

Comment accommode-t-on la morue ? C'est l'un des secrets des Portugais qui, d'instinct, savent imprimer une certaine élégance à ce qui est modeste et rendre toute simplicité délectable. Tel l'argile métamorphosée sous la forme d'azulejos, ce poisson rustique permet, dit-on, de préparer un plat différent chaque jour de l'année. D'origine populaire, la morue a été adoptée peu à peu par les familles aisées qui, elles aussi, se transmettaient précieusement leurs recettes.

Parmi ces innombrables créations, le *bacalhau à Brás*, mélange très osé de morue, de pommes de terre émincées et d'œufs, est une merveille de délicatesse. Plus rustiques, les incontournables croquettes de morue – *pasteis de bacalhau* – se dégustent froides sur le zinc des bars et des *tascas* populaires, ou chaudes, à la maison, accompagnées de riz ou de salade. Quant au *bacalhau à Margarida da Praça*, c'est une spécialité de Viana do Castelo, ce haut lieu de la morue.

Si les provinces portugaises savent toutes accommoder à leur manière le *bacalhau*, la Ribeira est le lieu d'origine d'une des plus fameuses recettes de la ville, le *bacalhau à Gomes de Sá*. Ce plat doit son nom au commerçant qui, il y a près de cent ans, y vendait de la morue. Ail, oignons, olives, œufs et pommes de terre s'y conjuguent au poisson en un plat délectable. On peut rêver aux autres recettes locales comme le *bacalhau à Zé do Pipo*, le *bacalhau à congregado*, ou l'*arroz de bacalhau* devant la devanture de la *Casa Oriental,* près de la Torre dos Clerigos. Dans cette amusante épicerie, les morues blanches aux reflets dorés ne ressemblent plus à des poissons mais à ces objets indispensables à l'art de vivre au quotidien, posés, empilés, accrochés avec soin.

De nombreux commerces traditionnels subsistent encore à Porto et leur cadre ancien, précieusement entretenu, a un charme infini. On achète son thé ou son café à *Chávena de Ouro* ou à *Pérola da Guiné*, dont le décor évoque le souvenir du vaste empire colonial portugais. On trouve les traditionnels fruits secs et les charcuteries portugaises, séchées et fumées, dans l'épicerie *Pérola do Bolhão* dont la façade célèbre s'orne de jeunes femmes Belle Epoque. On déguste à la *Confeitaria Império*, pâtisserie de tradition située dans une avenue très commerçante, les délicieuses friandises à base de jaune d'œuf aux noms si imagés, les fameux *charutos d'ovos* – cigares aux œufs –, les *jesuitas* – gâteaux de pâte

Les Portugais raffolent de pâtisseries et de douceurs. La Casa Margaridense propose ce *pão de ló*, la traditionnelle couronne de Pâques, un succulent gâteau de Savoie (ci-dessous). On y trouve aussi des *marmeladas*, ces pâtes de coing que les maîtresses de maison portugaises confectionnent à l'automne et qu'elles font ensuite sécher dans des bols en porcelaine pendant de longs mois. Placées en haut d'une armoire, ces pâtes exhalent un parfum délicat (page-ci-contre).

Les Portugais s'arrêtent volontiers dans une pâtisserie. Un petit café est toujours bienvenu avec un *império*, une spécialité de pâte feuilletée de la *Confeitaria Império* (ci-dessous, à droite).

feuilletée – et même des *Napoleões* – mille-feuilles au chocolat. La *Casa Margaridense* propose, elle, un succulent *pão de ló*, ce gâteau de Savoie bien moelleux, en forme de roue, qui se mange surtout à Pâques. Les gourmets l'accompagnent de marmelade de coing ou de gelée et d'un vin de Porto. Le *bolo Rei*, délicieuse couronne de pâte levée, ornée de fruits confits, où est cachée une fève, se déguste, lui, à Noël. Une autre douceur réputée est le *pudim Abade de Priscos*, un entremets délicat composé d'œufs, de sucre, de citron, de vin de Porto et de cannelle, créé par le père Rebelo, un ecclésiastique de Braga, gastronome réputé. Après s'être adonné à ces douceurs, il ne faut manquer à aucun prix *Lello & Irmão*, une librairie installée dans un remarquable édifice néogothique bâti en 1906. Dans ce décor de boiseries sculptées, les livres sont comme sacralisés.

La Casa de Serralves témoigne, elle, d'une autre architecture, celle des années 30. Construite pour un industriel, très au fait des mouvements artistiques modernes, Carlos Alberto Cabral, comte de Vizela, elle

A Pérola da Guiné (la Perle de Guinée) le nom de la boutique fait rêver les nostalgiques d'une terre découverte par les Portugais dès 1446. A l'intérieur, les azulejos représentent une plantation en Afrique et la cérémonie du thé en Chine. Dans un cartouche, une inscription signale avec une certaine solennité que « Le meilleur café et le meilleur thé sont ceux de la Perle de Guinée » (ci-dessus).

est due en partie à un fameux architecte de Porto, Marques da Silva. Dans ce palais rose, les jeux des pleins et des vides comme les espaces sont conçus d'une façon nouvelle. A l'intérieur, les stucs, une des grandes spécialités du Nord, sont réinventés sous la forme de longues et fines cannelures qui envahissent les murs, pareilles à des ondes musicales. Le mobilier qui subsiste, choisi par le comte dans les meilleurs ateliers parisiens, ceux de Rulhmann, Subes, Brandt et Lalique, est une merveille.

Conçu selon la même esthétique, le parc, à la fois socle et prolongement du palais, est un lieu de promenade très apprécié des *portuenses*. Dans ces jardins créés par Jacques Greber, un Français qui a beaucoup travaillé outre-Atlantique, les souvenances californiennes se mêlent harmonieusement à la tradition paysagiste française, créant sans cesse des surprises. Un petit salon de thé, agrémenté d'une glycine, invite à un agréable repos. L'ensemble, acquis par l'Etat portugais, est maintenant une fondation ouverte au public et consacrée à l'art contemporain.

Mercearia est un restaurant apprécié de la Ribeira. On aime son ambiance chaleureuse, ses murs de granit, ses azulejos, ses poutres et, bien sûr, sa vue sur le Douro (à droite).

Dans certaines boutiques de Porto, les efficaces pains de savon de fabrication artisanale, toujours très appréciés, sont découpés à la demande (en bas).

Lello & Irmão, fondée en 1881, est la grande librairie de Porto. En 1906, ses propriétaires firent construire cet édifice étonnant qui semble inspiré d'une Angleterre fabuleuse, de ses cathédrales gothiques et de ses châteaux aux impressionnantes bibliothèques (page ci-contre).

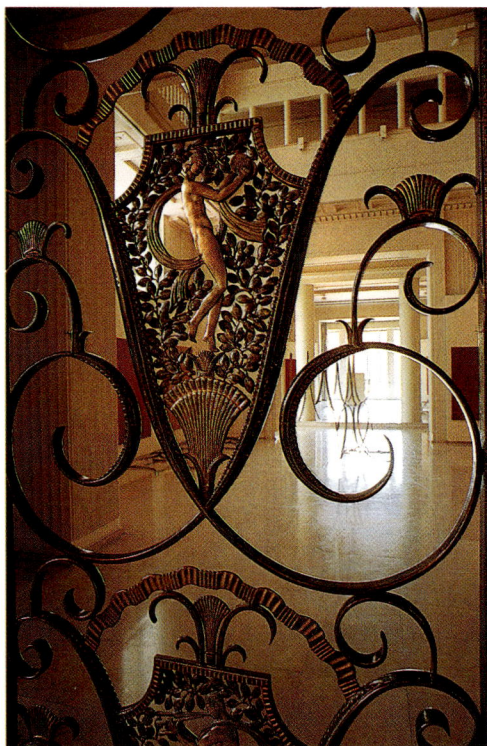

La Casa Serralves
a été achevée dans les
années 30 par Marques da
Silva, un grand architecte de
Porto, pour Carlos Alberto
Cabral. Puissant industriel
du textile celui-ci se rendait
souvent à Paris dont il
appréciait le rayonnement
culturel. On retrouve dans
cette architecture rose aux
lignes très épurées tout
le classicisme de l'Art déco.
Pour meubler ce palais,
qui évoque parfois par ses
jeux de volumes les villas
palladiennes, le comte
de Vizela a passé commande
dans les meilleurs ateliers
parisiens : meubles
de Jacques -Emile Ruhlmann,
fers forgés d'Edgar Brandt
et de Raymond Subes, objets
en verre de René Lalique...
Si le mobilier a en partie
disparu, il reste des éléments
superbes comme cette grille
(à gauche).

Carlos Alberto Cabral a
prêté une grande attention
aux jardins conçus par un
architecte paysagiste
français. Les travaux
commencés en 1932 se sont
poursuivis jusqu'en 1940.
Devant le palais, le jardin
symétrique, dessiné par les
buis, les bassins, les cascades
et les massifs de fleurs n'est
classique qu'en apparence
(ci-contre). Plus bas, les
espaces qui descendent vers
le Douro sont traités comme
des jardins paysagés. Le
promeneur y découvre avec
délice lac romantique,
roseraie, prairies où paissent
les moutons, et même un
charmant salon de thé noyé
sous la glycine.

Dans une ancienne villa
Art Déco, La *Casa do
Marechal* est l'un des hôtels
de charme de Porto
(ci-dessous).

Ces longs chais aux toits de tuiles rousses, se succèdent au bord du Douro ou escaladent la colline de Vila Nova de Gaia (ci-contre). Le vin était, dit-on, bonifié ici par l'air, plus chargé d'humidité que celui de la brûlante vallée du Douro qui les voit naître. D'autre part, la loi stipulait que tout Porto devait être élevé et mis en bouteilles à Vila Nova de Gaia. La loi a été changée, la climatisation a fait des progrès et Noval, par exemple, transporte actuellement ses chais dans le Douro.

On reconnaît ici la célèbre étiquette commandée entre 1920 et 1930 par Adriano Ramos-Pinto à l'affichiste parisien renommé René Vincent (ci-dessous).

LES MAÎTRES DU PORTO

Les quartiers ouest, mis à la mode dans les années 30, étaient, depuis longtemps déjà, fort appréciés de la colonie anglaise de Porto. Dans *Une famille anglaise*, l'écrivain Júlio Dinis décrit les trois « régions » du Porto du XIXe siècle : la centrale, portugaise, l'orientale, brésilienne, et l'occidentale, anglaise, avec ses demeures d'une élégance empreinte de simplicité, crépies de couleurs et entourées de jardins fleuris. La résidence d'Agustina Bessa Luís, qui a appartenu à une famille anglaise, est un excellent témoignage de ce type de maison, avec ses jardins qui dominent le Douro. Cette romancière, l'une des plus grandes figures de la littérature portugaise contemporaine, a souvent évoqué les Anglais de Porto, notamment dans son célèbre roman *Fanny Owen*.

Tout au long de l'histoire du Portugal, l'al-liance avec les Britanniques a toujours été vou-lue comme le contrepoids au puissant voisin es-pagnol. Ces relations privilégiées ont facilité le commerce des vins traditionnels du Douro, les *maduros*, appréciés depuis longtemps outre-Manche. Les exportations s'accroissent au XVIIe siècle, lorsqu'on leur ajoute, avant la fermenta-tion, de l'eau-de-vie de raisin, donnant ainsi naissance aux vins *generosos*, c'est-à-dire aux vins de Porto. Cette opération – le mutage – , qui retient le sucre, confère à ce nectar toute sa douceur et son moelleux. Elle contribue égale-ment à son bon vieillissement, ce qui facilite sa conservation et son transport.

Aux XVIIIe et XIXe siècles, les négociants an-glais, tous installés à Porto, ne s'intéressent qu'ex-ceptionnellement aux vignobles et à la produc-tion. Les tonneaux de vin descendent le Douro sur les *barcos rabelos* jusqu'à Vila Nova de Gaia, la

Les chais et le vin qui y vieillit sont l'objet de soins constants (ci-dessous chez Ramos Pinto).

Il ne faut pas manquer de visiter les chais où repose le vin, trois ans en moyenne, mais plus de quarante ans pour certains Tawnys.

ville qui se trouve en face de Porto, de l'autre côté du fleuve. Plus tard, ils seront acheminés par train; aujourd'hui, par camion. Sur la colline s'étalent les chais avec leurs toits de tuiles rousses sur lesquels sont inscrits les noms des firmes. Là, les précieuses bouteilles, les barriques de chêne et les énormes foudres qui peuvent contenir jusqu'à sept cent mille litres, sont pieusement empilés dans la pénombre. C'est ici que naissent les portos.

L'appellation porto recouvre des vins d'une étonnante complexité. Vin d'assemblages ou non, ils proviennent parfois d'une seule *quinta*, parfois de plusieurs vignobles. Les cépages diffèrent. Les récoltes choisies datent du même millésime ou s'échelonnent sur plusieurs dizaines d'années. Le vieillissement s'accomplit en fûts de chêne ou en bouteilles et c'est d'ailleurs le plus long jamais exigé pour un vin. Bien évidemment, ce travail d'alchimiste ne se conçoit pas sans une mémoire pro-

digieuse et un sens du devenir et de l'équilibre des vins. On devine quel talent, quel sens de l'élégance même, doit avoir le maître de chais pour créer ses portos, tout en gardant l'esprit de la maison.

Les Vintages, vins de rêve, sont les plus appréciés du marché anglais. Ces vins sont élaborés à partir de vendanges d'une seule propriété ou encore des meilleurs lots des *quintas* les plus réputées. Ils sont issus d'une unique année, d'un millésime particulièrement réussi. Après plusieurs mois de vieillissement en tonneaux, le vin est mis en bouteilles et il faut attendre entre quinze et vingt ans avant de le déguster. Les Vintages les plus répu-

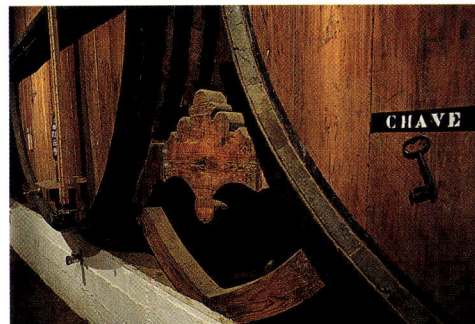

Au bout de longues années, le chêne des tonneaux usés sert parfois à faire des pavés pour le sol des chais. Les Vintages vieillissent peu de temps en tonneaux ou en fûts puis ensuite en bouteilles. Ils ont un goût fruité et un bouquet capiteux très remarquable. La visite des chais, toujours suivie d'une dégustation, se déroule presque comme une liturgie (ci-dessus et ci-contre chez Taylor).

Couleurs, fragrances, saveurs s'allient pour faire du porto un sublime nectar qu'il convient de déguster dans les règles de l'art. Le traditionnel verre tulipe permet de libérer l'arôme du Porto.
On reconnaît ici l'émeu, l'étonnant oiseau emblème de la maison Ferreira qui, depuis près de 250 ans, crée des Portos d'une grande subtilité (ci-dessus).

Pérennité et tradition pour la firme Ramos-Pinto, qui a maintenu ses bureaux dans le cadre créé en 1908 par son fondateur, Adriano Ramos-Pinto (page ci-contre)

Nombre de personnalités ont choisi de vivre à Porto. Les architectes Álvaro Siza Vieira et Fernando Távora, le cinéaste Manoel de Oliveira, la romancière Agustina Bessa Luís... Lié au milieu libéral, l'avocat Miguel Veiga (ci-dessous) est une personnalité très active de la ville.

tés sont, entre autres, ceux de Dow's, Graham, Noval, Taylor et Warre.

Les Tawnys, eux, restent les vrais classiques du porto. Ces vins étonnamment complexes, conçus le plus souvent par un assemblage de plusieurs récoltes, peuvent vieillir en fûts pendant plusieurs dizaines d'années. Plus encore, l'évaporation est compensée régulièrement par l'ajout de vins moins anciens. Passionnante alchimie... Les négociants portugais, Ferreira ou Ramos-Pinto par exemple, excellent traditionnellement dans les Tawnys, qu'ils conçoivent comme des œuvres d'art. C'est sans conteste l'un des plus beaux témoignages de l'art de vivre au Portugal.

Il faut aussi découvrir les autres vins de Porto : les portos blancs, fruités, si agréables à l'apéritif, les Rubys, jeunes et amusants, et les late bottled Vintages, mis en bouteilles un peu plus tardivement que les Vintages, qui se servent, eux, au cours du repas, avec le fromage ou en accompagnement des desserts. Quant à la dégustation d'un Vintage ou d'un grand Tawny, c'est un moment exceptionnel ! Pour mieux l'apprécier, on le savourera seul après le repas.

Où déguster et acheter ces vins, sinon à Vila Nova de Gaia ? Parmi tant d'autres adresses renommées, on peut citer la plus prestigieuse des firmes lusitaniennes, Ferreira. Les chais de cette maison fondée en 1751 et numéro un au Portugal sont spectaculaires. Elle est l'une des rares à y conserver tous ses Vintages depuis 1830.

Portugaise aussi, la maison Ramos-Pinto fondée par Adriano Ramos-Pinto, est spécialisée dans les ventes de porto au Brésil. Amateur d'art, celui-ci comprend à la fin du siècle dernier que le vin est un produit culturel. Il demande à des graphistes réputés de concevoir ses étiquettes et décore sa firme d'azulejos modern style. Il faut aussi visiter les superbes chais de Taylor. Telles des cathédrales obscures, ceux-ci renferment les précieux tonneaux de chêne qui luisent doucement dans l'ombre. Un autre lieu magique...

On peut aussi découvrir ce monde du porto

au Solar do Vinho do Porto où s'offrent à la dégustation plus de deux cent cinquante vins servis avec les traditionnelles amandes grillées. L'alliance du génie de deux peuples a permis la création de ces vins complexes, alliant force et douceur.

Sans la tradition d'accueil des Portugais, cette fantastique aventure aurait-elle jamais vu le jour ? Les Anglais, qui occupent toujours une place importante à Porto, ont profondément imprégné la ville de leur culture. Partout, ils ont cherché à recréer leur monde, influençant fortement l'art de vivre. La *Feitoria Inglesa*, le palais où les négociants en vin britanniques ont traité leurs affaires depuis plus de deux cents ans, en témoigne. Cette demeure grandiose, construite par un prestigieux architecte anglais à la fin du XVIIIe siècle, est toujours le siège du vénérable club où douze firmes britanniques, les *British Houses,* sont actuellement représentées. Le déjeuner du mercredi où se retrouvent les membres de ces firmes est une véritable institution. Quant aux *portuenses* élégants, ils se souviennent tous d'avoir un jour dansé dans la somptueuse salle de bal sous les lustres de cristal.

La tradition des clubs anglais a été reprise à Porto. L'Ateneu Comercial do Porto, par exemple, haut lieu de la grande bourgeoisie commerçante, a été fondé au milieu du siècle dernier. La solennité de l'escalier à plusieurs volées, les colonnes et les ors de la salle de bal, les salons, la bibliothèque, tout ici illustre les certitudes et le prodigieux dynamisme d'un capitalisme triomphant, confiant dans le progrès indéfini de l'humanité.

Le Club Portuense, qui réunit la meilleure société de Porto, est, lui, issu de la tradition monarchique, très vivante dans le Nord. L'ambiance, comme le mobilier, le décor de fresque et de stucs évoquent les élégantes propriétés de famille. On s'y sent fort bien, un peu comme chez soi, oubliant pour quelques instants les bruits de la ville. Dans ce club très privé, on savoure notamment des poissons et des entremets qui rappellent par leur délicatesse ceux que préparent les cuisinières de grande maison.

Signé en 1703, le traité de Methuen qui privilégie les relations commerciales entre l'Angleterre et le Portugal explique beaucoup de l'art de vivre portugais. En échange des vins, il ouvre tout le Portugal aux produits anglais. Dès lors, des liens de toutes sortes vont se multiplier entre les deux pays. A Porto, comme ils avaient l'habitude de le faire dans le monde entier, les négociants anglais se regroupent bientôt en une *British Association* et fondent un comptoir commercial que l'on appelle ici la *Feitoria inglesa*. Pour l'abriter, l'architecte John Whitehead construit en 1790 un prestigieux édifice de style néoclassique, image de la puissance des Anglais de Porto. Vitrine de l'Angleterre, il impressionne par son noble hall de style palladien, sa riche bibliothèque et surtout ses salons immenses qui depuis deux siècles ont vu défiler le tout-Porto (en haut à gauche).

Tant de repas superbes ont été préparés dans la cuisine de la *Feitoria inglesa*... On y découvre ces moules qui ont, le plus souvent, été commandés en Angleterre, comme l'indiquent les archives (en haut à droite et ci-contre).

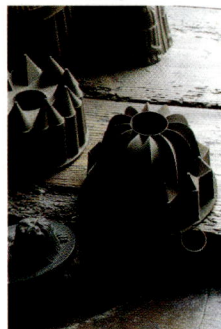

La tradition anglaise des clubs est toujours très vivante à Porto. Le **Club Portuense**, fondé en 1910 avant la chute de la monarchie, est le plus élégant de Porto. On y entre sur recommandation et après le vote des membres. Le hall monumental, les salons aux décors peints, la bibliothèque sont meublés avec soin. C'est là que les grandes familles donnent un bal pour l'entrée dans le monde de leur fille (page ci-contre).

EN ROUTE
VERS LE SUD

D'Aveiro à Óbidos en passant
par Coimbra et le Ribatejo

Au centre du pays, les provinces de la Beira Alta, la Beira Baixa, et la Beira Litoral ne seraient, pour l'écrivain Miguel Torga, que l'émanation de la puissante *serra* da Estrela, « sorte de matrice granitique » de près de deux mille mètres de haut, sommet du Portugal. Même si le chemin le plus naturel vers le sud traverse la Beira Litoral qui borde l'océan, les contreforts de la *serra* de Estrela ne sont jamais loin. L'Alva et le Mondego qui y prennent leur source sont là pour le rappeler. Montagnes et plaines, amples vallées, larges estuaires ouvrant sur une côte basse ourlée par la mer, telle est l'image contrastée de cette étonnante province.

L'ensemble du littoral devrait former une province à part ajoute Miguel Torga ; «... cette longue et pâle frange de dentelle ourlant le bariolage de la couverture lusitanienne. [...] L'Atlantique, toujours la plage et [...] les pêcheurs. Toujours une vague qui se défait à la proue d'une embarcation chargée d'hommes dans l'attente d'une éclaircie pour gagner le large. » Bien que les abris naturels soient rares sur cette côte, ce type de pêche, pittoresque mais dangereux, n'est plus très pratiqué. Pourtant, autour d'Aveiro, à Furadouro et à Torreira au nord, à Mira au sud, il y a encore des marins qui unissent leurs forces pour ramener sur la plage barques et filets avec des attelages de bœufs qui entrent dans la mer jusqu'au poitrail.

Ces plages qui s'étendent à l'infini sont très belles, sauvages, mystérieuses même, souvent baignées d'une lumière nacrée, argentée. Dans les stations, les nombreux baigneurs viennent apprécier le sable doré et les vagues ardentes toujours rafraîchies par les courants froids et le fort vent du large, même au plein cœur de l'été.

Au nord, près d'Aveiro, un cordon littoral de près de cinquante kilomètres dessine une longue *ria*. C'est un espace indéfini, comme insaisissable, modelé par les brumes ou la lumière dorée du soir, les vapeurs de l'océan, la chaleur de la terre. Là, eaux douces et eaux saumâtres se mêlent aux sables, aux marais salants et aux champs. Les ro-

seaux et les forêts de pins en font le royaume des canards sauvages et des pêcheurs. Parfois glissent encore sur la lagune des *moliceiros*, gigantesques barques à fond plat, à la proue relevée et aux voiles gonflées par le vent. La mémoire collective a oublié l'origine des étonnantes proues en croissant de lune, mais la tradition veut que l'on porte un soin particulier à leur décor. Sur les deux côtés, le pinceau populaire relate avec une verve naïve des scènes historiques, raconte la vie quotidienne, illustre des proverbes, évoque la Vierge, les saints patrons et des personnages célèbres..., avec une joyeuse violence de couleurs.

Bien plus paisible est le *rio* Mondego, un fleuve symbole, longtemps frontière entre la croix des rois de Portugal au nord, et le croissant des Maures au sud. Tant de poètes du pays l'ont chanté inlassablement. Car la campagne qui l'entoure est d'une douceur incomparable et ne peut qu'engendrer le lyrisme.

Collines verdoyantes, champs fertiles, rizières vert tendre, riants vergers entourent les méandres de ses rives bordées de saules et de peupliers. Les arbres qui rythment les paysages

La forêt de Buçaco est l'une des plus belles d'Europe, mystérieuse et captivante sylve où plusieurs centaines d'espèces ibériques se mêlent à près de trois cents essences exotiques. Chemins et sentiers traversent ces hautes futaies où fontaines et cascades bruissent au milieu des fougères. C'est presque un lieu sacré, d'ailleurs protégé par une bulle papale de 1643. Le palais-hôtel, avec ses tours et ses pinacles, apparaît ici comme une plante étrange jaillie de cette houle de verdure (double page précédente).

A quelques lieues, c'est la mer et ses plages (ci-dessous à Praia da Vagueira) où s'élèvent parfois d'étonnantes chapelles, lieux de pèlerinage qui servent parfois d'amers aux marins. Ici, la capela do Senhor da Pedra, près de Miramar, où se déroulait autrefois un pèlerinage très célèbre en mai (page ci-contre).

Dans la lagune d'Aveiro, qui évoque parfois des paysages japonais, naviguent lentement dans la brume les *moliços*, les belles barques à fond plat (double page suivante).

Partout des lignes horizontales faites de sable et d'eau : la côte, la *ria*, le cordon littoral, la mer... Mais ici, à Costa Nova, ce ne sont que des verticales : planches de bois multicolores pour les *palheiros* –

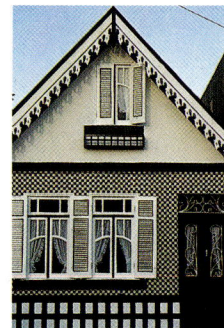

A la fois marins et paysans comme le veut la *ria*, les hommes de cette région lagunaire utilisent leurs barques décorées de couleurs vives, pour récolter les algues destinées à fertiliser la terre, transporter le sel et pêcher l'anguille (ci-dessous).

sont l'une des grandes richesses du Portugal. La forêt monte à l'assaut des sommets, couvre les collines et dévale dans les plaines. Le vent porte au loin les effluves balsamiques et capiteuses des eucalyptus qui se mêlent à l'odeur des pins. Ces pins, il y en a des milliers qui embaument, au sud de Coimbra, dans la légendaire pinède de Leiria plantée au Moyen Age par les moines d'Alcobaça pour fixer les dunes mouvantes du littoral.

Cette forêt, paradigme de l'éternelle rivalité de l'homme avec ses alliées naturelles que sont la terre et l'eau, montre comment le pays s'est façonné peu à peu. La province du Ribatejo – rive du Tage – en est une autre illustration. Car cette large terre alluviale est devenue, elle aussi, au cours des siècles, une des richesses du Portugal. Pourtant, les eaux du fleuve débordent fréquemment et se confondent avec la marée qui remonte jusqu'à une cinquantaine de kilomètres à l'intérieur des terres. Parfois, lors des inondations, la nature avec les prés à peine couverts d'une eau qui miroite au soleil prend une signification presque cosmique. La mystérieuse fusion des quatre éléments, la terre, l'eau, le feu du soleil et l'air transparent, semble devenue possible.

Sur la rive droite du fleuve, le paysage annonce déjà celui de la province voisine de l'Estremadure. Sur l'autre rive, de vastes domaines où l'on cultive

les maisons de pêcheurs – ou carreaux de faïence pour les édifices modernes. L'ingénuité de cette architecture a toujours eu un grand pouvoir de séduction (ci-dessus, en haut à gauche et page ci-contre).

le blé et parfois encore le riz, la vigne et l'olivier couvrent l'immense plaine. Mais l'image du Ribatejo est surtout associée à ces vastes étendues d'herbe bien drue, les *lezírias*, où paissent les troupeaux de chevaux, de bœufs et les taureaux noirs destinés aux corridas. Comme les gardians de Camargue ou les gauchos de la Pampa argentine, les *campinos*, sur leurs petits chevaux vifs et nerveux, surveillent leurs troupeaux, le long aiguillon – *pampilho* – à la main. Voir ces cavaliers galoper dans l'immense plaine, guidant et encourageant leurs troupeaux, donne la sensation que la liberté existe ici à l'état pur.

CHEMIN FAISANT, D'AVEIRO À ÓBIDOS

A Aveiro, dans le Nord, la liberté et le courage sont encore différents. C'est l'ampleur infinie du rêve des marins qui a fait la richesse de la ville avec ses canaux, ses demeures ornées d'azulejos et l'émouvant monastère de la princesse Santa Joana. Cité active, elle aligne, au bord de la *ria*, ces impressionnants alignements de séchoirs à morue, témoignages d'une ancienne tradition.

Tout près de la ville, la découverte de la petite bourgade de Costa Nova, entre la mer et la lagune, est une surprise. A la fois village de pêcheurs et station balnéaire à la mode depuis près de cent ans, elle a su garder une étonnante unité. Toutes les maisons de pêcheurs, les *palheiros*, sont entièrement faites de larges planches de bois rayées de couleurs vives alternant avec du blanc. On raconte

Ville très active, Aveiro se couvre au XIXe siècle de maisons aux façades tapissées d'azulejos, à la mode brésilienne. Ce décor qui séduit les Portugais restés au pays est plus encore utilisé par les *Brésiliens*, ces émigrés qui reviennent après avoir fait fortune. Ils représentent une société très typée, dépeinte avec talent par Camilo Castelo Branco dans son roman *A Brasileira de Prazins*, publié en 1882 (page ci-contre).

Dans la gare d'Aveiro des personnages typiques accueillent les voyageurs : pêcheur, vendeuse de poisson et même cette « jolie fille », la *Tricana*. Les panneaux datent de 1916.

parfois que chaque pêcheur pouvait ainsi dans la brume de la *ria* reconnaître son logis à la couleur de ses rayures, presque toujours verticales. Avec le même enthousiasme, les immeubles modernes qui sortent de terre sont, eux, élégamment rayés d'azulejos. Rendons grâce pour cette réussite exceptionnelle à l'ancien maire d'Ilhavo, l'ingénieur Galante, dont dépend cette commune. Avec une esplanade plantée de palmiers qui bordent la *ria,*

on se croirait presque transporté dans un tableau du Douanier Rousseau.

Pourquoi ne pas s'arrêter dans un des bons petits restaurants de Costa Nova pour déguster les multiples préparations d'anguilles de la *ria*, en marinade – *de escabeche* – ou en matelote – *caldeirada* ? Il y a aussi les poissons de mer qui arrivent tout frais du port d'Aveiro. La carte propose des merveilles, *pregado* – turbot –, *robalo* – bar –, *tambouril* – lotte... Au moment du café, il est impossible de résister aux moelleuses friandises que sont les *ovos moles* d'Aveiro, originaires d'un couvent de la ville, et dont la réputation a depuis longtemps dépassé les frontières. Composés de jaunes d'œufs cuits dans un sirop de sucre, ces bonbons sont présentés dans des petits tonnelets ou sous la forme de motifs marins moulés dans du pain azyme.

Plus au sud, à l'intérieur des terres et au cœur du Portugal, Coimbra est une ville chargée de

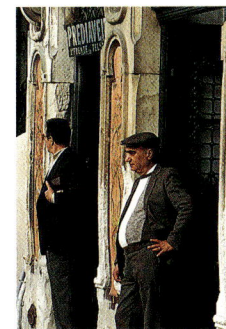

Il fait bon flâner dans les rues d'Aveiro où une architecture élégante et toute l'imagerie des azulejos accompagnent les pas du promeneur (ci-dessus et en haut).

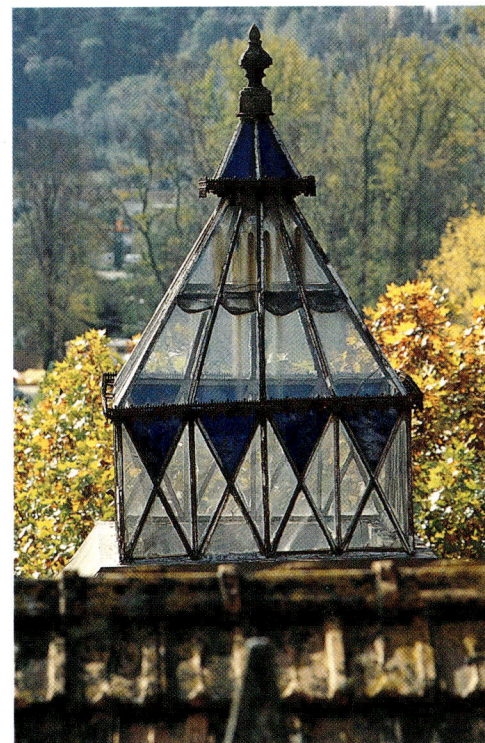

Coimbra la docte est célèbre pour ses jardins. Au XVIIIe siècle, sous le règne du roi Dom João V, le parc de Santa Cruz est transformé selon les canons de la scénographie baroque. Apparaissent alors bassins et fontaines. La *Cascata*, haute cascade de granit entourée de médaillons d'azulejos, est une œuvre très symbolique. N'associe-t-elle pas la puissance du granit du Nord, rude et gris, à la délicatesse des azulejos du Sud, légers, lisses et colorés ? Ce médaillon en camaïeu de bleu représente une scène biblique : le prophète Élisée lançant du sel dans les eaux de Jericho. Il est entouré des évangélistes, saint Marc et le lion et saint Matthieu et l'ange (ci-contre).

Le Portugal est le pays des *claras-boias*, ces lanterneaux qui marient toujours avec une grande délicatesse le verre et le métal, images du progrès industriel (ci-dessus à droite).

symboles comme le *rio* Mondego qui la baigne. Son université, une des plus anciennes d'Europe, fut pendant six cents ans, jusqu'en 1911, la seule du pays. Elle a été le formidable creuset où s'est forgée peu à peu l'unité du Portugal, État-nation le plus ancien d'Europe dans ses frontières actuelles. Séduisante Coimbra, où même la langue que l'on parle est particulièrement pure et mélodique.

Au cours de sa longue histoire, la cité s'est embellie de monuments splendides qui se découvrent au détour d'un pittoresque lacis de ruelles dégringolant la colline. L'université et sa bibliothèque, acropole qui domine le Mondego, en est l'exemple le plus prestigieux. Ici, même les jardins procèdent d'une démarche intellectuelle. Dans celui de la Manga, la nature a presque disparu au profit des jeux de l'architecture. Quant au jardin botanique, il a été voulu lieu d'investigation scientifique par le marquis de Pombal, grand ministre du despote éclairé que fut le roi Dom José. La promenade est délicieuse dans ces vastes espaces en terrasses conçus avec tout le faste baroque qui of-

Un moment de détente dans les riches plaines du Ribatejo. On cultive ici de beaux melons qui sont parfois vendus, l'été, sous de grandes tentes, au bord des routes (ci-dessus).

Le marché aux poissons de Coimbra est fort bien approvisionné. Le poisson n'est-il pas un aliment important de ce peuple ? Sur la glace des étals, on découvre la morue couverte de sel, les sardines qui brillent comme le vif-argent, les *pescadas*, colins gris à la chair douce et légère ou encore ces curieux *peixes-espada*, les sabres, qui portent bien leur nom (ci-dessous).

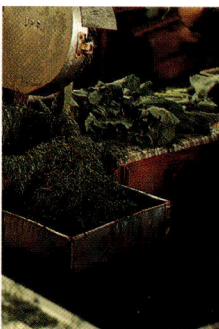

Au marché de Coimbra, un instantané bien portugais : le hachoir débite en fines lamelles le chou destiné au *caldo verde*, cette soupe rustique si populaire (ci-dessus).

frent au regard des essences du monde entier, nouvelle illustration de l'universalité des Portugais, voyageurs infatigables. Le parc créé pour les moines de Santa Cruz est un autre témoignage de haute culture. Là, toute une scénographie baroque et rocaille, avec ses jeux d'eaux et ses pavillons, se marie à merveille avec une végétation exubérante, telle la célèbre allée voûtée de magnifiques lauriers-roses.

Quand la nuit tombe, les soirs d'été, on rêve d'entendre ici la sérénade ou la ballade, ce *fado* de Coimbra chanté par des hommes, souvent en plein air. D'un rythme plus rapide que celui de Lisbonne, ce chant très ancien et follement poétique, accompagné de la *guitarra* et de la *viola*, une sorte de mandoline, n'a cessé d'évoluer au cours des siècles dans son expression musicale.

Le matin, c'est une autre Coimbra qui se découvre, avec son marché coloré si animé. Ici la recherche sans cesse renouvelée du pain quotidien se mêle toujours au plaisir de la rencontre. Très tôt, les marchandes chargées de paniers remplis de victuailles se pressent vers les halles. Parmi tous les poissons fraîchement arrivés du port de Figueira da Foz, l'amateur apprécie particulièrement les sardines si goûtées au Portugal et les sabres à la chair savoureuse. Ces *peixes-espada* longs et effilés comme des rapières ont une peau argentée, douce et sans écailles, qui a la brillance de l'acier fin.

Le marché aux légumes dévoile d'autres subtilités du quotidien portugais. On trouve ici toutes les variétés d'olives, celles d'Algarve, petites et brunes, celles de l'Alentejo, noires, celles des Beiras, plus claires, macérées dans de l'huile très fine, celles d'Elvas, grosses et vertes, qui sont conservées dans la saumure... A côté, on grignote les amuse-gueule traditionnels, les inévitables *pevides*, larges graines de citrouille bouillies dans l'eau salée, et les *tremoços*, graines de lupin trempées dans l'eau. C'est un cadeau toujours apprécié pour un ami portugais qui se trouve loin de son pays.

Coimbra, haut lieu de la vie estudiantine, est aussi connue pour ses cafés et ses *tascas*, sympathiques gargotes, petits estaminets où l'on découvre une amusante restauration populaire, dont les prix sont toujours clairement affichés. Outre toutes ces *rissoes*, rissoles dorées et croustillantes de morue, de poulet ou de crevettes, il y a le *prego* – textuellement « le clou » –, une escalope de bœuf dans un petit pain, le *bifana* où le porc remplace le bœuf, les *pipis*, des abats de poulet servis chauds, les *caracóis*, de tout petits escargots... Pour terminer, le *pudim flan* – flan au caramel –, le *leite creme* – crème au lait et à l'œuf– et l'*arroz doce* – riz au lait – sont de véritables institutions nationales. Ces desserts, souvent servis dans de petits pots individuels en terre cuite, sont parfois ornés de charmantes compositions dessinées à la poudre de cannelle. Délicieux art de vivre !

Ce travail manuel de qualité s'insère dans la longue tradition artisanale de la région, comme celle de la faïence introduite à Coimbra à la fin du XVIIe siècle. Très caractéristiques, ces céramiques présentent une curieuse synthèse de l'art académique et d'une tradition plus rustique. En effet, sur des pièces aux formes très élaborées, les motifs érudits et d'inspiration orientale ou hispano-arabe sont toujours transposés selon une vision populaire. Tout un peuple d'animaux s'ébat joyeusement au milieu d'une végétation encadrée de savantes bordures. Sur le fond blanc, les bleus, les verts, les jaunes ocrés, les rouille aux tons légèrement passés qui, eux, n'ont rien de populaire, s'harmonisent intrinsèquement avec les formes qui évoquent de somptueuses pièces d'argenterie. Artisans également, mais pour combien de temps encore, sont ceux qui, à Lorvão, au nord de Coimbra, cisèlent finement ces cure-dents, ces porte-plume en saule ou en peuplier, éphémères objets destinés à l'origine à décorer les desserts fabriqués par les moniales de l'abbaye Lorvão.

Chemin faisant, découvrir toutes les métamorphoses des azulejos portugais est un enchantement inépuisable. A Caldas da Rainha, par

Cette région est réputée pour son artisanat que l'on peut admirer, entre autres lieux, à la Torre de Anto, à Coimbra. Cette vieille tour médiévale, qui faisait partie des murailles de la ville, a été transformée en salle d'exposition. La superbe vannerie tressée y est bien représentée (à gauche et en bas).

Les réalisations les plus célèbres sont sans conteste les faïences réalisées grâce à une très vieille technique, inventée en Orient, cherchée en vain pendant des siècles, puis retrouvée dans l'Italie de la Renaissance. Les pièces en argile sont trempées dans un bain de sels d'étain qui, après la cuisson, formeront la belle pellicule lisse, blanche et opaque. Ici les ateliers des potiers de Coimbra où les faïences attendent d'être décorées (ci-dessus en haut et en bas).

La visite d'Óbidos est toujours une sorte de rêve. En découvrant ses murailles ocre, le roi Dom João V crut voir une ceinture d'or... Il faut déambuler sur les remparts et regarder les toits. Le regard suit leurs courbes si douces. Ils sont couverts de ces tuiles mauresques en forme de canal, alternativement renversées et posées en couvre-joint, patinées par la pluie, le vent, le soleil. Chaque tuile est différente, telle une matière vivante (en haut et page ci-contre).

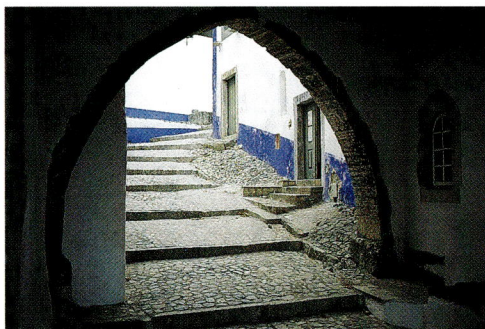

Dans cette ville détruite en partie par le grand tremblement de terre de 1755, il subsiste pourtant de nombreux vestiges manuélins, fenêtres, portes, arcs que l'on découvre au détour d'une ruelle. Ce n'est que lors de la reconstruction que l'on commença à orner de couleurs les angles, les plinthes et les corniches. Merveilles que ces bleus, ces rouges, ces ocres qui transforment chaque maison en un palais (ci-dessous et à droite).

exemple, les carreaux de faïence sont un peu l'image de la ville, une capitale de la céramique. Cette réputation déjà ancienne s'est accrue à la fin du XIXᵉ siècle, quand le grand artiste Rafael Bordalo Pinheiro a fondé la célèbre manufacture qui porte son nom.

Puisant son inspiration dans le quotidien populaire comme dans la nature, il a créé des œuvres profondément originales. A côté de ces époustouflants plats en forme de légumes ou de fruits et de ces terrines zoomorphes que l'on reproduit encore, la dynamique des fabriques de Caldas da Rainha continue à engendrer de nouvelles créations.

Le nom de Caldas da Rainha est toujours associé à celui de la belle petite cité voisine d'Óbidos, apanage des reines du Portugal. Óbidos, si homogène, exemple d'une continuité sans rupture dans le temps, est presque un mirage. Enserrées dans les remparts crénelés, les maisons sont devenues au cours des siècles comme les éléments d'une vaste sculpture. Des toits à la courbe ondoyante couvrent ces demeures enrichies de frontons, de motifs sculptés, ourlées de bleu outremer, de jaune, d'ocre ou de carmin, et repeintes inlassablement. Les couches d'enduits à la surface craquelée vibrent sous la lumière. Les bougainvillées, les solanums, les géraniums géants et toutes les fleurs

du monde semblent grimper à l'assaut des murs, des passages couverts, des arcades.

Óbidos, ce sont des églises de rêve tapissées d'azulejos et de tableaux, ceux notamment du peintre Josefa d'Óbidos, proche de Zurbaran. Óbidos, ce sont des artisans qui tiennent boutique, des chorales qui chantent au coucher du soleil sur un air de guitare. C'est une ville d'artistes. Maria José Salavisa, décoratrice réputée, le peintre Filipe Rocha da Silva, les architectes José Fernando Teixeira et Duarte Cabral de Melo ou d'autres personnalités encore, tous se sont installés ici, en respectant le charme et l'originalité de la cité des reines. Même le sympathique bar à la mode Ibn Errik Rex est un endroit étonnant. On y déguste la délectable liqueur de *ginginha* confectionnée avec les griottes de la région et présentée dans des carafes en cristal, ainsi que les *linguiças assadas* – saucisses grillées– et le très fameux *queijo da Ilha*, originaire de l'île de São Jorge, aux Açores, le seul vrai fromage portugais uniquement composé de lait de vache.

AU ROYAUME
DU CHEVAL

LE HARAS VEIGA ET SES CHEVAUX LUSITANIENS.
Si les chevaux sont souvent représentés sur les
panneaux d'azulejos, c'est parce que le Portugal a
toujours été réputé pour ses élevages. Ceux du
Ribajeto sont si renommés que la région mérite
l'appellation de « pays du cheval ». On y élève les
célèbres chevaux lusitaniens, ces chevaux vifs,
alertes, très près du sang, qui évoquent ceux que
montaient les rois de France et qui sont si doués
pour la haute école. Et l'on vient ici du monde entier pour les acheter.

Le haras Veiga, situé à la Quinta da Broa, à
Azinhaga, près de Golegã, est l'un de ces grands
domaines d'élevage. L'actuel propriétaire,
Manuel Tavares Veiga, représente la cinquième
génération d'éleveurs. A Golegã, la famille réside
également dans une autre maison, elle aussi entourée d'écuries et de remises pour les attelages
précieusement entretenus afin de participer aux
compétitions.

Dès l'arrivée à la Quinta da Broa, on constate
que l'imposante demeure est à l'image du domaine. La grande chapelle avec ses bois dorés et ses
fresques annonce le vaste programme iconogra-
phique du palais. Là aussi les murs font rêver. La
salle à manger dévoile aux convives les paysages
et la vie dans le Ribatejo. La salle de chasse présente le plus beau des gibiers en trompe-l'œil. En
outre, l'élégant décor de stucs, de faux marbres et
d'azulejos fait de cette demeure un très bel
exemple de l'architecture du siècle dernier.

Au loin, les chevaux galopent à perte de vue,
crinière au vent. Autour de la maison, la grande
esplanade est bordée par les bâtiments du haras
dont le cœur vivant sont les superbes écuries.
L'ample manège, indispensable dans une telle
propriété, permet de faire travailler ces chevaux
lusitaniens, vifs, sûrs et élégants. Les aptitudes de
ces montures permettent de comprendre comment les cavaliers de haute école portugaise ont

« **D**ans sa plaine
moelleuse et fertile, dans la
mélodie de ses sonnailles
et dans l'harmonie de sa
couleur, le Ribatejo est [...]
une ceinture écarlate et
fougueuse à la taille du
Portugal», écrit Miguel
Torga. Ici, c'est le royaume
du cheval. D'immenses
troupeaux paissent en liberté
dans les *lezírias*, ces riches
plaines souvent inondées. On
élève dans cette province les
chevaux lusitaniens. Déjà
connus des Romains,
appréciés des califes maures
qui en faisaient présent à
ceux qu'ils voulaient
particulièrement honorer, ils
apparaissent plus tard dans
tous les traités d'équitation
et notamment dans celui de
Pluvinel, l'écuyer du roi de
France Louis XIII. Résistants,
maniables et très brillants, ils
sont appréciés pour la haute
école, la promenade et bien
sûr la course de taureaux.
Ci-contre, le domaine d'un
grand éleveur, José Lobo.

pu épanouir si brillamment leur talent. Les amateurs peuvent même apprécier toutes les finesses de cette équitation chaque mois au palais de Queluz, près de Lisbonne, lors du spectacle que donne l'Ecole portugaise d'art équestre, dirigée par Guilherme Borba.

Cette tradition s'est toujours maintenue dans sa vigueur première sans jamais se scléroser grâce aux courses de taureaux, les *touradas*. Car les *touradas* sont, au Portugal, conduites par des cavaliers. Depuis le XVIIIe siècle, elles se déroulent sans la mise à mort du taureau dont les cornes sont garnies d'une gaine de cuir pour ne pas ris-

La Quinta da Broa au cœur de l'un des grands domaines d'élevage du Ribatejo (à droite).

Les *campinos* sont habitués «aux grandes chaleurs de l'été, aux boues d'automne et de printemps, au gel même, et aux grands vents qui balaient la plaine du Tage», note Christian de Caters, fin connaisseur du Portugal. Hommes libres, énergiques et vifs, ils sont à la fois cavaliers, palefreniers, gardians, bouviers. Ici, le *campino* porte le costume traditionnel, le gilet rouge et le *barrete*, ce long bonnet de laine verte qui retombe sur l'oreille (à gauche).

Dans leur maison de Golegã, les Veiga ont rassemblé une belle collection d'objets, de trophées, de gravures qui retracent l'histoire de leur haras (ci-contre, en bas).

Le soir tombe à la Quinta da Broa, chez les Veiga. Les chevaux rentrent et passent devant la chapelle dont on croit entendre sonner les cloches dans la lumière déclinante (ci-contre).

94

Ces superbes harnachements auraient été fabriqués à l'occasion de la visite de la reine Victoria au Portugal. Ils appartiennent à Manuel et Maria Zinha Campilho qui élèvent des chevaux dans leur vaste domaine près de Alpiarca (à gauche page ci-contre).

Cavaliers talentueux, Madalena et Manuel Abecassis (ci-contre et à droite en page ci-contre) se préparent à monter à cheval dans leur Quinta da Boa Vista. Outre l'art de l'attelage, ils pratiquent le dressage dans leur étonnant manège à la voûte en brique. Ces deux disciplines les conduisent à participer à des épreuves dans le pays et à l'étranger.

Les Portugais ont toujours orné leurs cuisines

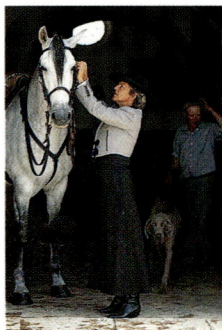

avec un soin particulier. C'est dans cet esprit que la cuisine de Boa Vista a été décorée. Sur des carreaux disposés en diagonale sont peints, en bleu et blanc, des pièces de gibier, des légumes, des ustensiles de cuisine... (en haut).

quer de blesser les chevaux. Ainsi, elles diffèrent profondément des corridas espagnoles.

Les *touradas* les plus appréciées ont lieu à Vila Franca de Xira et à Santarem, dans le Ribatejo, ainsi qu'à Lisbonne, à la *praça de touros* du Campo Pequeno. Toute la beauté des *touradas* est due à la connivence du *cavaleiro*, en costume du XVIIIe siècle, et de son cheval, un de ces splendides étalons qui évoquent ceux des tableaux de Velázquez. La pose des banderilles et le savant jeu d'esquives sont vraiment un éblouissant spectacle.

UNE MAISON AVEC VUE SUR LE TAGE. Plusieurs villages et villes du Ribajeto organisent souvent de joyeuses fêtes populaires. Ainsi en juillet, à Vila Franca de Xira, lors du *Colete Encardano*, les *campinos* à cheval envahissent les rues où les taureaux sont mis en liberté. La réunion la plus courue de la région est la traditionnelle foire de

Golegã qui se tient depuis plus de trois cents ans à la Saint-Martin, début novembre. Concours hippiques, ventes aux enchères, épreuves de dressage et d'attelage, présentations de chevaux sont parmi les manifestations les plus importantes, avec en outre les stands des grands éleveurs de la région, ceux des haras Infante da Câmara, Palha, Sommer d'Andrade, Veiga, etc.

Pour les passionnés qui participent aux compétitions comme Manuel et Madalena Abecassis, c'est un rendez-vous incontournable. Pratiquant la haute école et l'équitation d'attelage, ils ont fait construire récemment, dans la si bien nommée Quinta da Boa Vista, près de Vale de Figueira, une superbe maison qui domine le Tage. Les écuries, les remises pour les nombreux attelages et le manège, construits par António José Brito e Cunha, sont très beaux. Fait exceptionnel, partout, même dans la partie résidentielle, tous les plafonds sont

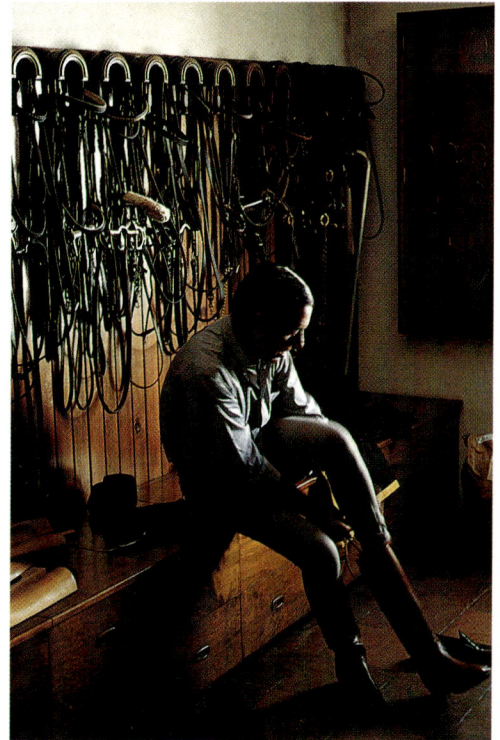

voûtés de brique, voûtes à l'ancienne, toutes différentes et construites avec cet habile savoir-faire hérité de l'antique tradition arabe. Le décor d'azulejos n'est pas absent. Dans la cuisine sont ainsi reproduites d'amusantes et réalistes scènes de la vie quotidienne.

Il faut assister dans ce sanctuaire à la préparation de spécialités du Ribatejo. L'alose, succulent poisson du Tage, préparée avec de la mie de pain – *açorda de sável* – est succulente. Les matelotes de poissons que sont les *caldeiradas* diffèrent suivant les prises du jour, sans oublier les *caldeiradas de bacalhau*. Délicieuses aussi, accompagnées du *chouriço ribatejano* sont les fèves traditionnelles toujours si bien préparées au Portugal. Un bon Periquita rouge, ce vin bien corsé et fruité du Ribatejo, sera fort apprécié. Et pourquoi ne pas goûter au dessert, les *pasteis de feijão*, insolites friands de haricots de Torres Vedras ?

La cuisine de la Quinta de Cardiga renferme une des plus grandes collections de cuivres du Portugal. Elle s'orne aussi d'un grand évier en pierre (ci-dessous et à droite).

UNE SOMPTUEUSE MAISON DOMANIALE. La Quinta da Cardiga se découvre non loin de Vale de Figueira. Ce couvent réputé, qui a appartenu aux templiers puis à l'ordre du Christ, a été acheté en 1898 par Luiz Adolfo de Sommer et sa femme Adelaide Falcão dont descendent les propriétaires actuels. Célèbres pour leur dynamisme, les Sommer ont fait de cet immense domaine une exploitation modèle. Le maïs et surtout le vin de la *quinta* sont maintenant encore très appréciés.

En même temps le monastère et la chapelle qui menaçaient ruine ont été entièrement restaurés. Dans cette somptueuse maison domaniale, la taille du cloître médiéval, comme celle du réfectoire, attestent aujourd'hui de l'importance de l'ancienne communauté monastique. Sur ces murs imposants, la collection de cuivres réunie par les Sommer, considérée comme l'une des plus belles du pays, s'intègre parfaitement. Car

on menait autrefois grand train en cette demeure où il y avait toujours table ouverte. L'abondance régnait. En témoignent aujourd'hui les vastes remises qui conservent encore, comme le font avec

Adolfo de Sommer et sa femme Adelaide Falcão ont insufflé une nouvelle vie à cette Quinta, ancien couvent et vaste domaine ayant autrefois appartenu aux templiers. Ici, la chapelle, le cloître à arcades, la vaste cuisine voûtée, tout rappelle l'ancienne vie communautaire. L'office est tapissé d'azulejos bleu et blanc à petits motifs géométriques (ci-dessus).

De magnifiques azulejos du XVIIe siècle provenant de monuments en ruine ont été placés dans le vaste cloître (ci-dessous).

De cette demeure qui donne sur le Tage, la vue est d'une grande beauté. On l'apprécie depuis cette chambre décorée dans le goût médiéval, avec ses tentures et ses petits volets de bois. Les lits sont recouverts à la portugaise de beaux dessus-de-lit et de cache-couverture en coton gaufré (en haut).

tant de passion beaucoup de Portugais, plus de cinquante voitures à cheval, tant d'origine portugaise que française et anglaise.

Il y a aussi, ici, de beaux services de porcelaine de Vista Alegre, cette prestigieuse maison fondée en 1824 par José Ferreira Pinto Bastos. Au cours des ans, les pièces de forme et les services de Vista Alegre, inspirés à la fois des productions de Chine et de celles de Sèvres, se sont substitués aux importations extrême-orientales. Novatrices et de grande qualité, ces porcelaines sont devenues peu à peu l'un des éléments essentiels de toute bonne maison portugaise. Maintenant, la vie a changé et l'on déam-

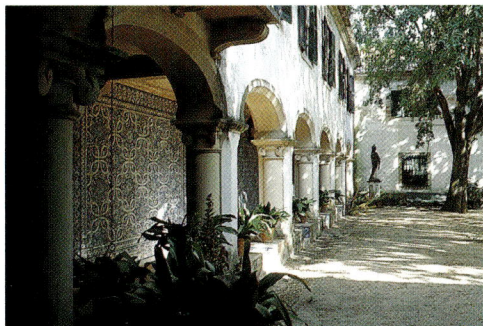

bule avec une certaine mélancolie dans la salle de bal où seules les nymphes animent les murs de leurs danses. Mais la grande terrasse de ce qui était un site stratégique du puissant ordre du Temple offre toujours l'un des plus beaux panoramas qui soient sur le Ribatejo. De là, le fleuve et les amples plaines qui le bordent laissent voir au loin le château d'Almourol dressé en toute majesté sur une île du Tage.

La terrasse est un lieu de rêve. Les moines avaient l'art de choisir les sites les plus beaux. Ici, les boules de pierre s'harmonisent avec les courbes des azulejos rocaille (ci-contre).

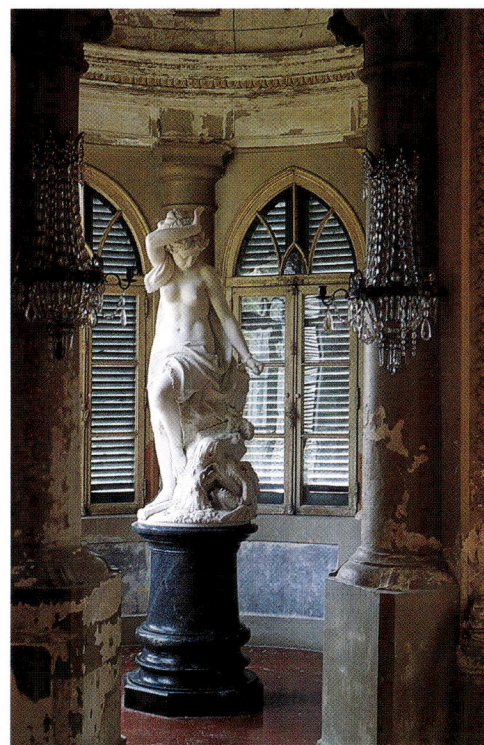

On mène grand train chez les Sommer en ce début de siècle promis à toutes les espérances. Plusieurs dizaines de personnes habitent en permanence ce palais où se côtoient princes et grands de ce monde. Les fêtes se succèdent dans la grande salle de bal, où l'on valse sous les lustres de cristal. Un artiste français enrichit le décor des murs de scènes allégoriques. Aujourd'hui l'orchestre s'est tu et la maison n'est que douce mélancolie. Même la statue de marbre semble rêver aux splendeurs passées (en haut à droite). Sur le piano, une de ces célèbres *colchas*, ces tentures en soie brodée de motifs inspirés d'ouvrages d'origine indienne. Si les *colchas* exécutées à Castelo Branco dans la province de la Beira Baixa sont célèbres, beaucoup étaient brodées également dans d'autre régions du Portugal (page ci-contre).

Il y a presque toujours, dans les maisons portugaises, une statue polychrome de la Vierge avec une couronne d'argent. Souvent, elles sont exposées dans des *oratórios*, des petits oratoires en bois sculpté où sont aussi présentées les statues des saints patrons des membres de la famille (ci-contre).

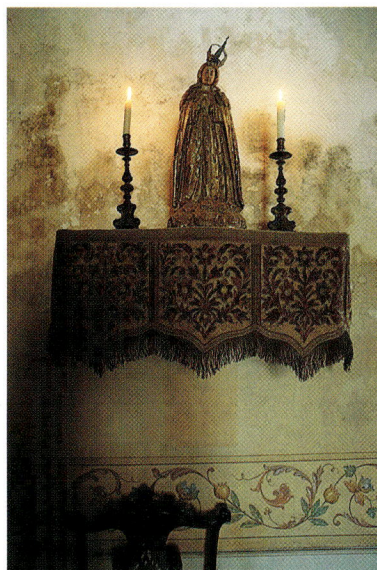

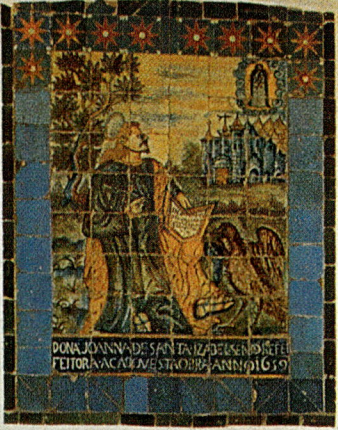

Grâce aux Amaral Neto, l'ancien monastère de Santo António est devenu une agréable demeure où il fait bon vivre. L'ancien réfectoire a été transformé en confortable salon, élégamment meublé, avec des tissus à médaillons de la maison anglaise Colefax and Fowler (page ci-contre).

Des tableaux religieux traités dans l'esprit de petits reliquaires ornent la maison (ci-dessous).

Le dîner est servi sous les voûtes de la salle capitulaire ouvrant sur le cloître (ci dessus à droite).

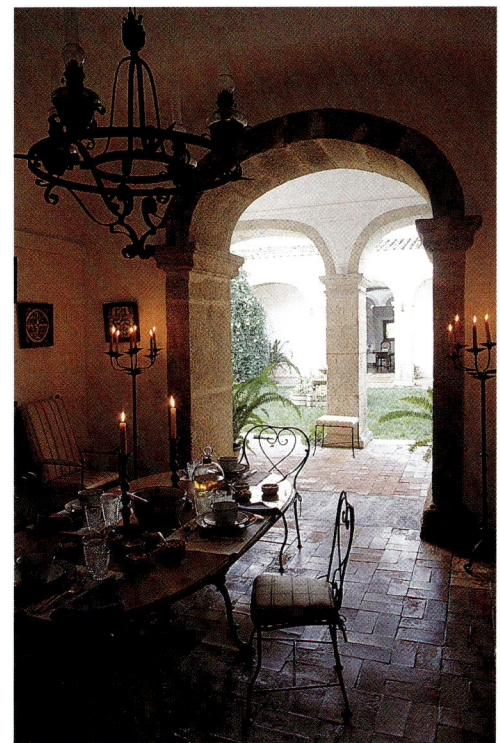

VILLÉGIATURE PAISIBLE DANS LA TRADITION FRANCISCAINE. Au Portugal, nombre de couvents ont été aménagés en demeures privées à partir de 1834, année de la dissolution des ordres religieux dans tout le pays. Dans les années 1970, lorsque Carlos et Maria Raquel Amaral Neto découvrent à Pinheiro Grande, près de Golegã, ce merveilleux petit monastère qu'est le *conventinho* de Santo António, ils décident de l'arracher à l'abandon où il avait été laissé.

On ne peut qu'apprécier l'harmonie et la sobriété toute franciscaine de ce couvent bâti au XVIᵉ siècle et restauré avec le plus grand respect. La salle capitulaire où l'on prend ses repas à la belle saison s'ouvre sur la fraîcheur du cloître à arcades. Là, au milieu de fleurs odorantes, la fontaine semble murmurer des souvenirs. Les autres lieux ont presque tous retrouvé leur fonction originelle. Les cellules sont devenues chambres et le réfectoire un grand salon, espace très convivial aux amples voûtes de briques chaulées de blanc.

Charme supplémentaire qu'apprécie Miguel Amaral Neto, l'un des fils du propriétaire, le *conventinho,* bien dans la tradition monacale, jouit d'une vue magnifique sur la rive gauche du Tage. A l'heure des vêpres ou de complies, celles auxquelles les franciscains glorifiaient autrefois le créateur dans ses œuvres, les eaux du fleuve s'embrasent alors aux reflets du soleil couchant.

UNE SI BELLE DEMEURE PORTUGAISE. S'il ne fallait garder le souvenir que d'une seule demeure, serait-ce de celle-ci ? Telle est la question que l'on se pose à chaque fois qu'une nouvelle merveille se révèle. La Casa Anadia est de celles-là. Elle a été construite non loin de la superbe ville de Viseu par les Pais do Amaral, ancêtres des propriétaires actuels, les comtes de Mangualde.

Ici, le contraste entre la sobre façade et le magnifique escalier intérieur tapissé d'azulejos, créés à Coimbra dans les années 1750, est saisissant. En montant à l'étage noble, cet escalier présente aux visiteurs des *Figures d'amazones,* inspirées de savantes gravures italiennes. Ces grandes scènes historiées s'insèrent dans la dynamique d'encadrements baroques si portugais, où les azulejos sont toujours architecture avant d'être un décor peint. Les bordures chantournées en camaïeu de bleu s'associent à merveille avec les portes de pierre sculptées.

Reconstruire l'espace, c'est la hantise des créateurs, qu'ils soient peintres ou commanditaires. Mais cela n'empêche pas de chercher à charmer, raconter, enseigner, surprendre même, selon une conception très élaborée d'un certain art de vivre. Ainsi, dans le salon noble, les passionnantes *Métamorphoses d'Ovide* animent la conversation. Le même but semble recherché dans cette autre pièce où une œuvre intitulée *Le monde à l'envers* présente un père tenant son enfant pendant que la mère va guerroyer, un cavalier qui chasse sous l'eau... Quelle bonhomie empreinte de charme, quel harmonie dans ces nobles espaces. Etonnant Portugal !

de ces deux pièces évoque les réalisations du grand architecte anglais John Soane. On retrouve son goût pour les décors néo-classiques dans le petit salon. Dans la chambre, le baldaquin et le couvre-lit de dentelle illustrent tout le raffinement de cette noble demeure.

C hez les comtes de Mangualde, à la Casa Anadia, l'escalier baroque est l'un des plus beaux du Portugal, tant par ses proportions que par la qualité de son décor, peintures au plafond et azulejos marqués aux armes des Pais do Amaral. Dans la tradition baroque, l'escalier a un rôle social important, celui d'accueillir tout en montrant la qualité du maître de maison (à droite).

Les appartements intimes ont été installés dans les années 1800. Le décor

Il faut s'imaginer les réceptions dans le grand salon décoré d'azulejos. De formidables bordures découpées encadrent et unifient des panneaux de dimensions variées. Les reflets si doux des carreaux en camaïeu de bleu, les aventures passionnantes et fort érudites des dieux et

des déesses, inspirées des *Métamorphoses* d'Ovide créent ici une atmosphère pleine de charme (page ci-contre).

LES HALTES DU VOYAGEUR

Il y a tant à découvrir entre Porto et Lisbonne. Chemin faisant, une halte dans la propriété viticole de la Quinta da Sobreira, à Vale de Figueira, permet au voyageur de découvrir un nouvel aspect de ce pays de la vigne qu'est le Portugal. Ici, on produit en effet ces amusants petits vins de table tirés du tonneau et servis en pichets dans les *tascas*.

Au milieu de ce domaine prospère, la maison a été construite à la fin du siècle dernier. Le décor du grand salon est dû à la grand-mère de la maîtresse de maison, artiste et intéressée par la peinture comme l'étaient beaucoup de femmes du monde à l'époque. En famille, elle a passé d'agréables moments à orner de délicates guirlandes le salon où l'on est toujours fort bien reçu par sa petite-fille, Maria João Trigueiro de Martel Franco Frazão.

Se laisser surprendre, découvrir, n'est-ce pas un des plus grands plaisirs d'un périple au Portugal ? Parmi ces moments de bonheur, il y a ceux passés à la Pousada do Castelo qui domine le bourg envoûtant d'Óbidos. Englobé dans le « ceinturon d'or des murailles », ce château tant de fois convoité, pris, menacé et repris lors de la reconquête du Portugal est maintenant un havre de paix.

Installé dans les très belles encoignures gothiques de la salle à manger, le visiteur embrasse du regard d'un côté le beau patio fleuri et de l'autre l'immense paysage de la lagune d'Óbidos, comblée au cours des siècles, qui s'étend au loin jusqu'à la mer. La table de la pousada vous permettra de découvrir des spécialités locales. On goûte ici les produits des ports tout proches, la *sopa de congro* – soupe de congre – de Peniche, la *caldeirada à moda da Nazaré*, matelote où sont associés congres, raies, calmars, anguilles et sardines. Le *bacalhau à Brás*, morue à l'œuf et aux pommes de terre émincées, est fameux. Pour accompagner ces recettes, le sommelier propose d'excellents vins locaux, le blanc de Gaeiras et l'Oiro d'Óbidos, de couleur paille, légèrement fruités.

Au dessert, il ne faut pas manquer de goûter les recettes locales, les *cavacas* – croquignoles – de Caldas da Rainha, de même que le *pão de ló*, le si moelleux gâteau de Savoie, toutes ces spécialités si bien dépeintes dans les natures mortes de cette grande artiste du XVIIᵉ siècle qu'était Josefa d'Óbidos.

A Constância, la Quinta de Santa Bárbara offre d'autres plaisirs aux hôtes de passage. Très bien située près du Tage, cette ancienne maison appartenant à la Compagnie de Jésus a été remaniée à plusieurs reprises depuis le XVIᵉ siècle et toujours restaurée avec recherche. Les salons avec leurs plafonds en bois ouvragé et peint, les sols en bois du Brésil, les chambres accueillantes toutes voûtées de briques, la chapelle ornée d'azulejos qui racontent la vie de sainte Barbara, tout contribue à plonger le voyageur dans l'ambiance d'une demeure portugaise traditionnelle.

Dans le même esprit, le restaurant est installé dans le grand cellier voûté. La *sopa de peixes* – soupe de poisson – et les *migas de porco ribateja-*

A la Quinta da Sobreira, belle maison d'hôte où nous reçoit Maria João Trigueiro de Martel Franco Frazão, les murs sont formés de courbes et de contre-courbes où s'insère une luxuriante végétation (ci-dessus).

Dans ce manoir du siècle dernier, la bibliothèque du salon est encadrée de fraîches peintures murales (page ci-contre).

Dans le château d'Óbidos, maintenant transformé en *pousada*, les tables du restaurant sont dressées dans les encoignures des deux fenêtres manuélines, qui s'ouvrent sur le patio intérieur. Cet espace orné d'arbres taillés évoque l'*hortus conclusus*, le jardin fermé du Moyen Age, lointaine souvenance du paradis terrestre (ci-contre, à gauche).

Une collation rustique est servie à l'ombre, sur une table de pierre, à la Quinta de Santa Bárbara, grande demeure traditionnelle devenue agréable maison d'hôte (ci-dessus).

Au début du siècle, les stations thermales portugaises voient affluer les curistes. En vrai pionnier, Alexandre de Almeida comprend alors toutes les possibilités de cette mode nouvelle. Né à Luso, près de Cúria dont les eaux sont parmi les plus réputées du pays, il y fait bâtir un somptueux palace, le palais-hôtel de Cúria.

En 1926, on inaugure l'immense piscine, la plus grande du Portugal avec ses trente-trois mètres de long. Il faut imaginer la joie des «sportifs» de l'époque, les filles coiffées à la garçonne et les jeunes gens brillantinés, plongeant dans ces eaux azurées.

Aujourd'hui, près de cet hôtel au charme suranné, la piscine aux lignes épurées évoque un vaste paquebot qu'aurait aimé ce bourlingueur qu'était Blaise Cendrars.

nas – porc en sauce à la mie de pain –, deux spécialités du Ribatejo y sont particulièrement savoureuses. Comme dessert, les *queijinhos-do-céu* de Santarem, les petits fromages du ciel, un solide entremets aux œufs et au sucre, s'impose dans cette ancienne maison religieuse. C'est aussi l'occasion de goûter au vin rouge local, un cartaxo, corsé, foncé et bien fruité.

C'est au milieu des vignobles qu'apparaît le palais-hôtel de Cúria. Cet établissement grandiose inauguré en 1926 a été édifié par Alexandre de Almeida, homme d'affaires et bon vivant, pour accueillir les curistes qui affluaient dans cette station thermale en vogue. A vingt kilomètres de la mer, sa piscine entourée de sable fin et construite tel un navire est alors l'une des plus grandes d'Europe. Aujourd'hui, ce lieu n'a pas changé et le service y est resté fidèle à la grande tradition hôtelière portugaise. Le hall, les couloirs, l'immense salle à manger évoquent un paquebot géant un peu vide qui vogue vers le pays de la nostalgie.

Le soir, on goûte à une spécialité du Beira Litoral, le *leitão assado,* cochon de lait à la chair d'une grande finesse et dont la croûte est aussi dorée que croquante. C'est l'occasion d'apprécier le *rabaçal* – fromage de chèvre – à la pâte blanche fraîche, ainsi que l'insolite *manjar-branco* – blanc-manger – de Coimbra, une délicieuse recette ancienne portugaise où le blanc de poulet est associé au riz et au sucre. Pour accompagner ces plats, les excellents vins de la région conviennent parfaitement. Il y a les Dão fruités et tanniques ou les Bairrada, à la robe profonde, aux saveurs aromatiques et généreuses comme cet éblouissant Luís Pato 1985. Le vin invite aux confidences. On raconte alors ses voyages et, bien sûr, ses souvenirs de Buçaco, ce mythique palais-hôtel caché au milieu de la forêt.

BUÇACO. C'est un nom qui fait rêver tous ceux qui y sont passés, comme l'écrit Suzanne Chantal, la romancière subjuguée par le Portugal : « Une cathédrale verte élève ses hautes voûtes. [...] Sous

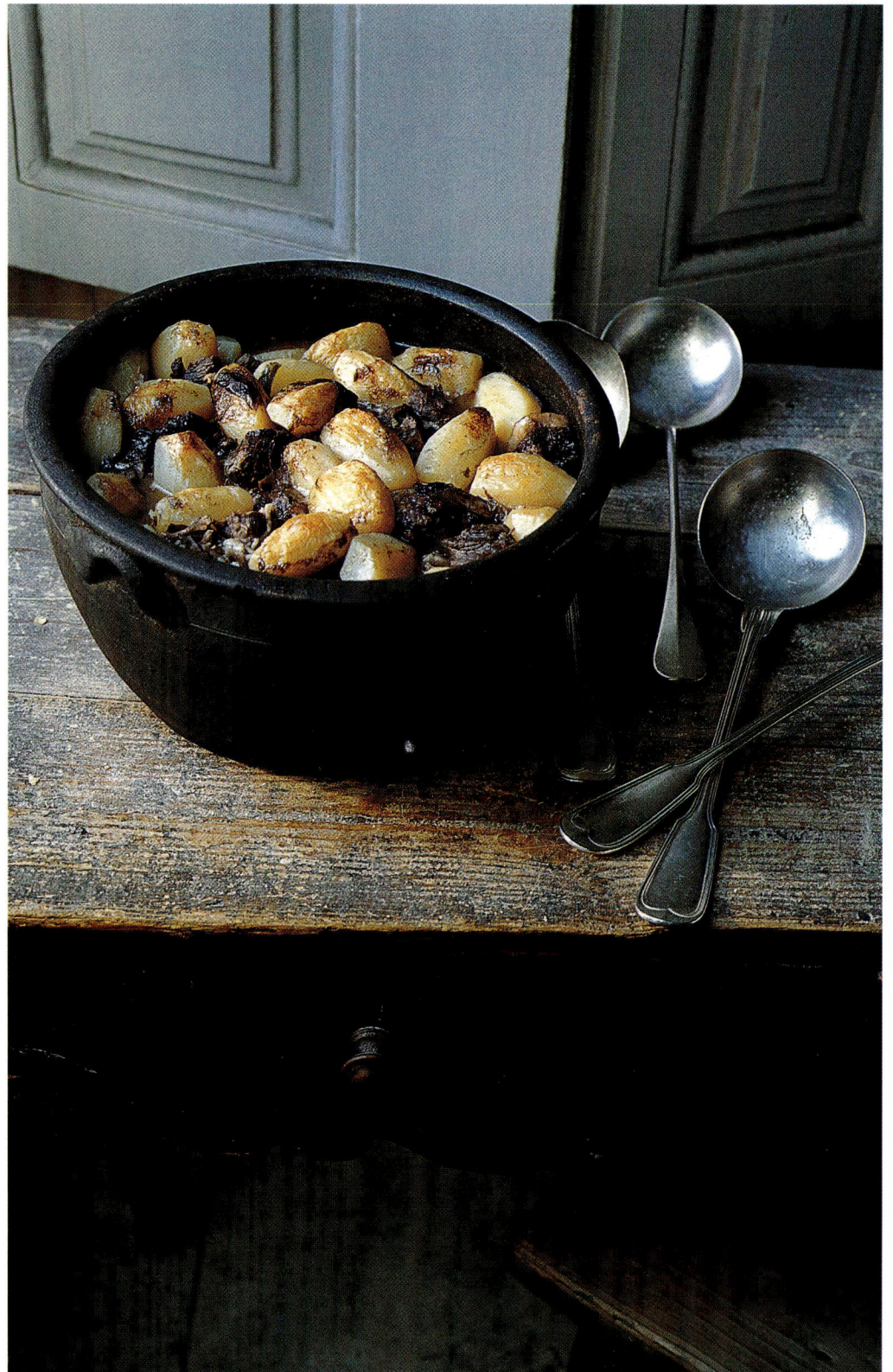

ce dais somptueux de frondaisons, on n'entend d'abord que le bruit feutré des roues sur le granit de la route, on ne ressent qu'une pénétrante sensation de plénitude et de sérénité [...] Ici, la lumière filtre à travers un tulle de feuillages légers, tombe en pluie sur les fougères, ricoche sur les hortensias et s'assourdit sur l'épais velours des mousses, le bronze profond des bassins. » Le palais-hôtel apparaît alors étrange, démesuré, au cœur de cette splendide forêt.

Vrai décor de théâtre d'où surgit autour du donjon une forêt de pinacles, de gargouilles, de gables et de dentelles de pierre, il est l'œuvre du metteur en scène de l'Opéra de Lisbonne, l'italien Luigi Manini. Concrétisé dans l'ambiance nationaliste des années 1900 en hommage à la grandeur du pays, ce projet avait été voulu quelques années plus tôt par le roi artiste Dom Fernando de Saxe-Cobourg-Gotha, le constructeur de

Au palais-hôtel de Buçaco, les repas se doivent d'être des fêtes. Un des grands classiques de sa carte est un plat de la région, le *chanfana de cabra serrana*, ragoût de chevreau au vin rouge de Buçaco mijoté au four dans la traditionnelle *caçoila*, marmite de terre noire de Molelos (ci-contre).

La cave du palais de Buçaco est une merveille. Ce n'est qu'à Buçaco ou dans les autres établissements appartenant aux descendants du créateur de cet hôtel de rêve, qu'il est possible de goûter à ce vin renommé (ci-dessus).

Cuites dans des petits pots en terre, ces *tijeladas*, crèmes épaisses caramélisées, et ces *pastéis de nata*, tartelettes garnies d'un flan à la crème, composent un dessert très portugais (en bas, à droite).

l'étrange château de Pena, à Sintra. Si son petit-fils, le roi Dom Carlos, ne s'y rendit jamais, son fils cadet, Dom Manuel, le dernier roi du Portugal, y passa quelque temps avant de partir en exil.

L'état de grâce se prolonge en pénétrant dans l'admirable galerie à arcades, pastiche manuélin du cloître des Jerónimos à Belem, forêt de pierre qui vibre sous la lumière comme les arbres qui l'entourent. L'intérieur est royal. Dans les salles d'apparat monumentales, les portes, les fenêtres et les arcades sont d'une étonnante richesse ornementale avec leurs cordages manuélins ou leurs rinceaux Renaissance, mêlés aux feuillages de pierre. Gravir l'immense escalier, fouler le tapis rouge sur ces larges marches bordées de torchères en bronze… Chaque hôte ne devient-il pas, ici, un personnage de conte de fées ? Au premier étage, le palier est somptueux avec son extrava-

Au célèbre restaurant Marquês de Marialva, à Cantanhede, on prépare des saucisses maison qu'un commis porte dans un panier (à gauche page ci-contre). Sur le feu, dans une casserole de cuivre, mijotent les savoureux *rojões a marquês de Marialva*, le plat de porc maison (en bas à gauche). Spécialité encore, les *queijinhos de cabra frescos*, fromages de chèvre frais relevés de poivre et préparés dans des moules en fer-blanc (ci-dessus).

gant mobilier luso-hindou, ses encadrements manuélins empreints d'exotisme et ses grands palmiers en pots. Si vous le désirez, on vous propose alors la vaste suite royale, avec ses meubles gris perle et or.

Les formidables panneaux d'azulejos que Jorge Colaço a inventés pour ce palais de la nostalgie semblent avoir, eux aussi, été conçus pour suspendre le cours du temps dans un Portugal en mutation. Les azulejos en camaïeu de bleu font revivre au voyageur attentif l'épopée des Grandes Découvertes, connaître les poèmes de Camões, le plus portugais des écrivains, et comprendre que la victoire portugaise de Buçaco a été une terrible défaite pour les troupes napoléoniennes.

Pourtant, et c'est peut-être cela l'étonnant secret de Buçaco, toutes ces grandeurs n'écrasent nullement l'hôte, qui se sent ici chez lui, comme depuis toujours. Il est si bien accueilli à la portugaise par un personnel à la fois attentif et bienveillant, que dirige depuis de longues années José Rodrigues dos Santos. L'heure des repas est un moment magique. A la belle saison, dans le décor néogothique de la rotonde, la *floreira* – la corbeille – qui ouvre sur le parc ses arcades festonnées, on se sent un acteur de la plus agréable des fêtes. La musique de l'orchestre, c'est une brise fraîche et légère, des chants d'oiseaux, le murmure d'une fontaine qui se mêlent au bruit des conversations, au tintement des verres.

Le soir, après le dîner, on s'installe dehors, dans la galerie à arcades. La nuit tombe sur les colonnes de pierre qui deviennent arbres de cette forêt où s'exhalent les odeurs de la nuit. Moment de grâce ; heure immobile dans ces profonds fauteuils d'osier, sous le regard des personnages héroïques des azulejos qui semblent maintenant s'éveiller. Le temps s'est arrêté. La lumière nimbe les immenses salons où le jeune trouvère de pierre semble accueillir ses invités. Boire une tisane fumante servie sur un plateau d'argent ou savourer le plus respectable des Vintages dans un verre de cristal est, ici, un plaisir de roi.

La forêt semble avoir envahi le hall du palais-hôtel de Buçaco. Grâce au talent des sculpteurs, lichens, mousses, fougères géantes, choux frisés, fruits festonnés sont devenus dentelles de pierre et ogives ouvragées. Les boiseries des fenêtres, les meubles, les chandeliers évoquent les enroulements du lierre. Les jardins embaument. Les parfums du buis, du chèvrefeuille, des roses et du jasmin pénètrent sous les voûtes manuélines ou les plafonds de bois.

Autour
de Lisbonne

De Sintra à Setúbal en passant
par Estoril et Cascais

Après le Ribajeto, ce vaste lit du Tage qui paraît sans limite, les environs de Lisbonne offrent des paysages variés et contrastés, comme si chaque région voulait se voir représentée autour de la capitale. Au loin, le fleuve se noie dans la mer de Paille, ses marécages et ses rives infinies. En Estremadure, pays du vent, le souffle de l'océan fait tourner les ailes des moulins au sommet des collines et chanter les pots d'argile fixés sur leurs ailes. Autour de Torres Vedras ou de Mafra, c'est vraiment le Portugal tel qu'on se l'imagine. Les Lisboètes aiment cette verte campagne, ces champs de blé, ces vergers et ces beaux vignobles. La terre est généreuse. Les oliviers grimpent à l'assaut des côteaux. A l'horizon, dans la brume, se dessine la silhouette d'une montagne tumultueuse et dentelée, la *serra* de Sintra, qui plonge dans l'Atlantique du haut d'une impressionnante falaise.

Un grand respect envahit alors celui qui cherche à découvrir les secrets de l'âme portugaise. Au temps de la domination musulmane, les Maures

Étranges conversations entre le temps et la pierre depuis plus de trois cents ans au palais de Calhariz, près de Sesimbra. Merveilleux bancs portugais qui, entre les portes-fenêtres de l'enfilade des salons, invitent au repos. Leur décor d'azulejos reprend le motif bien connu des *albarradas*, ces «paniers fleuris» en vogue dans les années 1730-1740 (double page précédente).

A Sintra, le manoir de la Quinta da Capela enfoui dans la verdure (ci-contre, en bas).

Au hasard d'une promenade, on rencontre parfois un de ces élégants et rares pigeonniers. Celui-ci se trouve au palais de la Mitra, près de Loures. Les azulejos de Bartolomeu Antunes, avec leurs médaillons polychromes, s'intègrent savamment à la forme curviligne de la construction (ci-dessus et page ci-contre).

CARNET
PORTUGAIS

Ces adresses sont le fruit de nombreux séjours au Portugal au cours desquels se sont tissés des liens d'amitié avec les Portugais qui nous ont accueillis. Certaines sont réputées ; d'autres sont des découvertes.
Bien sûr, ce carnet regroupe toutes les adresses des hôtels, restaurants... cités ou photographiés dans les chapitres précédents, avec renvois aux pages des photographies.
Notre choix de musées est volontairement restrictif : nous

avons, en effet, choisi de ne présenter ici que les petits musées intimes – arts décoratifs, arts et traditions populaires – et quelques palais ouverts au public.
Le Portugal dispose d'un grand nombre d'hôtels de qualité. Ne pouvant tous les citer, nous avons privilégié les endroits authentiques, de charme et de caractère. Nous recommandons également deux modes d'hébergement bien portugais, les pousadas et le tourisme d'habitation, particulièrement développé

dans le nord du pays. Ces différents lieux de séjour sont clairement identifiés : (H) hôtel, (P) pousada et (TH) tourisme d'habitation.
Pour obtenir une information générale sur les pousadas ou sur le tourisme d'habitation, vous pouvez vous adresser aux différents organismes suivants : l'**Enatur-Pousadas** du Portugal, avenida Santa Joana Princesa, 10, Lisbonne, Tél : (01) 848 12 21, **Pitt**, rua Frederico Arouca, 72, 2°F, Cascais Tél : (01) 484 44 64 , **Privetur**, largo das Pereiras,

Ponte de Lima Tél : (058) 7414 93, **Turihab**, Praça da Republica, Ponte de Lima, Tél : (058) 74 16 72 et **Anter**, Quinta do Campo, Valado dos Frades, Nazaré, Tél : (062) 57 71 35.
Ce carnet est organisé par régions suivant le parcours proposé dans ce livre.
A l'intérieur de chaque région, les adresses sont classées par thème et par ordre alphabétique des villes ou des villages qui figurent sur les cartes des pages 245 et 247. Nous avons notamment

sélectionné de nombreuses adresses dans la région du Nord et dans l'Alentejo pour le voyageur qui souhaite s'éloigner des régions de grand tourisme.
Pour téléphoner au Portugal depuis la France, composez le 19 puis le 351 suivi des chiffres indiqués, en omettant le zéro qui a seulement cours au Portugal.
Attention, des modifications de numérotation sont en cours et les numéros ci-dessous sont susceptibles d'être modifiés.

Les régions du Portugal

MINHO ET DOURO

OU SEJOURNER ?

Casa de Pascoaes (TH)
Maria Amélia Teixeira de Vasconcellos
São João de Gatão, 4600 Amarante
Tél : (055) 42 25 95
(voir p. 50, 51)
Dans cette région où le vin vert est particulièrement réputé, cette belle demeure du XVIIIe siècle s'ouvre par un large balcon sur le fleuve et les collines. Très belle cuisine typique.

Paço da Glória (TH)
Maurício Macedo e Moreira Jolda, 4970 Arcos de Valdevez
Tél : (058) 94 71 77
(voir p. 46)
Ce manoir qui évoque les châteaux anglais a toujours été aimé des artistes. Récemment restauré avec art par son propriétaire, il a un charme fou. On prend le petit déjeuner dans une poétique galerie à arcades qui domine le Lima.

Quinta de Santa Comba (TH)
Jorge Henrique Carvalho de Campos
Lugar de Crujaes, 4750 Barcelos
Tél (053) 83 21 01
(voir p. 49)
Au cœur d'un vignoble de vin vert, ce manoir impressionne par son portail baroque et sa chapelle, éléments essentiels d'une demeure de qualité. Ouvrant sur le patio fleuri, la maison est très accueillante. Les cavaliers apprécieront les chevaux du domaine.

Casa do Campo (TH)
Maria Armanda de Meireles Molares, 4890 Celorico de Basto
Tél : (055) 36 12 31
(voir p. 48, 49)
Cette maison seigneuriale, qui accueille des hôtes venus du monde entier, illustre tout un art de vivre. L'austérité du granit contraste avec la blancheur des murs. Portiques et tonnelles en topiaires géants de camélias se découvrent dans le jardin, l'un des plus beaux de la région.

Casa do Ribeiro (TH)
Maria do Carmo Ferraz Pinto São Cristovão de Selho, 4800 Guimarães
Tél : (053) 53 28 81
Un portail armorié s'ouvre sur cette demeure qui, avec ses meubles anciens, son argenterie, ses portraits et sa chapelle, a le charme d'une maison de famille. Très agréable jardin.

Casa de Sezim (TH)
António et Maria Francisca Pinto Mesquita
Nespereira, Apartado 410, 4800 Guimarães
Tél : (053) 52 31 96
(voir p. 40, 41, 42, 43)
Très belle maison seigneuriale, avec quelques chambres, élégantes et confortables, donnant sur le jardin. Une des plus belles demeures de charme de cette région.

Paço de São Cipriano (TH)
João et Maria Teresa de Sottomayor
Tabuadelo, 4800 Guimarães
Tél : (053) 48 13 37
(voir p. 47)
Chapelle, tour crénelée, bibliothèque, patio, cuisine de granit confèrent beaucoup de cachet à cet antique palais. La maison est entourée de beaux jardins avec topiaires et buis, de vergers et de vignobles.

Pousada de Santa Marinha (P)
4800 Guimarães
Tél : (053) 51 44 53
Il fait bon vivre dans ce

splendide couvent baroque restauré par le célèbre architecte Fernando Távora. L'immense couloir voûté dessert les anciennes cellules des moines, aménagées en chambres. Dans la vaste salle à manger à arcades, on déguste notamment un savoureux arroz de cabrito, chevreau au riz.

Casa de Rodas (TH)
Maria Luisa Távora
Lugar de Rodas, 4950 Monção
Tél : (051) 65 21 05
Fresques, meubles de famille, jardin de buis bien abrité et clos... cette demeure, située dans une propriété qui produit du vinho verde, vous plongera dans l'ambiance du Minho. La cuisine où l'on prend le petit déjeuner a conservé son immense cheminée de granit et son four à pain.

Casa de Casal de Loivos (TH)
Manuel Bernardo de Sampaio Pimentel Pereira Leitao
Casal de Loivos, 5085 Pinhao
Tél : (054) 7 21 49
Ce manoir du XVIIe siècle jouit d'un panorama splendide sur la vallée du Haut-Douro. Un lieu de séjour agréable pour découvrir les prestigieux domaines des vins de Porto, tout proches.

Casa do Outeiro (TH)
João Gomes de Abreu de Lima
Lugar do Outeiro, 4990 Ponte de Lima
Tél : (058) 94 12 06
Les propriétaires du manoir

contribuent à conserver toute leur vitalité aux traditions locales et à faire connaître la région à leurs hôtes. En ce royaume du granit, on admire le portail armorié, le portique à colonnes et la grande cuisine.

Paço de Calheiros (TH)
Comte de Calheiros
Calheiros, 4990 Ponte de Lima
Tél : (058) 94 71 64
(voir p. 14, 15, 21, 44)
Le comte de Calheiros est l'un des premiers propriétaires à avoir accueilli des hôtes dans sa maison et de nombreuses personnalités portugaises apprécient son palais. On en aime les tours, l'escalier monumental, la chapelle et la galerie-haute qui domine la vallée du Lima et les montagnes.

Casa de Requeixo (TH)
Maria Henriqueta Norton
Frades, 4830 Póvoa de Lanhoso
Tél : (053) 63 11 12
Entre l'antique cité de Braga et le parc national da Peneda-Gerês, on loge dans cette belle ferme restaurée, en face du manoir où résident les propriétaires. Les chambres évoquent une maison de famille avec leurs lits du XVIIIe siècle en bois du Brésil, et leurs colchas, couvre-lits qui faisaient autrefois partie du trousseau.

Casa do Ameal (TH)
Maria Elisa Faria de Araújo
Rua do Ameal, 119, Meadela, 4900 Viana do Castelo

Tél : (058) 82 24 03
(voir p. 45)
Près de Viana do Castelo, ce manoir a le charme des demeures portugaises. Une belle collection de costumes rappelle les fastes d'antan. Les chambres d'hôte sont dans une dépendance récente. C'est l'endroit idéal pour participer à la plus célèbre fête du Nord, celle de Nossa Senhora da Agonia qui a lieu à Viana do Castelo à la mi-août.

Casa da Boa Viagém (TH)
José et Júlia Teixeira de Queiroz
Areosa, 4900 Viana do Castelo
Tél : (058) 83 58 35
(voir p. 49)
Les jardins dévalent une colline verdoyante qui domine la mer et l'eau murmure dans une fontaine d'une grande beauté.
Les chambres, aménagées dans les dépendances du manoir, sont très agréables.

Quinta do Paço d'Anha (TH)
António Julio et Maria Augusta d'Alpuim
Vila Nova de Anha, 4900 Viana do Castelo
Tél : (058) 32 24 59
(voir p. 46)
Ouverts sur le patio, de confortables appartements sont installés dans les anciennes dépendances de ce manoir historique. Il ne faut pas manquer de déguster ici l'excellent Paço d'Anha, le *vinho verde* produit sur le domaine.

RESTAURANTS

Arantes
Avenida da Liberdade, 33, 4750 Barcelos
Tél : (053) 81 16 45
Le romancier José Saramago a immortalisé une spécialité de ce restaurant : les *papas de sarabulho*, solide soupe aux abats de porc et au sang préparée seulement en hiver. En été, le chef propose le *pade de anho*, un gigot d'agneau rôti au feu de bois.

Encanada
Avenida Marginal, 4990 Ponte de Lima
Tél : (058) 94 11 89
Dans l'édifice du marché, ce restaurant populaire avec vue sur le pont et la foire propose des spécialités rustiques du Minho

dont les *rojões à moda do Minho*, viande de porc avec abats, sang et marrons.

PATISSERIES

Confeitaria Salvação
Rua António Barroso, 127, 4750 Barcelos
Tél : (053) 81 13 05
Fondée il y a plus de cent cinquante ans, cette pâtisserie est considérée comme la meilleure du Minho. Parmi les merveilles, les *laranjas de doce*, des oranges confites fourrées de confiture de citrouille, et les *belas queijadinhas*, des gâteaux en forme d'étoile, mariage étonnant de fromage, d'amandes, d'œufs et de fruits.

Pastelaria Zé Natário
Rua dos Combatentes da Grande Guerra, 4900 Viana do Castelo
Tél : (058) 82 21 17
Dans cette pâtisserie réputée, on vient prendre un *cafezinho* – petit café – accompagné de *manjericos de Viana* ou de *princesas do Lima,* gâteaux traditionnels du Haut-Minho aux œufs et aux amandes.

MARCHÉS

Barcelos
(voir p. 22)
Tous les jeudis se tient sur le campo da República le plus grand marché du Portugal. Volailles, fruits, légumes, mais aussi des couvre-lits de coton ou de lin, des dentelles, des nappes brodées, des vanneries, des jouets traditionnels en bois, des plats et de pittoresques figurines en céramique.

Ponte de Lima
Le lundi, tous les quinze jours, c'est le jour du marché dans cette petite cité qui a su garder les traditions festives du Minho. On y trouve tous les produits locaux et les mille objets nécessaires à la vie quotidienne à la campagne comme la vaisselle de faïence ou le linge du Minho.

MUSEE

Casa de Mateus
5000 Vila Real
Tél : (059) 2 31 21
(voir p. 37)
La Casa de Mateus – connue dans le monde entier sous le nom

de Solar de Mateus – est l'un des plus beaux palais baroques du pays. Le parc est splendide avec ses jardins de buis et son étonnante allée couverte de cyprès. On peut également visiter l'intérieur qui garde l'ambiance chaleureuse d'un lieu habité avec ses meubles de famille et sa riche bibliothèque. Le palais abrite également une fondation, qui y organise de nombreuses activités culturelles.

OU SEJOURNER

Casa do Marechal (H)
Avenida da Boavista, 2652
Tél : (02) 610 47 02
(voir p. 68)
Dans le quartier de Boavista, cette villa Art déco est l'hôtel de charme de Porto, redécoré récemment avec goût. Le restaurant est fréquenté à l'heure du déjeuner par les hommes d'affaires du quartier.

Hôtel Boa-Vista (H)
Esplanada do Castelo, 58, Foz do Douro
Tél : (02) 618 31 75
Installé dans une maison bourgeoise, cet hôtel est situé à Foz do Douro, près de l'embouchure du Douro. Du restaurant, le panorama rappelle que Porto sait être aussi une station estivale. Choisir une chambre sur la mer.

Hôtel da Bolsa (H)
Rua Ferreira Borges, 101
Tél : (02) 202 67 68
Ce sympathique hôtel est installé dans un immeuble ancien du centre ville, à côté du célèbre Palais de la Bourse. La plupart des chambres ont une vue sur le Douro et les chais de Vila Nova de Gaia.

Hôtel Infante de Sagres (H)
Praça D. Filipa de Lencastre, 62
Tél : (02) 200 81 01
On retrouve toute l'ambiance des anciennes demeures portugaises dans cet hôtel édifié au début des années 50 seulement. Le président de la République portugaise et les membres des familles royales anglaise et espagnole viennent y

séjourner. Les pièces de réception sont splendides avec leurs tapis d'Orient, leurs meubles de marqueterie, leurs tapisseries des Gobelins, leurs porcelaines de Chine, et leurs belles antiquités provenant, pour certaines, de la prestigieuse Casa de Serralves qui a appartenu au propriétaire de l'hôtel.

Hôtel Internacional (H)
Rua do Almada, 131
Tél : (02) 200 50 32
Ilot de calme au cœur de la ville, ce petit hôtel est installé dans un ancien couvent dont subsiste le bel escalier et les arcades de pierre. Il abrite le restaurant O Almada, très réputé et surtout fréquenté à midi.

RESTAURANTS

Aleixo
Rua da Estação, 216
Tél : (02) 57 04 62
Aleixo est une institution à Porto. La cuisine est populaire, familiale et authentiquement portugaise. Certaines personnalités, dont l'écrivain José Saramago, aiment s'y retrouver.

Boa Nova
Leça da Palmeira, 4450 Matozinhos
Tél : (02) 995 17 85
Près de Porto, ce restaurant, dessiné par l'architecte Álvaro Siza Vieira, se dresse au bord de la mer. La cuisine y est excellente. C'est aussi une halte de rêve pour boire un verre de porto en admirant le coucher du soleil sur l'océan.

Mercearia
Cais da Ribeira, 32/33 A
Tél : (02) 200 43 89
(Voir p. 66)
Délicieuse halte, le soir, pour dîner au bord du fleuve dans un décor chaleureux.

O Escondidinho
Rua Passos Manuel, 144
Tél : (02) 200 10 79
Ce restaurant traditionnel est depuis toujours une référence gastronomique à Porto.

Portofino
Rua do Padrão, 103, 4100 Foz do Douro
Tél : (02) 617 73 39
Les azulejos géométriques jaune

et blanc de la façade annoncent la qualité du décor intérieur. Dans ce restaurant de Foz do Douro, la cuisine est d'une grande finesse.

Portucale
Rua da Alegria, 598
Tél : (02) 57 07 17
De la grande salle panoramique du douzième étage, on admire tout Porto et la mer à perte de vue. Ce restaurant, considéré comme l'un des meilleurs de la ville, est un lieu incontournable pour déguster la grande cuisine portugaise et ses spécialités régionales.

Taberna do Bebobos
Cais da Ribeira, 21/25
Tél : (02) 31 35 65
(voir p. 62)
Cette taverne sur les quais est une adresse bien connue des Portugais. Depuis plus de cent ans, on déguste dans la salle à manger voûtée des spécialités du Nord telles les *papas de sarabulho*, une soupe que José Saramago a rendu célèbre.

VINS

Les chais de Vila Nova de Gaia
(voir p. 70)
Près de 80 firmes dont les noms sont inscrits en lettres géantes sur les toits sont ici représentées. Dans certaines maisons, les chais ont plus de deux cents ans. Sous les plafonds voûtés s'empilent dans la pénombre les barriques de chênes et les immenses foudres. Les visites sont toujours suivies d'une dégustation et d'une vente.

Parmi les maisons les plus connues :
Ferreira, Rua da Carvalhosa, 19/103
Tél : (02) 370 00 10
(voir p. 72)
Ramos-Pinto, Avenida Ramos-Pinto, 380
Tél : (02) 30 07 16
(voir p. 70, 71, 72)
Taylor's, Rua do Choupelo, 250
Tél : (02) 371 99 99
(voir p. 71)
W & J Graham & Co, Quinta do Agro, Rua Rei Ramiro
Tél : (02) 379 60 63

Outre les chais de Vila Nova de Gaia, on trouve aussi de bons vins de Porto dans les boutiques spécialisées, les *garrafeiras*. Nous vous en conseillons deux :

Garrafeira do Campo Alegre
Rua do Campo Alegre, 1598
Tél : (02) 618 82 95
Garrafeira Augusto Leite
Rua do Passeio Alegre, 924
Tél : (02) 618 34 24

Pour déguster le porto dans les règles de l'art :
Solar do Vinho do Porto
Quinta da Macieirinha, rua de Entre-Quintas, 220
Tél : (02) 69 77 93
Dans un parc, au cœur de la ville, en contrebas du charmant musée Romantique, ce bar et son petit jardin surplombent le Douro.
Les *escanções*, ces fins connaisseurs de l'Institut des vins de Porto, vous initient aux subtilités du porto. Ils proposent à la dégustation plus de 250 merveilles, provenant d'une soixantaine de firmes.

PATISSERIES

Casa Margaridense
Travessa de Cedofeita 20-A
Tél : (02) 200 11 78
(voir p. 64, 65)
Dans cette pâtisserie réputée, on trouve deux savoureuses douceurs traditionnelles : la *marmelada*, de la pâte de coing, et le *pão de ló*, une sorte de moelleux gâteau de Savoie en forme de roue.

Confeitaria Império
Rua Santa Catarina 149/151
Tél : (02) 200 55 95
(voir p. 65)
Une des plus anciennes et des meilleures pâtisseries de la ville.

EPICERIES

A Pérola da Guiné
Rua Costa Cabral, 231
Tél : (02) 52 02 28
(voir p. 65)
Comme l'indique son décor d'azulejos, cette épicerie est spécialisée dans les cafés provenant des anciennes colonies de l'Empire et notamment du Brésil.

A Pérola do Bolhão
Rua Formosa 279
Tél : (02) 200 40 09
(voir p. 63)

Derrière une amusante façade bien connue à Porto, cette maison propose thés et cafés, fruits secs, vins de Porto et spécialités du Brésil.

Casa Oriental
Campo Mórtires da Pátria, 112
Tél : (02) 200 25 30
(voir p. 62)
Ici, c'est le royaume de la morue. Elle s'empile jusqu'en haut des vitrines ; on la débite sur un comptoir habillé de métal. Provenances, qualités... choisir, ici, c'est tout un art.

LIBRAIRIE

Lello & Irmão
Rua dos Carmelitas, 144
Tél : (02) 200 20 37
(voir p. 67)
Cette librairie est installée dans une époustouflante architecture néo-gothique aux boiseries sculptées. Lello & Irmão a aussi édité les plus grands écrivains portugais du XIXe siècle, dont Eça de Queiroz et Camilo Castelo Branco.

BOUTIQUES

Luís Ferreira & Filhos
Rua Trindade Coelho, 9
Tél : (02) 31 61 46
Luís Ferreira est considéré comme le meilleur orfèvre de Porto et, pour certains, du pays. Une boutique qui fait rêver.

José Rosas
Rua Eugénio de Castro, 282
Tél : (02) 69 57 85
Depuis plus de cent cinquante ans, cet orfèvre est le fournisseur de toutes les grandes familles du nord du pays.

Miguel Vaz de Almada
Rua Delfim Ferreira, 500
Tél : (02) 610 44 72
Chez ce jeune joaillier réputé, les prix sont très compétitifs.

MARCHES

Marché du Bolhão
Rua Sá da Bandeira
(voir p. 53, 54, 60, 61)
Ce marché animé se tient dans une belle architecture de fer, en plein centre de Porto. C'est la meilleure façon de découvrir les spécialités gastronomiques du Nord, les charcuteries, les volailles, les poissons, toutes les variétés de

haricots, présentés dans de beaux paniers drapés de tissus.

Marché de la Ribeira
(voir p. 62)
Ce pittoresque marché se tient en plein air sur les quais de la Ribeira. Il était, il y a quelques années encore, approvisionné par les bateaux du Douro.

MUSEE

Casa de Serralves
Rua de Serralves, 977
Tél : (02) 617 51 24
(voir p. 68, 69)
Somptueuse villa des années 30 entourée de jardins Art déco et d'un immense parc, la Casa de Serralves est ouverte au public et abrite une fondation culturelle, noyau du futur musée d'Art contemporain. Le petit salon de thé et son odorante glycine offrent un agréable repos dans le parc.

EN ROUTE VERS LE SUD

OU SEJOURNER ?

Palais-hôtel de Cúria (H)
Cúria 3780 Anadia
Tél : (031) 51 21 31
(voir p. 108, 109)
Construit dans les années 1920, ce grand hôtel évoque les paquebots de la Belle Epoque, leurs halls et leurs salles à manger immenses. Sa piscine construite au milieu des vignes était alors l'une des plus belles d'Europe. Toute la nostalgie des croisières de luxe...

Paloma Branca (H)
Rua Luis Gomes de Carvalho, 23
3800 Aveiro
Tél : (034) 2 25 29
Cet hôtel aménagé dans une élégante maison bourgeoise des années trente a le charme d'une demeure privée avec ses meubles, ses objets d'art et son charmant jardin où coule une fontaine.

Hôtel Palácio de Águeda (H)
Quinta da Borralha, 3750 Águeda (près d'Aveiro)
Tél : (034) 60 19 77
Entre Porto et Lisbonne, Jean Louis de Talancé a donné à la somptueuse résidence du comte da Borralha une élégance empreinte d'allégresse. Dans ce cadre fin XVIIIe siècle, meubles,

objets d'art et tissus s'intègrent parfaitement. La gentillesse de l'accueil, la table réputée du restaurant, et le jardin ajoutent au charme de ces lieux.

Paço da Ermida (T.H)
João Alberto Ferreira Pinto Basto
3830 Ilhavo (près d'Aveiro)
Tél : (034) 32 24 96
Cette demeure appartient à la famille du fondateur de la fabrique de porcelaine et du musée de Vista Alegre. Un bel escalier à double volée conduit les hôtes dans cet élégant palais du siècle dernier.

Pousada da Ria (P)
Torreira, 3870 Murtosa
(près d'Aveiro)
Tél : (034) 4 83 32
Un voyage au bout du monde... Sur la bande de terre qui sépare la mer de la *ria*, cette *pousada* permet d'apprécier la lagune, ses eaux, ses ciels. Il faut ici goûter la spécialité d'*ensopado de enguias* – matelote d'anguilles.

Palais-hôtel de Buçaco (H)
Buçaco, 3050 Mealhada
Tél : (031) 93 01 01
(voir p. 77, 110, 111, 112, 113)
Au cœur d'une forêt extraordinaire, l'architecture manuéline fin de siècle de Buçaco dévoile toutes ses beautés. Ce palais-hôtel n'a-t-il pas la réputation d'être l'un des plus beaux d'Europe ? Dans la rotonde qui donne sur le parc, les repas sont des moments de grâce. La cave est particulièrement renommée.

Hôtel Astória (H)
Avenida Emídio Navarro, 21,
3000 Coimbra
Tél : (039) 2 20 55
Situé au centre de la ville, au bord du *rio* Mondego, cet hôtel a le charme des demeures des années 30. Les peintres et les écrivains portugais aimaient autrefois y descendre ; Amália Rodrigues y chantait ses superbes *fados*. Le restaurant propose les très rares crus de Buçaco.

Quinta de Santa Bárbara (TH)
Manuel Vieira de Faria
2250 Constância
Tél : (049) 9 92 14
(voir p. 107)
On retrouve ici l'ambiance chaleureuse d'une demeure

portugaise traditionnelle. Le restaurant installé dans l'ancien cellier est excellent. On y déguste notamment la *sopa de peixes* – soupe de poisson –, une spécialité du Ribatejo.

Estalagém do Convento (H)
Rua D. João d'Ornelas,
2510 Óbidos
Tél : (062) 95 92 17
Patio fleuri, arcades de pierre, plafonds de bois, mobilier élégant, restaurant accueillant font de cet ancien couvent un hôtel de charme. Quelques chambres offrent une vue superbe sur la ville.

Pousada do Castelo (H)
2510 Óbidos
Tél : (062) 95 91 05
(voir p. 107)
Si les chambres de ce château fort restauré avec soin sont simples, la salle à manger est superbe avec ses encoignures gothiques.

Quinta da Sobreira (TH)
Maria João Trigueiro de Mártel Franco Frazão
Vale de Figueira, 2000 Santarém
Tél : (043) 42 02 21
(voir p. 106, 107)
Pour goûter aux charmes de la vie à la campagne, dans une confortable demeure du XIXe siècle.

Quinta de Santo André (H)
Estrada Monte Gordo, 2600 Vila Franca de Xira
Tél : (063) 2 21 43
Tenue par des cavaliers, cette villégiature offre une halte agréable au pays du cheval. A Vila Franca de Xira, les amateurs d'équitation peuvent s'initier à cette haute école si prisée au Portugal au centre équestre de Lezíria
(tél : (063) 2 27 81).

RESTAURANTS

Marquês de Marialva
Largo do Romal, 3060
Cantanhede
Tél : (031) 42 00 10
Une halte gourmande dans un restaurant considéré comme l'un des meilleurs de la région. La *chanfana de cabra* – chevreau en marinade – et le *leitão assado* – cochon de lait à la broche –, deux spécialités régionales, y sont très savoureux.

Restaurante Ramalhão
Rua Tenente Valadim, 24,
3140 Montemor-o-Velho
(près de Cantanhede)
Tél : (039) 6 84 35
Ce restaurant fort réputé offre
dans un décor rustique
une cuisine authentiquement
régionale. Ne manquez surtout
pas de goûter au *bacalhau com
migas temperado com ervas
aromáticas*, un plat de morue
préparée avec du pain et des
herbes aromatiques. Etoilé
dans le guide Michelin.

A Ilustre Casa de Ramiro
Rua Porta do Vale, 2510 Óbidos
Tél : (062) 95 91 94
Des colonnes blanches rythment
la belle salle voûtée peinte
en vieux rouge. D'énormes
jarres en terre cuite de Porto
de Mós se détachent sur
les murs et composent un décor
imaginé par l'architecte José
Fernandes Teixeira. Dans
l'imposante cheminée aux
piliers de granit, on grille de
savoureuses viandes.

CAFÉS ET BARS

Café Santa Cruz
Praça 8 de Maio,
3000 Coimbra
Tél : (039) 3 36 17
Les étudiants se retrouvent
dans ce café étonnant installé
sous les voûtes d'une chapelle
de l'église Santa Cruz.

Ibn Errik Rex
Rua Direita, 2510 Óbidos
Tél : (062) 9 51 93
Ce bar au décor insolite,
avec ses murs ornés de fresques,
est le rendez-vous préféré
du tout-Óbidos. C'est le
royaume de la *ginjinha*,
cette célèbre liqueur
préparée avec les griottes de
la région.

PATISSERIE

Café Zaira
Praça da República, 18,
2500 Caldas da Rainha
Tél : (062) 83 22 88
Sur la place du marché, ce café
propose aux gourmets
d'excellentes pâtisseries. Parmi
celles-ci, les *cavacas*,
des friandises qui évoquent
les macarons, et les *trouxas
de ovos*, des croquettes
au sucre et aux œufs.

FAÏENCES

Loja da Vista Alegre
Vista Alegre, 3830 Ilhavo
(près d'Aveiro)
Tél : (034) 32 42 23
On trouve dans cette boutique,
installée près de la fabrique
de porcelaine de Vista Alegre,
de superbes pièces de second
choix à des prix intéressants.

Rafael Bordalo Pinheiro
Rua Rafael Bordalo Pinheiro, 53,
2500 Caldas da Rainha
Tél : (062) 84 23 53
Boutique de second choix de la
fabrique la plus renommée de
Caldas da Rainha, la ville des
faïences.

Secla
Rua São João de Deus, 37,
2500 Caldas da Rainha
Tél : (062) 84 21 51
Beaucoup de choix également
dans cette boutique de faïence
dont la tendance est moins
classique.

MARCHE

Coimbra
(voir p. 88)
Ce marché a lieu tous les jours,
sauf le dimanche, dans la rua
Olimpo Nicolau Rui Fernandes,
sur les hauteurs de la ville. On y
trouve de tout, les produits des
fermes des environs, les poissons
du port de Figueira da Foz tout
proche, des vêtements et mille
objets quotidiens dont les paniers
tressés dans la région.

MUSÉES

**Musée historique de Vista
Alegre**
Vista Alegre, 3830 Ilhavo
(près d'Aveiro)
Tél : (034) 32 50 40
Ce musée appartient à la famille
du fondateur de la manufacture
de Vista Alegre, la plus célèbre
fabrique de porcelaine du pays.
On y admire les chefs-d'œuvre
réalisés depuis 1824 par la
prestigieuse maison.

**Musée Rafael Bordalo
Pinheiro**
Rua Rafael Bordalo Pinheiro, 53,
2500 Caldas da Rainha
Tél : (062) 84 23 53
Les passionnés de céramique ne
manqueront pas de visiter ce
petit musée situé dans la célèbre

OCEANO

ATLÂNTICO

ESPANHA

Rio Minho
Monção
Arcos
de Valdevez
Ponte
de Lima
Viana do Castelo
Serra do Gerês
Braga
Póvoa
de Lanhoso
Barcelos
Guimarães
Celorico
de Basto
Vila do Conde
Serra do Marão
Lamas
Amarante
Vila
Real
Alijó
PORTO
Pinhão
Vila Nova de Gaia
Rio Douro
Lamego
Furadouro
Ovar
Torreira
Costa Nova
Aveiro
Vista Alegre
Viseu
Mira
Rio Mondego
Costa Nova
Anadia
Cantanhede
Buçaco
Rio Alva
Coimbra
Figueira da Foz
Leiria
Castelo Branco
Fátima
Tomar
Constância
Rio Tejo
Nisa
Caldas da Rainha
Óbidos
Golegã
Pinheiro Grande
Castelo
de Vide
Marvão
Vale de Figueira
Portalegre
Santarém
Alter do Chão
Torres Vedras
Mafra
Vila Franca
de Xira
Campo Maior
Colares
Sintra
Loures
Estremoz
Elvas
Estoril
LISBOA
Serra de Ossa
Vila Viçosa
Cascais
Arraiolos
Azaruja
Palmela
Setúbal
Évora
Redondo
Sesimbra
Reguengos
de Monsaraz
Monsaraz
Comporta
Alvito
Vidigueira
Moura
Beja
Castro Verde
Odemira
Monchique
Alte
São Brás
de Alportel
Silves
Cacela
Castro Marim
Portimão
Loulé
Velha
Lagos
Lagoa
São
Estói
Tavira
Sagres
Alcantarilha
Lourenço
Albufeira
Faro
Olhão

Carte du Portugal
permettant de
situer les lieux
cités dans le texte

fabrique de Caldas da Rainha et fondé au siècle dernier par Rafael Bordalo Pinheiro.

OU SEJOURNER

Casa da Pérgola (TH)
Manuel Correa Gonçalves
Avenida Valbom, 13,
2750 Cascais
Tél : (01) 284 00 40
Au cœur de la ville, cette confortable maison de famille du XIXe siècle est entourée d'un agréable jardin. La façade présente de magnifiques encadrements de fenêtres en azulejos polychromes.

Pousada de Palmela (P)
2950 Palmela
Tél : (01) 235 12 26
Ce monastère du XVe siècle domine l'imposante *serra da Arrábida*. Les bâtiments conventuels magnifiquement restaurés ont une ampleur qui n'a rien d'austère. Les chambres, surtout la 9 et la 22, ont une vue spectaculaire.

Pousada de São Filipe (P)
2900 Setúbal
Tél : (65) 52 38 44
(voir p. 142)
Cette pousada est installée dans une citadelle surplombant la ville et le fleuve. Les chambres avec vue sont très agréables. Sur la terrasse, le repas est un moment de rêve. La carte propose notamment des poissons et fruits de mer de la marée de Setúbal.

Quinta das Torres (H)
Vila Nogueira de Azeitão,
2900 Setúbal
Tél : (01) 218 00 01
(voir p. 139)
La vie est douce dans ce beau manoir Renaissance. Les chambres sont élégantes et chaleureuses ; l'une d'elles est installée dans la tour. Ornée de panneaux d'azulejos et de rares majoliques italiennes, la salle à manger donnant sur la pièce d'eau a beaucoup de charme.

Palais-hôtel de Seteais (H)
Rua Barbosa do Bocage, 8,
2710 Sintra
Tél : (01) 923 32 00
(voir p. 140, 141)

Séjourner dans cette splendide demeure historique est un plaisir de tous les instants. Dans les salons et dans les chambres, le mobilier de style néo-classique portugais est très raffiné. Avec leurs superbes buis taillés, les jardins sont dignes du palais. Excellent restaurant où l'on déguste des spécialités de la région et notamment le *pescada* – colin – de Cabo da Roca et le *frango estufado* – coq au vin – à la mode de Colares.

Quinta da Capela (TH)
Arturo da Silva Pereira
Estrada de Monserrate,
2710 Sintra.
Tél : (01) 929 01 70
(voir p. 116, 138)
Dans ce site extraordinaire, près des jardins de Monserrate, cette demeure bien portugaise, aux proportions harmonieuses, est installée avec recherche. On peut aussi loger dans deux autres charmantes maisons sur le domaine.

Quinta de São Thiago (TH)
Maria Teresa Braddell
Estrada de Monserrate,
2710 Sintra.
Tél : (01) 923 29 23
Une vue imprenable, des arbres centenaires, un manoir Renaissance... cette *quinta* résume tous les charmes de Sintra. L'accueil est chaleureux et une excellente cuisine est servie dans la salle à manger ornée d'azulejos.

QUINTAS ET PALAIS A LOUER

Quinta de Manique
Marquis et marquise de Casteja
Alcabideche, 2750 Cascais
(voir p. 124, 125, 134, 135)
Pour la location :
Sociedade Campos Henriques
(CH) Tél : (01) 396 70 51
Cette merveilleuse demeure portugaise est crépie de rose et ornée d'azulejos. Les salons avec leurs meubles de famille, les jardins ombragés où l'eau murmure, une vaste tente montée dans le parc se louent pour des réceptions de prestige, toute l'année hormis les deux mois d'été.

Palais du Correio-Mor
2670 Loures
Tél : (1) 983 33 31
(voir p. 121)

Pour la location :
Sociedade Imobiliária e Turística, Rua Rodrigo da Fonseca, 53-2°, 1200 Lisboa
Tél : (01) 386 34 13
Ce palais, édifié au XVIIIe siècle, lorsque affluait l'or du Brésil, est l'un des plus somptueux des environs de Lisbonne. On loue le palais et les jardins pour des réceptions. Egalement ouvert à la visite sur rendez-vous.

Quinta da Bacalhoa
Vila Fresca de Azeitão,
2900 Setúbal
Tél : (01) 218 00 11
(voir p. 130, 131, 132, 133)
Pour la location :
Thomas W. Scoville,
3637 Veazey street, N.W.,
Washington D.C, 20008, USA.
Tél : (1) 20 26 86 73 36
Propriétés d'une famille américaine qui aime le Portugal, le palais et les jardins sont considérés comme les chefs-d'œuvre de la Renaissance portugaise. Vivre dans ce cadre exceptionnel est une expérience unique mais ... il faut réserver longtemps à l'avance.

RESTAURANTS

Porto de Santa Maria
Praia do Guincho, 2750 Cascais
Tél : (01) 285 04 91
Entre ciel et mer, c'est la meilleure table de la région pour les amateurs de poissons et de fruits de mer. L'*arroz de mariscos* – le riz aux fruits de mer – est une merveille. Etoilé dans le guide Michelin.

Cozinha Velha,
Palácio Nacional de Queluz
Largo do Palácio, 2745 Queluz
(près de Lisbonne)
Tél : (01) 435 02 32
Ce restaurant installé dans la vaste cuisine du palais royal s'orne d'une immense cheminée soutenue par huit colonnes, de cuivres rutilants et d'une belle table de marbre sur laquelle sont présentés d'excellents desserts. On peut aussi y prendre un rafraîchissement après la visite du palais royal.

VINS

J.M. da Fonseca Internacional Vinhos Lda.
Vila Nogueira de Azeitão,
2925 Azeitão (près de Setúbal)
Tél : (01) 218 02 27
On visite ici les installations où

naît le Lancers Rosé, très connu à l'étranger, au même titre que le Mateus Rosé, ainsi que les chais où vieillissent les excellents vins de la société Vinhos dirigée par António Francisco Avillez. Celui-ci y expose son importante collection d'azulejos anciens.

PATISSERIE

Casa Piriquita
Rua das Padarias, 1/3,
Sintra
Tél : (01) 923 06 26
Dans une petite rue près du palais royal, est installée la meilleure pâtisserie de Sintra. On y déguste les légendaires *queijadas*, des tartelettes au fromage frais et au sucre.

AZULEJOS

São Simão Arte
Rua Almirante Reis, 86,
Vila Fresca de Azeitão, 2925 Azeitão (près de Setúbal)
Tél : (01) 218 31 35
Cette manufacture crée des azulejos et conçoit des panneaux entiers fabriqués selon les méthodes traditionnelles. Il est possible d'en acheter ou de passer commande sur place.

FOIRE

Foire de l'artisanat
Junta de Turismo, Arcadas do Parque, 2765 Estoril
Tél : (01) 468 01 13
En juillet et en août, des artisans de toutes les provinces viennent montrer ici leurs œuvres. Il est parfois difficile de trouver ailleurs ces *bonecas* – figurines d'Estremoz – ou ces azulejos peints à la main dans des petits ateliers spécialisés.

MUSEE

Palais Fronteira
Fundação das Casas de Fronteira e Alorna
Largo São Domingos, 1,
Benfica, 1500 Lisbonne
Tél : (01) 778 20 23
(voir p. 136, 137)
Dans les faubourgs de Lisbonne, le palais Fronteira et ses extraordinaires jardins sont ouverts à la visite. Les azulejos sont ici splendides. Ils ornent terrasses, bassins et fontaines mais aussi l'intérieur du palais, habité par ses propriétaires et magnifiquement décoré.

OU SEJOURNER ?

Albergaria Senhora do Monte (H)
Calçada do Monte, 39 (H)
Tél : (1) 886 60 02
Sur les hauteurs de Lisbonne, cet hôtel offre une très belle vue sur le château Saint-Georges, mais il est très difficile à trouver.

As Janelas Verdes (H)
Rua das Janelas Verdes, 47
Tél : (01) 396 81 43
Cette séduisante demeure de la fin du XVIIIe siècle offre un décor raffiné. De certaines chambres, on aperçoit le port. A la belle saison, prendre le petit déjeuner ou savourer un verre de madère dans le patio couvert de lierre est un moment fort agréable.

Avenida Palace (H)
Rua Primeiro de Dezembro, 123
Tél : (01) 346 01 51
Sur une des places les plus animées de la ville, un de ses plus célèbres décor, celui de ce palace fin de siècle récemment restauré. Les meubles de marqueterie, les sculptures de marbre, les bronzes, les miroirs, les tapis d'Arraiolos, les lanternes de verre donnent au voyageur l'agréable impression d'être un habitué.

Lisboa Plaza (H)
Avenida da Liberdade/ Travessa do Salitre
Tél : (01) 346 39 22
Au cœur de Lisbonne, cet hôtel très élégant a le charme d'une demeure très accueillante. Le décor, avec ses faux marbres aux tons clairs, ses porcelaines et ses gravures, a été conçu dans un esprit classique par Graça Viterbo.

Veneza Lisboa (H)
Avenida da Liberdade, 189
Tél : (01) 352 67 00
Bien située, cette belle demeure du XIXe siècle entièrement rénovée est un hôtel très agréable.

York House (H)
Rua das Janelas Verdes, 32
Tél : (01) 396 24 35
(voir p. 173)
Près du beau palais Abrantes qui abrite l'ambassade de France, c'est le plus poétique des hôtels de Lisbonne. Lits à baldaquin,

azulejos, tapis d'Arraiolos..., cet ancien monastère est décoré avec l'élégance d'un palais portugais. On oublie ici l'agitation de la ville, en prenant ses repas dans l'agréable jardin intérieur où chantent les oiseaux.

RESTAURANTS

A Bota Alta
Travessa da Queimada, 37
Tél : (01) 342 79 59
Dessins et autographes de célébrités qui y sont venues ornent les murs de ce restaurant du Bairro Alto. Dans une amusante atmosphère cosmopolite, on vient ici déguster le *bacalhau à Brás*, la morue aux œufs.

Alcântara Café
Rua Maria Luisa Holstein, 15
Tél : (01) 363 71 76
(voir p. 170)
Dans le décor original de cet ancien entrepôt, s'est installé un restaurant très à la mode.

António Clara – Clube de Empresário
Avenida da República, 38
Tél : (01) 76 63 80
Ce palais du début du siècle abrite une des très bonnes tables de Lisbonne. La morue y est fameuse. C'est l'un des rendez-vous de l'establishment politique et financier.

Aviz
Rua Serpa Pinto, 12-B
Tél : (01) 342 83 91
Lustres de cristal, velours et damas décorént ce temple de la gastronomie lisboète dans le Chiado. On goûtera ici de succulentes *costeletas de porco recheadas com ameijoas*, des côtes de porc farcies aux palourdes, superbe interprétation d'une recette traditionnelle.

Casa da Comida
Travessa das Amoreiras, 1
Tél : (01) 388 53 76
(voir p. 172)
Le tout-Lisbonne se retrouve dans ce restaurant. Un patio, des porcelaines de la Compagnie des Indes, des tableaux créent une ambiance très portugaise. On y sert une cuisine très savoureuse, élaborée avec les meilleurs produits. La carte propose notamment du *faisão à moda do Convento de*

Alcântara, faisan mariné dans le vin de Porto et truffé, un très grand classique de l'Estremadure. Etoilé dans le guide Michelin.

Cervejaria da Trindade
Rua Nova da Trindade, 20
Tél : (01) 342 35 06
(voir p. 164)
Journalistes, écrivains et étudiants se retrouvent dans cette brasserie animée. Ici, l'excellente bière Sagres coule à flots.

Conventual
Praça das Flores, 45
Tél : (01) 60 91 96
Outre ses bois sculptés qui évoquent des scènes religieuses, l'originalité de ce restaurant réside dans ses plats qui proviennent pour la plupart d'antiques et succulentes recettes conventuelles. Le meilleur de Lisbonne pour certains. Etoilé dans le guide Michelin.

Gambrinus
Rua das Portas de Santo Antão, 23
Tél : (1) 342 14 66
Ce restaurant est célèbre pour la qualité de sa carte et ses spécialités de poissons. Sa cave est une des plus réputées de la ville et le sommelier, Francisco Gonçalves, jouit d'une grande réputation. Les personnalités du monde des lettres et de la finance aiment se retrouver ici.

Pap'Açôrda
Rua da Atalaia, 57
Tél : (01) 346 48 11
L'ambiance amusante d'un restaurant à la mode qu'apprécie Mário Soares. On y déguste les savoureuses *açordas* portugaises, ces sauces au pain qui accompagnent fruits de mer, morue ou viandes.

Tágide
Largo da Academia Nacional de Belas Artes, 18
Tél : (01) 346 05 70
Véritable institution, ce restaurant propose une cuisine portugaise superbement préparée : les *lombos de robalo à portuguesa* – filets de bar à la portugaise – ou les *costeletas de borrego à Tagide* – côtelettes d'agneau à la Tagide. Ornée d'azulejos, la salle à manger offre une vue fabuleuse sur le Tage.

Versailles
Avenida da Republica, 15-A
Tél : (01) 355 53 44
(voir p. 166)
A la fois café et restaurant, le Versailles est connu pour son élégant décor de stucs et de miroirs. Tout y est très bon et particulièrement l'*arroz de pato*, le riz au canard cuit au four et les *doces d'ovos*, ces gâteaux aux œufs et au sucre si portugais.

CAFES ET BARS

Café Brasileira
Rua Garrett, 120
Tél : (01) 346 95 41
Ce café historique, qui fut un célèbre café littéraire, n'est plus vraiment à la hauteur de sa réputation. Mais sur la terrasse, un mélancolique Pessoa en bronze sculpté nous rappelle que c'est ici que le grand écrivain venait écrire.

A Ginjinha
Travessa de São Domingos, 8
Tél : (01) 84 55 37
(voir p. 166)

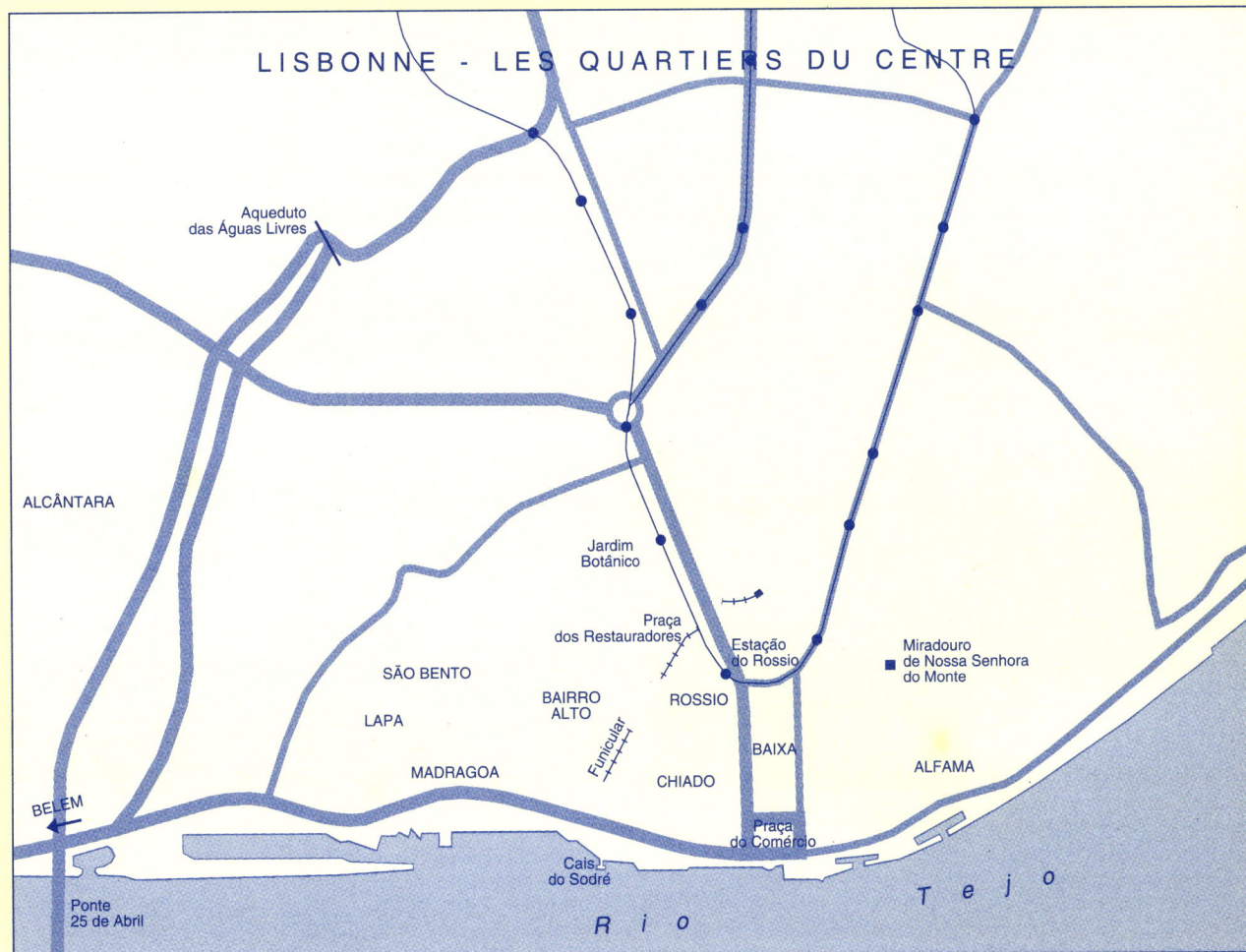

LISBONNE - LES QUARTIERS DU CENTRE

Aqueduto das Águas Livres

ALCÂNTARA

Jardim Botânico

Praça dos Restauradores

Estação do Rossio

Miradouro de Nossa Senhora do Monte

SÃO BENTO

LAPA

BAIRRO ALTO

ROSSIO

BAIXA

MADRAGOA

Funicular

CHIADO

ALFAMA

BELÉM

Cais do Sodré

Praça do Comércio

Ponte 25 de Abril

Rio Tejo

Debout dans cette minuscule taverne à côté du Rossio, les connaisseurs dégustent cette délicieuse liqueur de griottes, une des boissons les plus populaires du pays.

O Chapitô
Rua Costa do Castelo, 7
Tél : (01) 888 22 41.
Une ambiance sympathique et une terrasse ombragée qui domine Lisbonne et Alfama.

Pavilhão Chinês
Rua D. Pedro V, 89
Tél : (01) 342 47 29
(voir p. 169)
Un décor étonnant pour ce bar très connu.

Procópio
Alto de São Francisco, 21
Tél : (01) 65 28 51
Dans un décor 1900, l'ambiance d'un «salon» du XVIIIe siècle où Alice Pinto Coelho, l'âme de ce bar, reçoit hommes d'affaires, personnalités du monde politique et journalistes.

PATISSERIE

Antiga Confeitaria de Belém
Rua de Belém, 84
Tél : (01) 363 74 23
(voir p. 164, 165, 167)
Cette pâtisserie qui fleure bon la cannelle est bien connue pour ses *pastéis de Nata*, ses flans à la crème dont la recette est tenue secrète.

BOITES DE NUIT

Frágil
Rua da Atalaia, 126-8
Tél : (01) 346 95 78
Grâce au propriétaire Manuel Reis, c'est ici qu'a commencé l'histoire du Bairro Alto en 1974. Au Fragil, – véritable institution ! –, le décor change tous les six mois. Population bigarrée et ambiance assurée.

Kapital
Avenida 24 de Julho, 68
Tél : (01) 395 59 63
Colonnes, miroirs chromés et totems évoquent quelque peu le cinéma surréaliste allemand. Dans ce cadre splendide signé par la célèbre décoratrice Maria José Salavisa se pressent les noctambules du tout-Lisbonne.

XXIV de Julho
Avenida 24 de Julho, 116
Tél : (01) 396 09 11
(voir p. 170, 171)
Une étonnante boîte de nuit très à la mode, dans un décor superbe.

FADO

Le fado se chante dans les *casas de fado*, restaurants, bars, bistrots des quartiers du Bairro Alto, d'Alfama, d'Alcântara et de Lapa.

Mascote de Atalaia
Rua Atalaia, 47
Tél : (01) 347 04 80
Ce vieux café du Bairro Alto est l'un des rares endroits où le fado est vraiment authentique, chanté par des gens du quartier. Comme la salle est petite, il faut arriver vers 20 h pour ne pas rester dans la rue.

Senhor Vinho
Rua do Meio à Lapa, 18
Tél : (01) 397 26 81.
Restaurant sympathique et animé où chante la propriétaire, Maria da Fé.

AZULEJOS

Cerâmica Constância
Rua São Domingos à Lapa, 8
Tél : (01) 396 39 51
(voir p. 174)
Cette manufacture du quartier de Lapa copie des azulejos anciens et crée des œuvres contemporaines avec un grand savoir-faire.

Galeria Ratton Cerâmicas
Rua Academia das Ciênças, 2 C
Tél : (01) 346 09 48
Ana Maria Viegas renouvelle la grande tradition portugaise en commandant de remarquables azulejos artisanaux ou industriels à des artistes contemporains passionnés par la céramique. Si vous le souhaitez, elle se charge aussi de contacter des artistes pour réaliser vos propres décors.

Sant'Anna
Rua do Alecrim, 95
Tél : (01) 342 25 37
Depuis 1741, les azulejos de Sant'Anna sont des éléments essentiels de l'art de vivre au Portugal. Cette tradition est bien vivante avec un grand choix de modèles, dont des personnages

d'accueil grandeur nature, et des pièces de forme.

Solar, Albuquerque e Sousa
Rua D. Pedro V, 68
Tél : (01) 346 55 22
(voir p. 174)
Le plus célèbre antiquaire d'azulejos du pays. Une véritable caverne d'Ali Baba où l'on trouve des merveilles s'échelonnant du XVIe siècle à nos jours. On peut acheter des panneaux entiers.

Viúva Lamego
Largo do Intendente Pina Manique, 25
Tél : (01) 315 24 01
(voir p. 151, 160, 161)
La beauté de sa façade est la meilleure des signatures. Viuva Lamego fabrique les azulejos du métro de Lisbonne, mais également des copies d'anciens.

ARTISANAT

Casa Quintão
Rua Ivens, 30
Tél : (01) 346 58 37
Depuis plus de cent ans, cette maison réputée prodigue les meilleurs conseils aux acheteurs de tapis d'Arraiolos. Outre les multiples modèles exposés dans le magasin, il est possible de passer commande.

Casa Regional da Ilha Verde
Rua Paiva de Andrade, 4
Tél : (01) 342 59 74
Dans cette boutique spécialisée, on trouve tout l'artisanat des Açores et notamment ces broderies en camaïeu de bleu ou polychromes sur fond blanc ou ivoire.

Casa de São Vicente
Azinhaga das Viegas, 1, Marvila
Tél : (01) 858 11 59
Les tapis d'Arraiolos se commandent ici sur mesure. A l'est de Lisbonne, une adresse très connue pour la qualité de ses collections de dessins anciens et la beauté des couleurs de ses laines.

Galeria Tapeçarias de Portalegre
Rua da Academia das Ciênças, 2
Tél : (01) 342 14 81
On trouve ici les tapisseries de haute lisse de la manufacture de Portalegre, une adresse célèbre

et réputée. On peut commander ici des œuvres d'artistes contemporains.

Madeira House
Rua Augusta, 131-135
Tél : (01) 342 68 13
Une des meilleures maisons de linge de Lisbonne. Elle propose de belles nappes de Madère. On trouve également ici de charmantes nappes rustiques de Viana do Castelo. Le linge du Nord, en lin tissé sur des métiers manuels est très beau.

Principe Real Enchovais
Rua Escola Politécnica, 12-14
Tél : (01) 346 59 45
Une adresse connue dans le monde entier. Têtes couronnées, grands de ce monde, familles de renom viennent ici passer commande. Assistée de son fils, Maria Christina Castro, qui a fondé cette maison il y a trente ans, propose sur les plus fines toiles, de merveilleuses broderies, avec des fils tirés, au point Richelieu... et même des dentelles de Peniche, introuvables ailleurs. Modèles personnalisés sur commande.

MUSEES

Fondation Ricardo do Espírito Santo Silva.
Largo das Portas do Sol, 2
Tél : (01) 886 21 83
(voir p. 174)
Tous les trésors du XVIIIe siècle portugais dans ce palais d'Alfama devenu musée des Arts décoratifs : mobilier, vaisselle, argenterie, objets d'art prestigieux... A côté, des ateliers restaurent, copient, fabriquent et vendent, dans le monde entier, des objets et autres merveilles.

Musée de la ville
Campo Grande, 245
Tél : (01) 759 16 17
(voir p. 241)
Ce musée, installé dans un palais du XVIIIe siècle, est un hymne aux azulejos : chinoiseries, scènes mythologiques et scènes de la vie quotidienne décorent les salons, les escaliers et la pittoresque cuisine.

Musée national des Azulejos
Rua do Madre de Deus, 4
Tél : (1) 814 77 47.

Dans le couvent de Madre de Deus, célèbre pour la richesse de ses bois dorés et de ses peintures, a été rassemblée la plus belle collection d'azulejos du Portugal. Donnant sur les jardins, le charmant restaurant est orné d'azulejos évoquant l'art de la cuisine. On peut acheter des azulejos dans la boutique du musée.

PROMENADE INSOLITE

Companhia Carris de Ferro de Lisboa
Rua Primeiro de Maio, 101
Tél : (01) 363 93 43
Il est possible de louer un tramway pour organiser une visite privée de la ville. Une expérience unique.

OU SEJOURNER ?

Castelo do Alvito (P)
7920 Alvito
Tél (084) 4 83 43
Récemment restauré, ce château fort impressionne par la superbe de des cinq tours. Certaines pièces de cette élégante *pousada* ont conservé leurs voûtes gothiques. C'est le cas de la salle-à-manger où l'on déguste la spécialité maison, le *bacalhau à marquês de Alvito*. Dans la fraîcheur des jardins, les orangers embaument.

Convento de São Paulo (H)
Aldeia da Serra, Serra d'Ossa, 7170 Redondo
Tél : (066) 99 91 00
(voir p. 210, 211)
Ce somptueux hôtel est installé dans un ancien couvent, apprécié au cours des siècles par les membres de la famille royale. On y découvre plus de cent panneaux d'azulejos, des plafonds voûtés, des vasques de marbre où coule l'eau de la montagne...

Pousada da Rainha Santa Isabel (P)
7100 Estremoz
Tél : (068) 2 26 18
(voir p. 208)
Dans un cadre fabuleux de pierres, de marbres et de boiseries, les élégants salons et chambres sont ornés de meubles anciens. La vaste salle à manger

voûtée offre une table de qualité. Dans cette région de chasse, grand choix de gibier pendant la saison. Le *lebre à caçadora* – lièvre chasseur – s'accompagne à merveille d'un excellent vin de Borba.

Quinta do Monte dos Pensamentos (TH)

Cristovão Tomás Bach Andresen Leitão
Estrada da Estação do Ameixial, 7100 Estremoz
Tél : (068) 2 23 75
(voir p. 209)
Il y a quelques années encore, cet agréable *monte alentejano* aux contreforts blancs était un rendez-vous de chasse. Les propriétaires ouvrent maintenant leur maison et font découvrir à leurs hôtes une étonnante collection de céramiques qui a envahi toute la maison.
A la belle saison, on apprécie la fraîcheur des tonnelles.

O Eborense Solar Monfalim (H)

Largo da Misericodia, 1, 7000 Évora
Tél : (066) 2 20 31
Au cœur de la ville, ce petit palais Renaissance a conservé son vaste escalier de marbre couvert de plantes verdoyantes. La loggia à arcades, est agréable pour prendre un verre à la tombée de la nuit.

Pousada dos Lóios (P)

Largo Conde Vila Flor, 7000 Évora
Tél : (066) 2 40 51
(voir p. 209)
Cet ancien couvent orné de marbres, d'azulejos et de fresques est l'une des plus séduisantes *pousadas* de la région. On y savoure les fameuses douceurs conventuelles, notamment le *toucinho do céu*, littéralement «le lard du ciel».

Pousada de Santa Maria (P)

7330 Marvão
Tél : (045) 9 32 01
Cette pittoresque *pousada* nichée dans ce village blanc aux ruelles escarpées offre un dépaysement exceptionnel. On ne manquera pas de dîner dans la salle à manger pour jouir du soleil couchant.

Estalagém de Monsaraz (H)

Largo de São Bartolomeu, 5, 7200 Monsaraz

Tél : (066) 5 51 12.
Dans le village fortifié, chaulé de blanc, cet hôtel est construit dans le style du pays. Tout y est à la fois très soigné et naturel. Les chambres ornées de meubles rustiques ouvrent sur la vallée. Dans les salons, poutres et cheminées rappellent que l'Alentejo est aussi un pays aux hivers rigoureux.

Castelo de Milfontes (TH)

Margarida de Castro de Almeida
Vila Nova de Milfontes, 7555 Odemira
Tél : (083) 9 61 08
Un castel de rêve au bord de l'eau, où l'on accède par un pont-levis. Dans cette propriété familiale, les chambres ont de superbes meubles anciens et la table est excellente. L'accueil empreint de simplicité et d'élégance est inoubliable.

Casa dos Arcos (TH)

Maria Jardím Hintze Ribeiro
Praça Martím Afonso de Sousa, 16, 710 Vila Viçosa
Tél : (068) 9 85 18
(voir p. 209)
Près du palais royal, cette belle demeure ornée de fresques offre des chambres spacieuses et une agréable loggia Renaissance.

Casa de Peixinhos (TH)

José Dionísio Melo e Faro Passanha
7160 Vila Viçosa
Tél : (068) 9 84 72
(voir p. 208)
Ce manoir du XVIIe siècle, blanchi à la chaux et ourlé d'ocre éclatant, propose des chambres confortables. On apprécie ici le patio à arcades qu'embaume le parfum des orangers.

RESTAURANTS

Águias d'Ouro

Rossio Marquês de Pombal, 7100 Estremoz
Tél : (068) 33 33 26
Considéré comme le meilleur restaurant de la ville, il propose de très bonnes spécialités. La viande d'agneau est ici succulente et on ne manquera pas de goûter le *borrego com mioleiras guisado*, un ragoût d'agneau à la cervelle.

Adega do Isaías

Rua do Almeida, 23, 7100 Estremoz
Tél : (068) 2 23 18

Dans ce bistrot, on déguste le cochon sous toutes ses formes : oreilles – *orelhas* – et pieds au four – *chispes assados no forno* – ou préparés à la coriandre – *pézinhos do porco de coentrada*.

Cozinha de São Humberto

Rua da Moeda 39, 7000 Évora
Tél : (066) 2 42 51
Dans de belles salles voûtées blanches, on déguste une délicieuse cuisine régionale accompagnée des grands vins de la région. Ici, l'*arroz de pato cozido* – un riz au canard relevé avec du chorizo – s'accompagne parfaitement de reguengos rouge.

Fialho

Travessa das Mascarenhas 16, 7000 Évora
Tél : (066) 2 30 79
Dans ce restaurant bien connu, on découvre quelques spécialités dont un *borrego assado* – agneau rôti – et des salades aux herbes comme seuls savent les préparer les *Alentejanos*.

Jardím do Paço

Rua Augusto Filipe Simões, 2, 7000 Évora
Tél : (066) 74 43 00
Près du couvent dos Loios, les Cadaval ont ouvert les jardins de leur palais. Le petit restaurant qui y est installé est un lieu de rendez-vous agréable pour déjeuner ou prendre un rafraîchissement.

CHASSES

Herdade da Pereira

João Fiuza da Silveira
Apartado 99, 7000 Évora
Tél : (066) 2 44 61
Près d'Évora, João Fiuza da Silveira organise sur ses vastes domaines de grandes chasses à courre au lièvre avec ses lévriers. Les cavaliers se réunissent ensuite pour partager un excellent repas dans la salle de chasse du haras.

Vale do Manantio

Pour la réservation :
Sodarca, rue de São Paulo, 12-2°, 1200 Lisboa
Tél : (01) 347 10 11
Des passionnés organisent des chasses dans leur vaste domaine du Vale do Manantio, près de Moura, dans la région de Beja. Au bord du Guadiana, ces terres sont très giboyeuses. Perdreaux,

faisans, lièvres... sont au rendez-vous. Les chasseurs sont hébergés dans une confortable demeure qui fait partie de la propriété.

ARTISANAT

Casa d'Artes e Ofícios

Rua de Évora, 160, Igrejinha, 7040 Arraiolos
Tél : (066) 4 71 31
Dans cet atelier, les tapis sont exécutés d'après les modèles de beaux tapis anciens. Le choix est vaste et l'on peut acheter sur place.

Tapetes de Arraiolos Kalifa

Rua Alexandre Herculano 44/46, 7040 Arraiolos
Tél : (066) 4 14 27
Cette manufacture de tapis est très attachée au respect de la tradition, dans le choix des dessins comme dans celui des laines.

Joaquím Correia Pereira

7035 Azaruja
Tél : (066) 9 71 92
Cet artisan vend ses œuvres en liège dans son atelier. Parfaitement exécutées, nombre d'entre elles ont été acquises par le musée municipal d'Estremoz.

Irmãs Flores

Rua das Meiras, 8, 7100 Estremoz
Tél : (068) 2 42 39
Dans leur petite officine, Maria Inácia Flores et sa sœur Perpétua modèlent, peignent et cuisent avec passion de superbes figurines et de grandes pièces représentant la Vierge et les saints vénérés au Portugal.

Irmãos Ginja

Musée municipal
Largo D. Dinis, 7100 Estremoz
Tél : (068) 2 27 83
Installés dans les locaux du musée municipal, Afonso et Arlindo Ginja assurent la continuité de la tradition des figurines. Ils travaillent d'après les modèles anciens des collections municipales et créent également dans le même esprit des œuvres personnelles.

Manufacture de tapisseries de Portalegre

Fábrica Real, Parque da Corredura, 7300 Portalegre
Tél : (045) 2 32 83

Cette manufacture de tapisseries de haute lisse est réputée. Séduits par la qualité du travail, Jean Lurçat, Vieira da Silva, Manuel Cargaleiro et beaucoup d'autres artistes l'ont choisie pour exécuter leurs cartons. On peut la visiter et y passer des commandes.

Loja Misette

Rua do Celeiro Monsaraz, 7200 Reguengos de Monsaraz
Tél : (066) 5 21 79
(voir p. 214)
Dans son atelier, Misette Nielsen fait tisser sur des métiers manuels des *mantas*, couvertures traditionnelles de laine aux couleurs vives et des *trapos*, ces lirettes *alentejanas*, tapis colorés très populaires réalisés avec des chutes de coton. On les trouve dans ses boutiques, à Monsaraz et à Estremoz.

Oleiros São José

Estrada de Monsaraz, 7200 São Pedro do Corval (près de Reguengos de Monsaraz)
Tél : (066) 3 14 63
Cet atelier qui est depuis près de quatre cents ans dans la famille Filhão, exécute au tour les céramiques traditionnelles en terre cuite rouge.

FOIRES ET MARCHÉ

Castro Verde

La foire qui se tient le deuxième dimanche d'octobre est ici un événement. On y trouve encore tous ces objets traditionnels qui disparaissent peu à peu : articles de bourrellerie, carrioles peintes, cuillères de bois. Un grand moment de nostalgie.

Estremoz

(voir p. 192)
Sur le Rossio, le marché du samedi matin est très pittoresque. On y achète toutes sortes de céramiques, de grosses houppelandes à col de renard, des boîtes en liège, des nappes en feutre brodé de Nisa et, bien sûr, ces fabuleuses figurines en terre cuite peinte.

Évora

La grande foire annuelle se tient la seconde quinzaine de juin. Ici, tous les artisans de l'Alentejo viennent proposer leurs créations : objets en lièges, meubles en bois peint et céramiques rustiques.

MUSÉE

Musée municipal
Largo de D. Dinis
7100 Estremoz
Tél (mairie) : (068) 2 27 33
Dans ce petit musée d'arts et traditions populaires, on découvre les plus beaux *bonecos*, les célèbres *púcaros* – cruches – et les sculptures de marbre d'Estremoz.

ALGARVE

OU SEJOURNER ?

Vila Joya (H)
Praia da Galé, 8200 Albufeira
Tél : (089) 59 17 95
Entouré d'un jardin, cet hôtel donne sur la mer. Maria José Salavisa s'est inspirée du style mauresque pour le décor des salons et des somptueuses chambres. Sur la terrasse où l'on dîne le soir au coucher du soleil, la *caldeirada* – matelote de poissons – et les fruits de mer sont très appréciés.

Estalagém da Cegonha (H)
8100 Vilamoura (près d'Albufeira)
Tél : (089) 30 25 77
Dans cette ferme ancienne dotée d'un manège, l'ambiance est chaleureuse. Les cavaliers apprécieront la proximité du centre équestre de Vilamoura.

Casa de Lumena (H)
Praça Alexandre Herculano, 27, 8000 Faro
Tél : (089) 80 19 90
Au centre de Faro, cette demeure de caractère est ornée de meubles de style bien choisis. Le patio avec sa treille ombragée est un endroit délicieux pour prendre ses repas.

Quinta de Benatrite (TH)
John Philip Oliver
Santa Barbara de Nexe, 8000 Faro
Tél : (089) 9 04 50
A l'ombre de grands arbres, une maison de campagne très accueillante, décorée avec soin.

Casa de São Gonçalo (H)
Rua Cãndido dos Reis, 73, 8600 Lagos
Tél : (082) 76 21 71
Cette demeure ancienne meublée avec recherche est une étape de charme dans la ville historique de Lagos. Le patio fleuri qu'égaye une fontaine est une véritable oasis, y prendre son petit déjeuner est un vrai plaisir.

Estalagém Abrigo da Montanha (H)
8550 Monchique
Tél : (082) 9 21 31
Cette confortable auberge de montagne permet de découvrir l'arrière-pays dans toute sa beauté. Vue inoubliable des chambres et de la terrasse fleurie. La cuisine régionale est élaborée avec des produits du terroir ; l'*assadura*, le porc grillé, est succulent.

Hôtel Bela Vista (H)
Avenida Tomás Cabreira, Praia da Rocha, 8500 Portimão
Tél : (082) 2 40 55
Cette villégiature dans le goût oriental, avec son minaret et ses palmiers qui semblent posés sur la plage, est un endroit délicieux. L'intérieur soigné est orné de beaux panneaux d'azulejos.

Fortaleza do Beliche (H)
8650 Sagres
Tél : (082) 6 41 24
Une petite merveille et les souvenances des Grandes Découvertes. Dans cette forteresse qui domine la mer, quelques chambres, une petite chapelle et un restaurant où l'on déguste de bons poissons grillés.

Pousada do Infante (P)
8650 Sagres
Tél : (082) 6 42 22
«Là où la terre finit et la mer commence», selon l'expression du poète Camões... Chaque chambre de cette agréable *pousada* donne sur l'océan et les falaises escarpées.

Pousada de São Brás (P)
8150 São Brás de Alportel
Tél : (089) 84 23 05
Entourée d'un jardin débordant de fleurs, cette pousada jouit d'une très belle vue. On y déguste une bonne cuisine locale avec des *berbigões abertos à algarvia* – coques fraîches cuites à la casserole – et un dessert traditionnel, la *torta de amendoa*, un gâteau roulé aux amandes.

Quinta do Caracol (TH)
João Marcelo Viegas
São Pedro, 8800 Tavira
Tél : (081) 2 24 75
Dans le calme d'un parc fleuri, plusieurs petites maisons de caractère, fort bien aménagées. La vue s'étend sur la mer et la montagne.

RESTAURANTS

Cidade Velha
Rua Domingos Guieiro, 19, 8000 Faro
Tél : (89) 2 71 45
Près de la cathédrale, un des meilleurs restaurants de Faro. Dans les belles salles aux plafonds voûtés de briques, on déguste des *lulas recheadas*, des encornets farcis au lard.

Alpendre
Rua António Barbosa Viana 71, 8600 Lagos
Tél : (082) 76 27 05
C'est une adresse bien connue en Algarve pour la finesse de sa cuisine. Dans un cadre luxueux, on vous propose un choix de fruits de mer et de poissons de qualité.

O Avenida
Avenida José da Costa, 8100 Loulé
Tél : (089) 6 21 06
En plein centre de Loulé, cette auberge au cadre rustique est très réputée. Il ne faut pas manquer de déguster la grande spécialité de l'Algarve, les *ameijoas na cataplana*, des palourdes mijotées avec du jambon cru.

A Lanterna
Estrada 125, croisement de Ferragudo, Parchal, 8500 Portimão
Tél : (082) 2 39 48
Dans un décor rustique c'est l'un des restaurants les plus considérés d'Algarve. Il faut goûter ici le *caldo rico de peixe*, une succulente soupe de poissons.

Alfredo's
Rua Pé da Cruz, 10, 8500 Portimão
Tél : (082) 2 29 54
Le roi des restaurants de Portimao où se retrouve une clientèle d'habitués pour y déguster une bonne cuisine portugaise.
La *sopa de peixes* – soupe de poissons – et la *pescada a marinheiro* sont particulièrement savoureuses.

MUSEE

Palais de Estói
Estói, 8000 Faro
Tél : (089) 8 72 82
Pour les visites :
Mairie de Faro.
Tél : (089) 82 20 42
Ce magnifique palais se dresse au milieu de jardins en terrasse construits à la fin du XIXe siècle dans la tradition baroque portugaise. L'ensemble, en cours de restauration, va s'ouvrir à la visite.

LE PORTUGAL A PARIS

VIE CULTURELLE

Centre Culturel Calouste Gulbenkian
51, avenue d'Iéna, 75116 Paris
Tél : 47 20 86 84
Ce centre émanant de la fondation Calouste Gulbenkian à Lisbonne organise de nombreuses manifestations qui visent à mieux faire connaître la culture portugaise : séminaires et conférences, concerts, récitals, expositions. Il dispose d'une riche bibliothèque (service d'échanges et de prêt) et exerce une importante activité éditoriale. Ses publications sont vendues à la librairie Jean Touzot, 38, rue Saint-Sulpice, 75006 Paris
Tél : 43 26 03 88 (catalogue sur demande).

Résidence André de Gouveia Fondation Calouste Gulbenkian
Cité internationale universitaire
7, boulevard Jourdan, 75014 Paris
Tél : 40 78 65 00
L'actif directeur de cette résidence, M. Eduardo Rogado-Dias, organise de nombreuses activités culturelles au cours de l'année universitaire. Sur simple coup de téléphone, on vous inscrira sur une liste et vous recevrez des invitations pour chaque manifestation.

Association Cap Magellan
20, rue de La Reynie, 75004 Paris
Tél : 42 77 46 89
Cette association dynamique entend donner une image différente du Portugal au moyen de manifestations variées et originales : conférences et débats, Forum emploi, Olympiades, concerts de rock et de variétés, week-ends et semaines culturelles... Consultez le journal d'informations mensuel *Cap Magellan News*.

Galerie Magellan
37, rue Richard-Lenoir, 75011 Paris
Tél : 43 48 33 10
Cette galerie, créée en 1990, expose des peintres et sculpteurs portugais ou d'origine portugaise. On y trouve, entre autres, des lithographies de Vieira da Silva (très rare), des sculptures de Cutileiro et Álvaro Lapa, des toiles de Rodrigo Ferreira ou de jeunes artistes comme Lilimelo. De très belles œuvres à des prix abordables.

Librairie portugaise
10, rue Tournefort, 75005 Paris
Tél : 43 36 34 37
Dans cette librairie aux couleurs du Portugal, Anne Lima et Michel Chandeigne font partager leur érudition et leur passion pour les pays lusophones. Ces libraires-éditeurs réputés pour la beauté et la qualité de leurs livres tiennent à jour l'unique catalogue de livres français et portugais sur le Portugal. Leurs spécialités : la poésie contemporaine, dont Michel Chandeigne est traducteur, et l'histoire, en particulier l'expansion maritime portugaise dont la *collection Magellane* rassemble les textes fondamentaux.

Librairie Lusophone
22, rue du Sommerard, 75005 Paris
Tél : 46 33 59 39
L'actif libraire Jean Heitor possède une gamme importante d'ouvrages en français et en portugais, et en particulier des livres pour enfants, et toute la presse lusophone. Il vend aussi des disques et des partitions, et tient à votre disposition un riche catalogue des musiques portugaises.

Librairie Portugal
146, rue du Chevaleret, 75013 Paris
Tél : 45 85 07 82
Qui propose notamment toute la presse portugaise et bresilienne.

L'Harmattan
16, rue des Écoles
75005 Paris
Tél : 43 26 04 52
Dans cette librairie cosmopolite, vous trouverez un fond important de livres portugais : littérature, livres scolaires, dictionnaires, droit…

Le Latina
80, rue du Temple, 75004 Paris
Tél : 42 78 47 86
C'est ici que vous pourrez découvrir le cinéma portugais. Outre la programmation hebdomadaire comportant des reprises en VO de grands classiques ou des exclusivités (de Manoel de Oliveira à João Botelho), ce cinéma organise des festivals, des rétrospectives, des mois à thèmes. Avec sa galerie d'art et son bistrot, c'est un lieu privilégié pour les actions culturelles que réalise à Paris l'Union Latine.

Radio Alfa 98.6 FM
1, rue Vasco de Gama
94046 Créteil-Soleil
Tél : 43 89 57 57
La radio de la communauté portugaise à Paris émet vingt-quatre heures sur vingt-quatre, dont une heure en français.

MODE

Ana Salazar
12, rue de Turbigo, 75001 Paris
Tél : 42 33 70 22
La créatrice Ana Salazar est une pionnière de la mode au Portugal. Elle aime le noir, les formes épurées, les mélanges de matières et le détail inattendu. La touche portugaise se lit dans l'utilisation de la dentelle et des écussons.

AZULEJOS

Céramis
130, avenue de Versailles, 75016 Paris
Tél : 46 47 50 98
1 bis, avenue du Général-Boissier, 78220 Viroflay
Tél : 30 24 34 41
Elisette Mouillé est la grande spécialiste des azulejos à Paris. Elle en possède un stock important dont des originaux comme les azulejos bleu cobalt des XVIIIe et XIXe siècles. Elle effectue aussi à la demande, dans des ateliers au Portugal, des rééditions de carreaux anciens ou des créations utilisant des graphismes contemporains (compter environ un mois de délai de fabrication). Ses catalogues et ses précieux conseils vous aideront à faire votre choix.

BOUTIQUES

Olissipo
19, rue du Roule, 75001 Paris
Tél : 42 36 44 69
Olissipo privilégie l'authenticité des objets et la noblesse des matériaux, présentant notamment des rééditions de céramiques du XVIIe et du XVIIIe siècle (exclusivité), des tapis d'Arraiolos, du linge de table en lin brodé à la main, des verres bullés, soufflés à la bouche. On y trouve aussi d'anciennes jarres à vin modelées et montées au colombin.

Porto Santo
7, rue du 29 Juillet, 75001 Paris
Tél : 42 86 97 81
Pedro Alvím, enfant du pays, sélectionne des objets d'artisanat traditionnels, verreries et céramiques stylisées, idéals pour les résidences secondaires. Vous vous laisserez séduire par de typiques patchworks qui, à l'origine, étaient fabriqués avec des chutes de chemises des pêcheurs de Nazaré.

Siècle
24, rue du Bac, 75007 Paris
Tél : 47 03 48 03
Pour cette élégante boutique, Marisa Osorio-Farinha, s'imprégnant de la culture portugaise, a créé la collection "arts de la table", qui se signale par la noblesse et l'originalité des matériaux. De très belles tapisseries de soie brodées à la main selon la tradition de Castelo-branco.

RESTAURANTS

Saudade
34, rue des Bourdonnais, 75001 Paris
Tél : 42 36 30 71
A deux pas du Pont Neuf, c'est le haut lieu de la cuisine portugaise à Paris. Dans un décor d'azulejos, vous goûterez le *caldo verde*, la soupe alentejane, les grands plats de morue classiques, le tout accompagné d'un frais vin vert, de très bonnes cuvées de la Quinta de Bacalhoa ou de Barca Velha… Bien sûr vous aurez l'embarras du choix dans la très belle carte des Porto. Accueil très portugais, c'est-à-dire charmant et attentif, du créateur de ce lieu, Antonio Simoẽs et de Fernando Moura.

Chez Albert
43, rue Mazarine, 75006 Paris
Tél : 46 33 22 57
Ce restaurant d'habitués propose, dans une ambiance très chaleureuse, de copieuses spécialités de toutes les régions du Portugal : vous goûterez notamment la salade de morue aux cornilles (haricots blancs), le porc sauté aux palourdes servi dans des plats de terre ou la cataplane de lotte aux palourdes, deux spécialités de l'Algarve.

L'Azulejo
7, rue Campagne-Première, 75014 Paris
Tél : 43 20 93 04
Manu et Maria, originaires de Lisbonne, ont voulu recréer dans leur restaurant l'ambiance de leur pays, ornant les murs d'azulejos ou d'ustensiles de cuisine en cuivre, et préparant une cuisine simple et savoureuse. Outre l'incontournable cataplane de porc aux palourdes, esayez les gambas ou la morue maison, accompagnée d'un vin blanc sec de l'Alentejo.

ALIMENTATION, VINS ET SPIRITUEUX

Les produits et surtout les vins portugais sont largement répandus, vous en trouverez dans les marchés, dans les épiceries fines et même dans les supermarchés. Nous ne citerons donc dans cette rubrique que des établissements spécialisés ou possédant l'exclusivité d'un produit de qualité.

Pastelaria Belém
47, rue Boursault, 75017 Paris
Tél : 45 22 38 95
Cette pâtisserie-salon de thé prépare, outre les classiques *pastéis de nata*, des spécialités de l'Alentejo et d'Abrantes dont la propriétaire est originaire, par exemple des *tigeladas de Abrantes* (entre la crème caramel et la crème renversée). On y trouve aussi du pain de maïs, du Porto et du *vinho verde*.

Canelas
4, rue Jacques, 93380 Pierrefitte
Tél : 48 21 84 51
Cette boulangerie réputée propose, outre des gâteaux classiques, les spécialités des grandes fêtes portugaises : la couronne de Noël, le pain fourré de jambon et d'olives à Pâques… Fait aussi traiteur ; pour vos banquets, passez commande.

Parmi les boutiques de vins et spiritueux portugais :
Cândieuropa
33, rue Benoît Frachon, 94500 Champigny sur Marne
Tél: 49 83 07 64
Des vins réputés (Alvarinho, Regengos, João Pires, Sauvignon, Lancers Rosé...) et de bons Porto (notamment Borges et Tresvelhotes).

PREPARER SON VOYAGE

Office du Commerce et du Tourisme du Portugal
7, rue Scribe, 75009 Paris
Tél : 47 42 55 57
Vous y trouverez des brochures détaillées par région. Vous pourrez aussi y consulter le guide officiel du tourisme d'habitation, *Turismo no Espaço Rural*, ouvrage illustré édité en quatre langues par la direction du tourisme portugais, qui regroupe toutes les adresses des demeures ouvertes aux hôtes de passage.

Atout Portugal
Ce spécialiste du Portugal privilégie les formules à la carte et permet à chacun de concevoir son voyage à sa guise, selon son propre rythme et son budget : vol seul, circuits, locations de villas... Demande de brochures, informations et liste des agences agréées au 43 20 78 78.

Clio
34, rue du Hameau, 75015 Paris
Tél : 53 68 82 82
Cette agence de voyages culturels – inspirée par la muse de l'histoire –, propose un circuit qui vous permettra de découvrir en petits groupes les monuments, monastères et musées des villes du nord du Portugal, de Lisbonne à Porto.

Donatello
20, rue de la Paix, 75002 Paris
Tél : 44 58 30 81
Ce spécialiste de l'Italie s'ouvre au Portugal avec une belle brochure : circuits, séjours découvertes, séjours mer et golf ou service à la carte.

Lusitânia
6, rue Paul-Cézanne, 75008 Paris
Tél : 42 89 42 99
Spécialiste du Portugal, cette agence propose des circuits et des séjours variés : du week-end culturel au stage de golf. Elle sélectionne des hôtels de charme ou des *pousadas* et met à votre disposition trois brochures ainsi qu'un guide du tourisme d'habitation. Le service «à la carte» vous permettra de composer votre propre circuit.

"Portugal extraordinaire" de Marsans international
4, rue Chateaubriand, 75008 Paris
Tél : 43 59 72 36
Cet organisme diffuse une très belle brochure, claire et complète, offrant de nombreuses formules : forfaits avion, voiture et pousada, week-ends avion et hôtel, voyages à la carte. La présentation région par région vous aidera à concevoir votre itinéraire, puis à sélectionner et à réserver vos *pousadas* et demeures de charme (tourisme d'habitation).

La liste des *feiras* – foires – et des *romarias* – fêtes religieuses célébrées en l'honneur d'un saint patron – est très longue, surtout dans le Nord. Elles sont l'occasion de processions, de bals, de défilés et, bien sûr, de feux d'artifice, ramenés de Chine au temps des Grandes Découvertes.
Voici une sélection de quelques-unes de ces fêtes.

FEVRIER OU MARS, avant le mercredi des Cendres
A **Ovar, Torres Vedras et Loulé**, défilés de chars, bataille de fleurs.

MARS OU AVRIL, pendant la Semaine sainte
Braga : partout dans les églises et dans la ville sont reconstituées les stations du chemin de croix. Processions très solennelles avec leurs pénitents, qui évoquent celles de Séville.

MAI
Barcelos : le 3. Une des grandes fêtes du Nord. Procession de la fête des Croix, danses populaires et exposition d'artisanat avec un choix important de céramiques.
Fátima : Les 12 et 13, de mai à octobre, il y a chaque mois un grand pèlerinage. Ce sont les plus importants du Portugal. Comme pour Saint-Jacques-de-Compostelle, on y vient à pied de tout le pays.

JUIN
Amarante : le premier week-end. La grande fête de la São Gonçalo, le saint réputé pour favoriser les mariages.
Lisbonne : fêtes des saints populaires. Les 12 et 13, la Saint-Antoine ; les 24 et 25, la Saint-Jean. On défile en musique dans la ville. Les quartiers anciens sont décorés de guirlandes et on danse dans des bistrots improvisés en plein air.
Braga : du 21 au 24. Fête de la Saint-Jean. Défilé costumé, parade de groupes folkloriques, feux d'artifice.
Vila do Conde : du 16 au 24. Pour la Saint-Jean défilent les *mordomas*, les femmes du Minho parées de leurs célèbres bijoux d'or et les dentellières dans leur costume régional.
Porto : les 23 et 24, pour la Saint-Jean. On danse et on chante autour de feux de joie, en mangeant des grillades et des sardines arrosées de vin vert.
Évora : du 23 au 29, grande foire de la Saint-Jean. Artisanat, musique.
São Pedro de Sintra : le 29, pour la Saint-Pierre. Vaste foire on l'on trouve de tout, antiquités, artisanat, brocante...

JUILLET
Campo Maior : début juillet. Dans cette ville de l'Alentejo, les *festas de povos* – fêtes du peuple – ont lieu en principe tous les sept ans. La prochaine est prévue pour 1995. Fascinantes décorations multicolores en papiers découpés : oiseaux, fleurs, animaux, guirlandes... dans toute la ville. Chaque rue devient un lieu magique.
Vila Franca de Xira : le premier week-end. La grande fête du Ribatejo, le *Colete encarnado* – gilet rouge. Défilés des *campinos* – les gardians –, lâchers de taureaux dans les rues, courses de taureaux, danses folkloriques, repas de sardines grillées.
Guimarães : début juillet. Fêtes de São Torcato. Processions et festival international de folklore
Tomar : la première quinzaine de juillet, les années impaires. Fête des Tabuleiros, une des plus réputées du pays. Les jeunes filles défilent en portant sur la tête un *tabuleiro*, plateau de leur propre hauteur, formé de pains empilés garnis de fleurs. Ces réjouissances s'accompagnent de danses, de courses de taureaux, de feux d'artifice.

AOUT
Viana do Castelo : la troisième semaine. *Romaria* de Notre-Dame de l'Agonie. La plus célèbre du Minho où l'on admire les plus beaux costumes de la région, avec procession, course de taureaux, défilés de géants et de nains, feux d'artifice, festival de danses folkloriques...

SEPTEMBRE
Palmela : le premier dimanche. Fête des vendanges. Bénédiction des raisins, folklore, musiques, feux d'artifice.
Lamego : au début du mois. *Romaria da Senhora dos Remédios*. Processions avec statues représentant des épisodes de la vie de la Vierge. Bataille de fleurs.

OCTOBRE
Castro Verde : la deuxième quinzaine. Foire très animée où l'on trouve toutes sortes d'objets qui témoignent d'une civilisation rurale traditionnelle.

NOVEMBRE
Golegã : la première quinzaine. Foire de la Saint-Martin. La grande foire nationale du cheval lusitanien. Présentation, concours d'attelage, concours hippiques, épreuves de dressage, ventes aux enchères.

BIBLIOGRAPHIE

Il ne s'agit ici que d'une esquisse de bibliographie qui ne saurait être exhaustive et dans laquelle nous avons donné la première place aux titres traduits en français. Pour certains domaines, nous nous sommes contentés d'orienter le lecteur en lui indiquant une collection spécialisée.

GUIDES

Des guides faciles à consulter, qui offrent d'excellentes informations générales et de bonnes adresses.

Le Grand Guide de Lisbonne, Bibliothèque du Voyageur, Gallimard.
Le Grand Guide du Portugal, Bibliothèque du Voyageur, Gallimard.
Le Guide du Routard Portugal, Hachette.
Portugal, Madère, Guide Vert, Michelin.

Portugal, Madère, Açores, Guide Bleu, Hachette.
Lisbonne aujourd'hui, Suzanne Chantal, J.A., 1991.
Le Petit Futé Portugal, Olivier Orban.
Algarve, Lisbonne, Berlitz.
Guide des hôtels de charme d'Espagne et du Portugal, Rivages.
Portugal, Arthaud.
Au Portugal et à Madère, Visa, Hachette.
Nous partons pour le Portugal, PAUL TEYSSIER, PUF, 1970.

Des guides en langue étrangère, indispensables :
Turismo no espaço rural, Direcção Geral do Turismo, Lisboa. Le guide du Tourisme d'habitation, en portugais, français, anglais et allemand.
Karen Brown's Portuguese Country Inns & Pousadas, Harrap Columbus.
Frommers, Portugal, Prentice Hall. En anglais. Toutes les bonnes adresses parfaitement commentées.
Portugal's Pousada Route, Stuart Moss, Vista Ibérica publicações, 1992.
La guia del viajero gastronomico, José F. Pérez Gallego et Lola Romero, Anaya Touring. Un très bon ouvrage en espagnol.

ESSAIS ET RÉCITS

Avec autant de cœur que d'esprit, des récits de voyage, des guides essentiels, poétiques, pertinents.

CHRISTIAN AUSCHER, *Portugal*, Points Planète Seuil, 1992.
EDUARDO PAZ BARRO (sous la direction de), *Saveurs de Porto*, L'Escampette, 1991.
YVES BOTTINEAU, *Le Portugal*, Arthaud, 1989.
MICHEL CHANDEIGNE (sous la direction de), *Lisbonne, nostalgie du futur*, Autrement, hors-série n° 30, avril 1988.
SUZANNE CHANTAL, *Portugal*, Sun, 1987.
MICHEL DÉON, JACQUES CHARDONNE, PAUL MORAND, *Le Portugal que j'aime*, Sun, 1960.
BERNARD HENNEQUIN, *Voir le Portugal*, Hachette Réalités, 1979.
PIERRE KYRIA, *Lisbonne*, Champ Vallon, 1985.
J.-J. LAFAYE en collaboration avec ZÉNI D'OVAR, *Le Fado d'Amália Rodrigues*, Actes Sud, 1992.
PHILIPPE ET PIERRE LÉGLISE-COSTA, *Le Portugal*, Romain Pages, 1990.
EDUARDO LOURENCO, *L'Europe introuvable, Jalons pour une mythologie européenne*, Métailié, 1991.
GEORGES PILLEMENT, *Portugal inconnu*, Grasset, 1965.
A. t'SERSTEVENS, *L'Itinéraire portugais*, Grasset, 1940.

HISTOIRE ET GEOGRAPHIE

MARQUIS DE BOMBELLES, *Journal d'un ambassadeur de France au Portugal*, Roger Kahn, PUF, 1979. La vie au XVIIIe siècle, à Lisbonne.
YVES BOTTINEAU, *Le Portugal et sa vocation maritime, Histoire et Civilisation d'une nation*, de Boccard 1977.
ALBERT ALAIN BOURDON, *Histoire du Portugal*, Chandeigne, 1994.
SUZANNE CHANTAL, *La Vie quotidienne au Portugal après le tremblement de terre*, Hachette, 1962.
ROBERT DURAND, *Histoire du Portugal*, Hatier, 1992.
JACQUES GEORGEL, *Le Salazarisme : Histoire et Bilan 1926-1974*, 1981.
FRANÇOIS GUICHARD, *Géographie du Portugal*, 1990.
YVES LÉONARD, *Le Portugal,*

Vingt ans après la révolution des œillets, D.F, 1994.

BEAUX LIVRES

Azulejos, Europalia 1991.

MARCUS BINNEY, *Country Manors of Portugal,* Difel, 1987.

PATRICK BOWE, NICOLAS SAPIEHA, *Parcs et jardins des plus belles demeures du Portugal*, Menges, 1990. Une découverte.

JOSÉ-AUGUSTO FRANÇA, *Une ville des Lumières : la Lisbonne de Pombal*, S.E.V.P.E.N., Paris, 1965. Pour comprendre la Lisbonne pombaline.

JOSÉ MECO, *L'Art de l'Azulejo Bertrand au Portugal*, Lisbonne 1990. Omniprésence des azulejos

EUGENIO D'ORS, *Du Baroque*, Gallimard, 1968. Le baroque comme une constante de l'art. *Portugal Roman,* Zodiaque, 1987.

TERESA PACHECO PEREIRA, *Tapis d'Arraiolos,* FNAC Gráfica, 1991.

PASCAL QUIGNARD, *La Frontière*, Chandeigne, 2e Edition 1992. Inspiré par le palais Fronteira. Une édition de luxe illustrée.

MARIA JOSÉ SALAVISA, *Regras e princípios em decoração*, Civilização, 1991.

ANNE DE STOOP, *Demeures portugaises dans les environs de Lisbonne*, Weber Civilização, 1986 ; *Palais et manoirs du Minho*, à paraître aux Éditions du Seuil en 1995.

MARYLÈNE TEROL, *Azulejos à Lisbonne*, Hervas, 1992.

FERNANDO SOMMER D'ANDRADE, *La Tauromachie équestre au Portugal*, Chandeigne 1991.

LITTÉRATURE

WILLIAM BECKFORD, *Souvenirs d'Alcobaça à Batalha*, José Corti, 1989. *Journal intime au Portugal*, José Corti, 1986.

SUZANNE CHANTAL, *La Caravelle et les Corbeaux*, Plon, 1948.

JEAN GIRAUDOUX, *Portugal*, Grasset, 1958.

JOSEPH KESSEL, *Les Amants du Tage*, Presses Pocket, 1978.

PIERRE KYRIA, *La Mort blanche*, Fayard, 1972.

VALERY LARBAUD, *Lettre de Lisbonne*, dans *Jaune Bleu Blanc*, Gallimard, 1991. Quelques souvenirs de voyages.

PAUL MORAND, *Le Prisonnier de Sintra*, Livre de Poche, 1974 ; *Lorenzaccio ou le retour du proscrit*, Livre de Poche, 1977 ; *Bains de mer,* Arléa, 1991.

ANTÓNIO TABUCCHI, *Requiem*, Bourgois, 1993.

VOLTAIRE, *Candide ou l'Optimisme*, Larousse, 1971.

LITTÉRATURE PORTUGAISE

NUNO JÚDICE, *Voyage dans un siècle de littérature portugaise,* Fondation Gulbenkian et L'Escampette, 1993. Un aperçu très complet des œuvres disponibles en français.

Les classiques :

CAMILO CASTELO BRANCO, *Amour de perdition*, Actes Sud, 1984.

LUÍS DE CAMÕES, *Les Lusiades*, Fondation Gulbenkian, 1992 ; *Sonnets,* Chandeigne, 1991.

JOSÉ MARIA EÇA DE QUEIROZ, *Les Maias*, Fondation Gulbenkian, PUF, 1971 ; *202, Champs-Elysées,* La Différence, 1991.

FERNÃO MENDES PINTO, *Pérégrination*, La Différence, 1991.

FERNANDO PESSOA : ses œuvres ont été publiées en français par de nombreux éditeurs, dont Christian Bourgois qui en a entrepris la publication complète en huit volumes. Citons, entre autres, *Le Livre de l'intranquillité* et *Je ne suis personne*, préface de R. Bréchon, une anthologie du plus célèbre des poètes.

AQUILINO RIBEIRO, *Casa Grande*, Stock, 1993.

Les contemporains :

ALEXANDRE ALMEIDA FARIA, *La Passion*, Belfond, 1988 ; *Le Conquistador*, Ramsay-Cortanze, 1991.

AGUSTINA BESSA LUÍS, *Fanny Owen*, Actes Sud, 1987 ; *La Cour du Nord*, Métailié, 1990.

JOSÉ CARDOSO PIRES, *Ballade de la plage aux chiens*, Gallimard, 1986.

MARIA JUDITE DE CARVALHO, *Paysages sans bateau*, La Différence, 1988.

VERGÍLIO FERREIRA, *Alegria Breve,* Gallimard, 1969 ; *Au nom de la Terre*, Gallimard, 1992.

NUNO JÚDICE, *Les degrés du regard,* l'Escampette.

ANTÓNIO LOBO ANTUNES, *Le Cul de Judas*, Métailié, 1983 ; *Le Retour des caravelles*, Bourgois, 1990.

EDUARDO LOURENÇO, *Le Labyrinthe de la saudade*, Sagres-Europa, 1988 ; *Pessoa, l'étranger absolu*, Métailié, 1990.

SOPHIA DE MELLO BREYNER, *Contes exemplaires, Navigations*, La Différence, 1981, 1988.

FERNANDO NAMORA, *Fleuve triste*, La Différence, 1987.

VITORINO NEMÉSIO, *Gros Temps sur l' archipel*, La Différence, 1988.

LUIS MIGUEL QUEIRÓS, *Vingt et un poètes pour un vingtième siècle portugais*, L'Escampette, 1994.

JOSÉ SARAMAGO, *L'Année de la mort de Ricardo Reis*, Le Seuil, 1994 ; *Le Radeau de pierre*, Le Seuil, 1986. *Le Dieu manchot*, Albin Michel, 1989.

JORGE DE SENA, *Signes du feu,* Albin Michel-Métailié, 1987 ; la vie portugaise à l'époque de la guerre civile d'Espagne ; *Au nom du diable,* Métailié, 1993. Nouvelles.

MIGUEL TORGA, *En franchise intérieure*, Aubier-Montaigne, 1982 ; *Portugal*, Arléa, 1988. *Contes et nouveaux contes de la montagne*, José Corti, 1994. Le patriarche de la littérature portugaise. Toutes ses œuvres sont traduites avec art par Claire Cayron.

GASTRONOMIE

Ouvrages remarquables pour s'initier à la cuisine, aux vins ou découvrir les meilleurs restaurants.

Chantal LECOUTY, *Le Porto*, Robert Laffont, 1989.

ALEX LIDDELL ET JANET PRICE, *Port Wine Quintas of the Douro*, préfacé par Serena Sutcliffe, Philip Wilson, 1992.

RICHARD MAYSON, *Portugal's Wines and Wine Makers*, Ebury Press, 1992.

MARIA DE LOURDES MODESTO, *Cozinha traditional portuguesa*, Verbo, 1982.

JOSÉ F. PÉREZ GALLEGO, *Pequena historia de la cocina portuguesa*, Anaya, 1993.

JORGE TAVARES DA SILVA, *La Cuisine portugaise de tradition populaire*, Le Guide des Connaisseurs, 1991.

A Sintra, chaque maison a sa mémoire, son histoire. Le formidable palais de Monserrate, dont Lord Byron, William Beckford et Francis Cook ont fait une demeure mythique, semble avoir poussé comme un fruit exotique au milieu de la forêt (à gauche). La Quinta da Regaleira apparaît, elle aussi, dans la verdure, avec ses dentelles de pierre, ses bancs et ses fontaines (ci-contre, en haut).

Sintra aux mille aventures, incarnation au long des siècles de la permanence de rêves romantiques ; Sintra, chanté comme un paradis... Sur les contreforts de la *serra*, socles grandioses, vibrants d'ombres et de lumières, se dressent une suite de demeures historiques : Pena, le château des Maures, Seteais, Pena Verde, Monserrate... châteaux longtemps habités par les rois et les hôtes de renom qui ont fait la gloire du Portugal, négociants

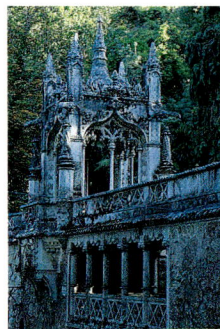

cosmopolites comme Francis Cook, ou puissantes familles aristocratiques comme les Cadaval, les Castro, les Marialva... (ci-dessous).

A l'horizon, le château mauresque construit il y a plus de mille ans devient aussi romantique que la somptueuse Casa dos Penedos bâtie dans les années 20 par le grand architecte Raúl Lino. Celui-ci a réussi à intégrer dans la ville qu'il aimait cette villa forteresse d'un style follement éclectique (page ci-contre).

appréciaient déjà Sintra, ce « glorious Eden » chanté par Lord Byron dans son *Pèlerinage de Childe Harold.* Les rois du Portugal ont suivi leur exemple, édifiant des palais, attirant toute la cour. L'étonnant palais royal de Sintra est un dédale de salles tapissées d'azulejos et de patios où murmurent des fontaines. Et l'on se demande quel rêve habitait le roi poète Dom Fernando de Saxe-Cobourg-Gotha lorsqu'il fit bâtir au sommet de la montagne le fantastique palais de Pena...

Ici, la nature est partout présente. Les jardins privés comme les parcs de Pena et de Monserrate, avec leur végétation luxuriante, sont un enchantement. Pour aménager Monserrate au siècle dernier, l'excentrique Britannique Francis Cook fit venir plus de mille essences rares du monde entier, acheminées avec des jardiniers sur des bateaux-serres. Comme beaucoup d'autres, l'écrivain T'Serstevens avait été séduit par ces jardins de Sintra « où des vallées d'une végétation exotique gonflent leur flot de fougères et de palmes entre les pelouses d'un vert anglais ».

Merveilleusement romantique, la ville aux ruelles pavées s'étage sur les hauteurs. Ce socle grandiose vibrant d'ombres et de lumières est parsemé de demeures historiques, de palais royaux et de châteaux. Les azulejos, qui ornent leurs intérieurs et parfois leurs jardins, font partie du paysage portugais.

FASCINANTS AZULEJOS

Quintessence du Portugal, les azulejos sont devenus au cours des siècles le décor par excellence. Comment se sont-ils imposés ? Un héritage mauresque sans doute, comme tant d'autres traditions dans ce pays dont le sud a été occupé par les Arabes jusqu'au XIIIe siècle. Le terme provient d'ailleurs du mot *azul*, nom arabe du lapis-lazuli, cette pierre semi-précieuse bleue d'origine mésopotamienne. Peut-être témoignent-ils aussi de l'attrait de l'Orient, très fort chez ce peuple découvreur de mondes et éloigné des grands centres artistiques européens. De plus, on trouvait facilement ici l'argile, l'étain, le plomb, le cobalt, le manganèse... nécessaires à leur fabrication. Ce qui a sans doute joué aussi un rôle décisif.

Fascinants, les murs du Portugal et leurs azulejos. Au hasard des promenades, quel bonheur de les découvrir derrière de hauts murs, dans un jardin secret ou une vaste demeure. Inlassablement depuis cinq siècles, ils sont le miroir d'un art de vivre et l'image d'un art décoratif fidèlement intégré aux grands courants artistiques. Le secret de leur beauté ? Bien plus qu'une peinture sur céramique qui raconte et décrit, tout décor d'azulejos est d'abord conçu pour être intégré à une architecture, pour la modeler. Grâce à une mince pellicule de faïence, les constructions les plus simples deviennent alors des demeures de rêve.

Les Portugais ne sont-ils pas magiciens ? Créateurs d'illusion, ils sont passés maîtres dans cet art difficile, celui d'inventer le bonheur de vivre. A Loures, dans le palais du Correio-Mor, les azulejos sont ainsi intégrés de façon surprenante aux peintures et au stucs. Les Gomes de Matta, grands maîtres des postes du royaume aux XVIIe et XVIIIe siècles, ont fait édifier cette demeure princière, comparable aux châteaux du duc de Choiseul ou des princes de Thurn et Taxis, leurs homologues français et allemands. Comme beaucoup d'amateurs, ils ont échelonné leurs commandes d'azulejos sur plusieurs années. A la fois décor et mémoire, ces panneaux nous font revivre le temps de la splendeur de la maison. Ainsi, dans la chapelle, le chapelain converse avec le nain, deux personnages qui, comme le raconte William Beckford, sont indispensables à toute maison portugaise de qualité. Le décor le plus étonnant est celui de la vaste cuisine. Là sont « accrochés » en alléchants trompe-l'œil des poissons, des cochonailles et des pièces de gibier.

Festin de roi dans une cuisine, scènes de la vie seigneuriale dans un petit salon..., les azulejos s'accordent toujours aux lieux qu'ils embellissent. Dans les salons du palais de Calhariz, édifié à la fin du XVIIe siècle près de Sesimbra, ils se marient avec élégance aux objets d'art, aux portraits de famille et aux meubles précieux. Les panneaux polychromes utilisés depuis la Renaissance commencent alors à passer de mode. Très en vogue, les porcelaines chinoises et les carreaux de faïence hollandais, tous bleu et blanc, ont mis au goût du jour le camaïeu de bleu qui va rapidement s'imposer.

A Calhariz, créés pour les grands seigneurs du royaume, ces azulejos sont la mémoire d'une histoire mouvementée. Certains panneaux retracent avec brio des combats victorieux et sont même datés, ce qui est exceptionnel. Mais ici, cette guerre est devenue douce comme un rêve. La fabuleuse alliance de l'argile, des sels d'étain et du bleu de cobalt avec le feu a donné naissance à la faïence, mince pellicule brillante d'un blanc crémeux si chaleureux, où chantent les camaïeux de bleu, tendres et violents. Très nombreux, les Palmela se retrouvent souvent dans cette belle demeure historique. Que de fêtes de famille ont été célébrées

A la Quinta do Pombal, on prend le frais sous le portique aux gracieuses colonnes. Ici, au début du siècle, un artiste de talent a brossé dans un style impressionniste des paysages de Sintra dans un savant jeu d'ombre et de lumière. La nature a-t-elle jamais été peinte avec autant d'émotion sur des azulejos ? (page ci-contre).

Au palais du Correio-Mor, près de Loures, les azulejos sont associés avec des peintures et des stucs à un programme décoratif d'une ampleur inhabituelle (ci-contre).

Autre lieu paradisiaque de la Quinta de Pombal, la *mina*, la source cachée dans la montagne (ci-dessous).

L'architecte Raúl Lino aimait résider à Sintra dans sa belle Casa do Cipreste qu'il avait construite dans les années 20. Ici, les azulejos qui préfigurent les créations de l'Art déco nous ouvrent un univers d'une étonnante simplicité (en bas).

dans la chapelle où les bleus des azulejos et des marbres se conjuguent somptueusement !

Ces bleus merveilleux se retrouvent encore et toujours. A la Quinta do Pombal, à Sintra, ils s'inspirent de thèmes bibliques et tapissent une petite grotte creusée à flanc de montagne. Là, plus un souffle de vent. Seule une source murmure, racontant ses souvenirs : l'eau vive du puits de Jacob, les flots du Jourdain, les jarres des Noces de Cana.... Encadrées d'une légère architecture néo-gothique, les silhouettes du Christ, de la Samaritaine, du Maître du festin... se dessinent sur les panneaux bleu et blanc sur lesquels défilent de trés beaux paysages.

A la Casa dos Ciprestes, à Sintra, les azulejos nous ouvrent un autre univers d'une étonnante simplicité. Au début du siècle, le grand architecte Raúl Lino a parcouru le Portugal pour comprendre les spécificités de la *casa portuguesa*. Il a inventé un curieux style éclectique, sorte de modernisme allié à un esprit nationaliste très fin de siècle. La maison qu'il a bâtie à Sintra est très simple. Son petit-fils, Diogo Lino Pimentel, lui aussi architecte, nous fait découvrir son intéressant décor d'azulejos art déco, peut-être l'un des plus beaux de la région. Délaissant les scènes classiques, Raúl Lino a ici réinventé l'utilisation du rectangle et du carré, restant en cela dans la grande tradition décorative des carreaux de faïence portugais.

Car les azulejos ont traversé les siècles sans jamais perdre leur âme. Aujourd'hui, certains s'efforcent d'ailleurs de perpétuer cette tradition. L'une des personnalités de la région, António

Personnalité du monde viticole, António Francisco Avillez collectionne les azulejos anciens qu'il expose dans des chais voûtés. Il a aussi participé à la fondation d'un atelier de fabrication d'azulejos qui travaille dans la tradition des créateurs portugais (ci-dessus).

Dans la chapelle du palais de Calhariz, propriété du duc de Palmela, les bleus des azulejos et des marbres se conjuguent merveilleusement. Que de fêtes de famille ont été célébrées devant ces scènes de la vie de saint François d'Assise ! (à gauche).

Le hall d'entrée de ce palais résume les fastes de cette noble demeure. Bas-relief en stuc avec Diane chasseresse, cerfs aux bois impressionnants, paysages en trompe l'œil, azulejos, tapis persans et meubles précieux composent un décor somptueux (page ci-contre).

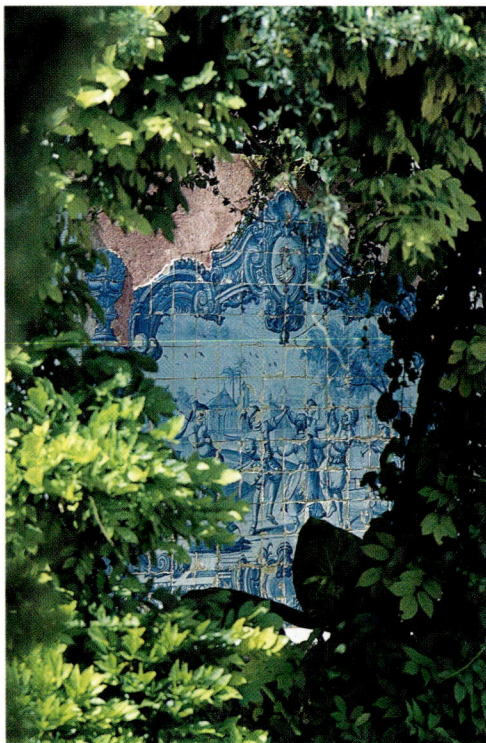

Francisco Avillez, a ainsi fondé avec des associés à Azeitão, près de Setúbal, la manufacture São Simão Arte qui fabrique des azulejos à l'ancienne. Personnalité renommée du monde vinicole, il a donné beaucoup de cachet à ces vastes chais voûtés aux quatre cents arcades en y exposant son impressionnante collection d'azulejos qui s'étend des premiers carreaux hispano-arabes jusqu'aux créations contemporaines. Son nom est aussi lié au Lancers Rosé, ce vin trés réputé à l'étranger.

Tant de murs portugais célèbrent les azulejos. Dans les grandes demeures, le choix des thèmes est parfois fonction de l'espace et de la disposition des murs. Les Éléments pour quatre panneaux, les Arts et Offices pour sept panneaux, les neuf Muses... Avec une science consommée du décor, ces carreaux de céramique servent à donner de l'éclat à l'architecture. Ils font ainsi tout le charme de la Quinta de Manique à Alcabideche, l'un des joyaux de la région d'Estoril. Dans les salons, les panneaux, dont la réalisation s'étale sur une centaine d'années, composent une symphonie de

A la Quinta de Manique, au cours des ans, les azulejos ont toujours été exécutés au goût du jour, comme le prouve l'intéressante variété des motifs. Ce sont d'abord des azulejos géométriques patrons, en camaïeu de bleu ou polychromes, qui décorent la chapelle, la cuisine et certains salons. Plus tard apparaissent dans la salle à manger et le jardin les grands encadrements baroques aux découpes monumentales. Ils composent avec les très beaux meubles portugais du XVIIIe siècle un décor empreint d'élégance (à gauche et à droite).

Dans ce poétique abreuvoir trilobé, les chevaux ou les chiens de chasse pouvaient se désaltérer en arrivant dans la cour du palais. Comme souvent, cette amusante fontaine est entourée d'une végétation foisonnante (ci-dessous).

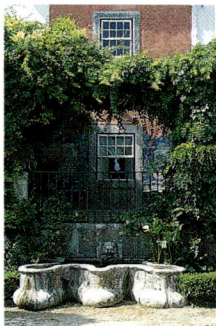

Partout, angelots, oiseaux fantastiques, fruits, mascarons et volutes encadrent d'agréables scènes champêtres. Le meuble de toilette en opaline ne s'insère-t-il pas parfaitement dans ce cadre ? (page ci-contre).

Molha-Pão est une maison tellement portugaise avec son décor d'azulejos du début du XVIIᵉ siècle. Dans le grand hall d'entrée, entre les fauteuils de cuir ornés de motifs exotiques, un habit de gala rappelle les fastes d'antan (ci-dessus).

Les services en porcelaine de la Compagnie des Indes sont l'orgueil de toute bonne maison portugaise. Ici, elles sont ornées du blason de la famille peint à l'or fin (ci-dessus à droite).

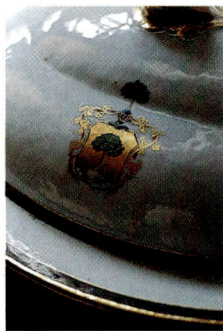

Les loggias amples et profondes s'ouvrent sur le frais jardin (à droite).

A la Quinta de Molha-Páo, on aimerait pouvoir paresser sur ce merveilleux lit à baldaquin en bois tourné, un meuble du XVIIIᵉ siècle, très apprécié au Portugal (en haut à droite).

bleu et de blanc. La cuisine, une des plus raffinées du Portugal, dépasse la chapelle en somptuosité, ce qui est exceptionnel. Comme pour célébrer un rituel, un hymne à la gastronomie, la disposition des azulejos bleu, or et blanc, à motifs orientaux, est ici particulièrement savante.

Dehors, le vent murmure dans les feuillages. L'air est doux, la mer est proche. Beauté des sites, montagne aux maquis odorants, végétation luxuriante... C'est dans cette campagne aux environs de la capitale que les Lisboètes viennent chercher la fraîcheur dans leurs élégantes *quintas*.

LES QUINTAS

Les environs de Lisbonne sont semés d'innombrables *quintas*, maisons de campagne au charme pénétrant. Une *quinta* – mot difficilement traduisible ! – est d'abord une propriété agricole, ce terme désignant la ferme et les vergers aussi bien que le logis et son jardin d'agrément. Par extension, *quinta* désigne parfois aussi simplement une villa, une belle maison d'été et son parc de plaisance.

Ces villégiatures estivales où s'installaient autrefois seigneurs, aristocrates et grands bourgeois pour fuir la chaleur de la ville et mieux

gérer leur ferme sont toujours bien situées. Elles se trouvent là où l'eau est abondante, sur un sol fertile, une bonne terre à vigne ou près des palais royaux de Pena, de Queluz et de Sintra.

La découverte de ces *quintas* est un bonheur sans cesse renouvelé. A l'occasion des concerts organisés en juillet pendant le festival de musique de Sintra, les palais de Pena, de Queluz et de Sintra s'ouvrent à la tombée de la nuit. Les stucs des plafonds, les ors des lambris et les azulejos semblent alors métamorphosés par la magie de la musique.

A Sintra, d'autres concerts offrent l'occasion rare d'entrer dans des *quintas* privées. Ceux de la Quinta da Piedade sont très courus. C'est là que réside la marquise de Cadaval, Vénitienne renommée, qui règne avec charme et talent sur la vie musicale du Portugal depuis plus de cinquante ans. Les musiciens jouent dans les jardins, dans la symphonie de bleus des hortensias, des agapanthes et des azulejos du XVIIIe siècle sur lesquels violoneux rustiques et concerts champêtres revêtent une signification particulière. De même, la belle Quinta da Ribafria accueille des concerts pendant le festival de musique. C'est ainsi, en invités d'un soir, que l'on peut ressentir en plénitude la joie de vivre dans ces manoirs portugais. Car, dosant avec bonheur faste et simplicité, ceux qui y vivent aujourd'hui ont su préserver le charme poétique de ces villégiatures.

LA QUINTA DU PAIN TREMPÉ. José Manuel Amaral Coelho, homme d'affaires et amateur d'art, et ses filles, ont le bonheur de vivre dans un palais qui est une sorte d'écrin orné d'azulejos. Leur Quinta de Molha-Pão doit son nom de *pain trempé* à celui d'une soupe populaire offerte aux pauvres depuis fort longtemps. Merveilleusement portugais, ce manoir se dresse près de Belas où les rois possédaient une résidence estivale.

Achevée au début du XVIIIe siècle, cette vaste demeure, toujours restée dans la même famille, a

le charme d'une maison aimée. Le rythme des toits, les proportions des façades et des espaces intérieurs, tout contribue à l'harmonie générale. Mais l'âme de cette *quinta*, c'est surtout son incomparable décor d'azulejos bleu et blanc. On les retrouve partout, sur les murs comme sur les bancs, près des fenêtres où il fait bon s'asseoir. Dans ces scènes de la vie quotidienne, mille détails tendres et pittoresques, souvent teintés d'ironie, sont le précieux reflet d'un certain art de vivre au Portugal au début du XVIIIe siècle. Sous les frondaisons d'un jardin, un seigneur rend hommage à la dame de son cœur. Plus loin, une femme glisse un billet doux lors d'une galante promenade. Ailleurs, des chevaux exsangues tirent le carrosse d'une élégante, une femme semble épouiller l'homme tombé à ses genoux. Deux larges loggias à arcades, agrémentées de plantes vertes, permettent de profiter de la fraîcheur des jardins.

A côté de la maison, la chapelle s'orne de précieux carreaux hollandais du XVIIIe siècle qui illustrent des scènes de la vie du Christ. Dès la fin du XVIIe siècle, les Hollandais furent en effet les premiers à remarquer cette passion des Portugais et commencèrent à exporter ici des carreaux spécialement conçus pour ce marché. Aujourd'hui, ces azulejos contribuent à faire de cette demeure un vivant témoignage des liens qui existaient autrefois entre la Hollande et le Portugal, ces deux pays maritimes.

LES DÉLICES DE L'ILLUSION. Ornée de fresques réputées qui ont inspiré « le tout Sintra », la Quinta de São Sebastião, à Sintra, nous entraîne, elle, dans un autre monde, le décor nostalgique d'une époque chère aux romantiques. Dans ces paysages peints avec délicatesse au début du XIXe siècle, on croit apercevoir la silhouette de la *serra*. A l'exemple des propriétaires de cette demeure, chacun cherchera bientôt à abolir les murs de sa maison pour en faire un jardin imaginaire ouvert sur la nature qui l'entoure.

La propriétaire, Helena Corrêa de Sá, nous reçoit dans ce qui est peut-être la plus belle salle à manger du Portugal. Les murs sont entièrement peints à la fresque dans le goût du peintre français Jean Pillement. Même les légers rideaux de mousseline sont en trompe l'œil. Des fresques ornent encore d'autres pièces comme le boudoir chinois, la cabane de chasseurs et les salons néogothiques qui préfigurent les songes mystérieux du style troubadour. Des meubles Regency, si appréciés au Portugal, soulignent une fois encore la constance des relations entre Portugais et Anglais.

LA THÉBAÏDE D'UN HUMANISTE. L'amoureux de Sintra découvre peu à peu l'infinie variété de toutes ces villégiatures. La Quinta do Relógio néo-arabe, le formidable palais de Monserrate dans le goût indo-persan dont Byron, William Beckford et Francis Cook ont fait une demeure mythique. Chaque maison a sa mémoire, son histoire. La plupart d'entre elles se trouvent autour de Sintra, mais certaines familles ont leurs terres depuis toujours plus au sud, sur la péninsule de Setúbal, l'*Outra Banda*.

Erigée aux confins du XVIIIe siècle, la Quinta de São Sebastião illustre bien ce courant esthétique qui, dans toute l'Europe, hésite alors entre la vieille tradition classique et le nouveau romantisme gothique (ci-dessous).

Dans le jardin, un charmant pavillon est entouré d'agapanthes bleues (en bas).

Dans la salle à manger, le décor de paysages est prétexte à la rêverie (page ci-contre).

Dans les salons, les lambris de marbre en trompe-l'œil dans des tons assourdis de beige, de jaune, de bleu et de rouge sont surmontés de légers voilages associés à de fines colonnettes et à des tentures maintenues par des lances de fantaisie (à gauche et ci-dessus).

Conçu comme un parcours initiatique, le jardin qui jouxte le palais de Bacalhoa présente de superbes buis taillés. Plus loin, l'orangeraie et ses fruits d'or, qui embaument, symbolisent les trésors d'un paradis perdu (ci-dessous et page ci-contre).

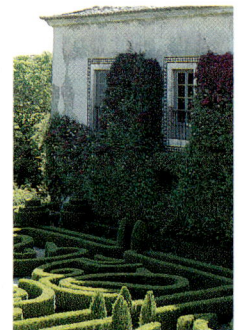

Il y a près de cinq cents ans, Dom Brás de Albuquerque, humaniste et homme de haute culture, a cherché à créer dans sa Quinta da Bacalhoa un univers qui puisse satisfaire les besoins d'un homme de la Renaissance. Aujourd'hui comme hier, il fait bon se reposer dans la loggia ouest aux heures chaudes de l'été.

Ici, les azulejos polychromes qui représentent les fleuves Nil, Euphrate, Danube... – sont inspirés de gravures flamandes (ci-dessus).

Très manuélines, les tours avec leurs dômes à côtes de melon rappellent celles construites par Francisco de Arruda dans les années 1520. Ci-contre, la tour de Belém, à Lisbonne.

Ici, l'air est plus doux, la mer n'est jamais très loin. La noble Quinta da Bacalhoa, à Azeitão, est célèbre pour ses tours d'inspiration marocaine coiffées de dômes en côtes de melon, pour ses azulejos et pour ses jardins. Les maîtres des lieux, Thomas W. Scoville et sa femme, qui partagent leur temps entre les États-Unis et le Portugal, nous racontent son histoire. Cette demeure fut construite à la Renaissance par Dom Brás de Albuquerque, le fils de l'illustre vice-roi des Indes. Quatre siècles plus tard, dans les années 1940, elle a été vendue à la grand-mère du maître de maison, Orlena S. Scoville. Cette Américaine s'est passionnée pour les azulejos, qui sont parmi les plus anciens du Portugal, et en a entrepris la restauration.

Car à Bacalhoa se révèle vraiment le pouvoir décoratif de ces carreaux de faïence. Ils ornent ici les loggias qui, dans l'esprit de la Renaissance, s'ouvrent sur les jardins. Les orangers embaument. Quand il fait chaud, on s'installe autour d'une longue table de pierre dans la fraîche loggia ornée de panneaux polychromes représentant les *Fleuves*. Un *lombo de porco assado*, une longe de porc à la portugaise, marinée et rôtie, nous attend. Un verre de l'exceptionnel Quinta de Bacalhoa l'accompagne. Ce vin rouge à la saveur de cassis, vieilli en fût de chêne, fait honneur aux

A Bacalhoa, la *Casa do Fresco* se dresse au milieu des jardins. Dans le même esprit que les loggias du palais, l'architecte a créé un portique à arcades, scandé de trois tours à toit pyramidal. Bientôt composante essentielle des demeures portugaises, ce type de pavillon de plaisance très Renaissance s'inscrit dans la tradition des jardins maures, de leurs bassins d'irrigation et de leur décor d'azulejos (page ci-contre et ci-dessous, en haut).

Les portes en enfilade, très sculpturales, accentuent la perspective. Tous les murs sont tapissés d'azulejos. Certains, de style mudejar, brillants et en relief, sont parmi les derniers que l'on rencontre au Portugal dans les années 1550 (en bas, et ci-contre, à droite).

Le charmant médaillon de style Renaissance évoque le travail des sculpteurs français venus travailler au Portugal au début du XVIe siècle (ci-dessus).

vignobles de la péninsule de Setúbal, qui fournissent depuis longtemps certains des meilleurs vins de table du Portugal.

La promenade dans les jardins révèle d'autres surprises. Là, tout est conçu pour le délassement et les plaisirs de l'esprit. Dom Brás de Albuquerque était un humaniste. En témoignent les savantes inscriptions latines et les scènes mythologiques des azulejos qui ornent les bancs. La *Casa de Fresco*, ce pavillon de fraîcheur à arcades qui ouvre sur une grande pièce d'eau, est un émerveillement. Le bassin invite à la baignade sous le regard de la *Suzanne au bain*. Daté de 1565 et polychrome, ce célèbre panneau, qui orne ce véritable musée de l'azulejos, est dans le goût des majoliques italiennes de la même époque.

Poursuivant l'œuvre de sa grand-mère, Thomas W. Scoville fait aujourd'hui, avec sa femme, revivre Bacalhoa. En louant le manoir et ses jardins, ils offrent de partager le bonheur et le raffinement tout en nuances de l'art de vivre dans une *quinta*. En outre, ils ouvrent leurs jardins pleins de surprises aux visiteurs.

Il faut visiter ces *quintas* aux jardins follement poétiques. A Sintra, chaque propriétaire considère ses arbres avec un respect presque sacré. Ceux de la Quinta da Regaleira sont particulièrement surprenants. Dans le parc, parmi les arbres couverts de mousse et les fougères arborescentes, surgissent des merveilles, une cathédrale en miniature, des bancs solennels comme des mausolées, des animaux étranges, des escaliers, des grottes mystérieuses où chantent les sources.

La Quinta de Manique a toujours été une demeure très accueillante. Personne n'a oublié les magnifiques fêtes données ici dans les années 50 lorsque le marquis et la marquise de Casteja y recevaient le tout-Estoril. On y rencontrait les royautés en exil, de France, d'Italie, d'Espagne, de Roumanie, des artistes et des écrivains de renom... Lisbonne était alors une plaque tournante, une société comme aimait les décrire Paul Morand. A côté du jardin de buis, le parc romantique bordé d'agapanthes évoque des

paysages à la Hubert Robert, allées ombragées rythmées par d'amples portiques, fontaine monumentale à la majesté d'un palais italien (ci-dessus et page ci-contre).

Image de l'accueil à la portugaise : ces bancs de pierre ornés de superbes azulejos s'offrent à l'admiration du visiteur à l'entrée du palais (ci-dessous).

UN MANOIR AU FIL DU TEMPS, SES AZULEJOS ET SES JARDINS. Les jardins sont aussi l'un des charmes de la Quinta de Manique, à Alcabideche, entre Sintra et Estoril. Les maîtres des lieux, le marquis et la marquise de Casteja, nous accompagnent dans les larges allées et nous font découvrir les parterres de buis à la française. Ils nous entraînent ensuite dans le parc qui, avec ses allées ombragées bordées d'agapantes et rythmées par d'amples portiques, évoque des paysages d'Hubert Robert. Le *tanque*, vaste bassin qui flanque la façade, miroite sous le soleil. Cette réserve d'eau, traditionnelle au Portugal est, le plus souvent, traitée dans un esprit monumental. L'eau s'écoule en chantant dans la fontaine qui a la majesté d'un palais italien et dévale dans de pittoresques canaux couverts de pierre qui servent de bancs et invitent au repos.

Nichée dans la verdure, cette demeure ne s'impose pas au regard. Au XVIIIe siècle, elle devint le palais de fête et de chasse du marquis de Minas. Ce fameux ministre du marquis de Pombal en fit ainsi une étape indispensable, lors

des déplacements du roi et de la cour dans cette région fort giboyeuse. La construction étonne au premier abord par son apparente simplicité. Mais si, selon une conception bien portugaise, les façades se caractérisent par une certaine absence d'emphase, l'intérieur, lui, est somptueux. On y découvre les décors d'azulejos des salons raffinés et de l'étonnante cuisine. Celle-ci s'orne d'une superbe fontaine en marbre formée d'un bassin qui semble évoquer le dos d'un âne porteur d'eau. On imagine là, sur la grande table de marbre, la préparation de plats savoureux dont les recettes sont précieusement transmises dans la famille, les *lulas à Mariana*, fameuse matelote d'encornets en sauce ou encore l'*ensopado de borrego*, un savoureux ragoût d'agneau, l'une des spécialités de Manique.

La salle à manger baroque, quant à elle, n'est pas moins superbe avec son plafond à caissons polygonaux formés par des moulures d'une hardiesse étonnante. Voisinant avec des meubles en bois des îles, des encoignures présentent des porcelaines de la Compagnie des Indes et une argenterie flamboyante, orgueil de toute grande maison portugaise. Quel bonheur de dîner dans ce décor somptueux ! Ce rêve peut d'ailleurs devenir une réalité puisque, reprenant la tradition d'accueil du marquis de Minas, les Casteja ouvrent maintenant leur demeure et leurs jardins à ceux qui souhaitent offrir des réceptions dans ce cadre exceptionnel.

LE PALAIS ET LES JARDINS DU MARQUIS DE FRONTEIRA. Le palais Fronteira, situé dans les faubourgs de Lisbonne, et ses jardins invitent à la découverte d'autres merveilles. Une œuvre étant toujours à l'image de son créateur, la personnalité de Dom João Mascarenhas, premier marquis de Fronteira, devait être puissante puisqu'il a fait bâtir à la fin du XVIIe siècle ce qui est peut-être la plus belle des demeures portugaises.

Il faut commencer la promenade par les jardins à la française aux buis pluricentenaires.

L'élément le plus spectaculaire est la galerie des Rois et le vaste bassin qu'elle domine. Là, ce chef de guerre qu'était Dom João Mascarenhas semble avoir cherché à célébrer l'indépendance retrouvée du pays en imaginant une sorte de panthéon aux gloires nationales.

Apparaissent d'abord au grand galop les héros des guerres de Restauration, quatorze chevaliers empanachés. Grandeur nature, ces compositions en camaïeu de bleu, qui s'imposent comme les plus beaux azulejos figuratifs du XVIIᵉ siècle, évoquent des portraits équestres dans le style de ceux de Velázquez. Plus haut, placés dans des niches, se succèdent les bustes des quinze souverains portugais, les trois « usurpateurs » espagnols ayant été exclus.

Au bout d'une allée, un espace préservé, presque secret, semble inviter le visiteur au repos. Il fait chaud et l'on pénètre avec plaisir dans la

Casa de Fresco, le plus beau nymphée du Portugal. Cette « grotte » ornée de nacres et de céramiques renferme, comme souvent, de précieux fragments de délicates porcelaines chinoises

Au palais Fronteira, le bassin dominé par la galerie des Rois est dans la tradition des réserves d'eau arabes. Ici, certains panneaux d'azulejos sont d'ailleurs inspirés de motifs orientaux (ci-dessus et en haut).

Dans un esprit différent, le jardin de buis orné de bassins et de statues évoque les parcs à la française et les fastes du Grand Siècle (ci-contre).

Un curieux bassin en forme de S aux bords chantournés comme des pièces d'argenterie dans un espace très préservé, presque secret, semble inviter le visiteur au repos (page ci-contre, en bas).

Sur la grande terrasse, la fantastique décoration de céramique est d'abord conçue en fonction de l'architecture. Cet espace est scandé de niches où des azulejos représentent des figures allégoriques très sculpturales (page ci-contre, à droite).

dont certaines datent de la dernière époque Ming.

Si la façade est inspirée d'une villa italienne, le palais offre quant à lui une fantastique collection d'azulejos. Fort érudit, Dom João Mascarenhas a conçu un programme ornemental en fonction de chaque espace. Les sujets les plus nobles y côtoient les thèmes les plus anecdotiques selon une thématique issue aussi bien des traditions portugaises que d'éléments étrangers, iconographie portugaise, gravures flamandes, peinture espagnole ou porcelaines orientales.

La salle des Batailles, où les azulejos représentent de glorieuses victoires des Portugais sur

les Espagnols, s'impose comme le cœur du palais. On y voit l'héroïque Dom João d'Autriche luttant contre le fondateur, le premier marquis de Fronteira. Presque contiguë, la grande terrasse éblouit par la richesse de son décor. Aux azulejos imitant les ornements antiques se mêlent des rocailles Renaissance ou des fleurs et des fruits en relief dans le style des Della Robbia. Toute la terrasse, débordante de fleurs, est scandée de grandes niches ornées de panneaux d'azulejos représentant des figures allégoriques. Dans ce superbe cadre, on prend le thé dans un service de la Compagnie des Indes, tandis que Dom Fernando Mascarenhas, l'actuel marquis de Fronteira, et sa femme évoquent la fondation qu'ils ont créée pour mettre en valeur ce joyau du patrimoine du pays, aujourd'hui ouvert au public. On y travaille, entre multiples activités, sur les problèmes liés à la conservation des azulejos anciens.

De la Quinta da Capela qui appartient aux Cadaval depuis des siècles, on découvre un panorama superbe. Elle accueille aujourd'hui des hôtes qui y vivent des moments inoubliables (ci-contre).

« **T**oute cette péninsule de Lisbonne est semée de *quintas*, maisons de campagne d'un XVIIIe heureux. Elles ont parfois l'importance d'un château, mais ne sont le plus souvent que de confortables demeures d'été, aux lignes simples, aux couleurs jeunes », écrit T'Serstevens dans son *Itinéraire portugais* (ci-dessus, la Quinta da Capela).

POUR L'HÔTE DE PASSAGE

Certaines des *quintas* qui jalonnent la campagne aux environs de Lisbonne ouvrent leurs portes aux voyageurs. Le temps d'une halte, on devient alors l'hôte privilégié de ces maisons de charme en découvrant les multiples aspects de l'art de vivre au Portugal.

Sur la route de Colares, près de Sintra, la Quinta da Capela nous ouvre ses portes. Le manoir jouit d'un panorama grandiose sur les dômes de Monserrate, les murailles dentelées du château des Maures et les tours du palais de Pena. L'œil habitué aux subtilités de ce pays devine, à l'ampleur des bâtiments couverts de ces toits à quatre eaux à la si douce courbure, toute la majesté de l'intérieur. Dans cette demeure harmonieuse, les chambres comme les salons sont meublés avec simplicité et élégance. Une chapelle tapissée en

1721 d'azulejos attribués au plus grand peintre de l'époque, António de Oliveira Bernardes, ajoute à la qualité des lieux.

L'accueil le plus personnalisé des environs de Sintra est peut-être celui qu'offre la dynamique Maria Teresa Braddell, une des premières maîtresses de maison à avoir ouvert au public sa vaste demeure, la Quinta de São Thiago, sur la route de Colares. Personne n'a oublié ses bals de débutantes où l'on remarquait le duc de Bragance, prétendant au trône, et les *royautés*, ces princes en exil vivant au Portugal. On se sent presque chez soi dans cette maison du XVIe siècle, élégante et vivante, avec ses collections d'objets d'art, ses meubles de style, ses livres, son oratoire. Maria Teresa Braddell reçoit également ses hôtes à sa table et offre les plats savoureux que confectionnent traditionnellement les cuisinières de bonnes maisons. On y déguste avec bonheur les

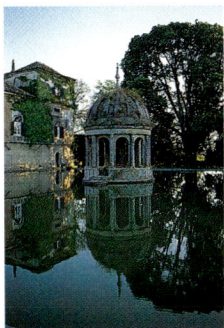

S'installer à la Quinta das Torres... et admirer le bassin, avec son petit temple en rotonde coiffé d'un dôme aux contours chantournés, qui prolonge la maison (ci-dessous) est un des plaisirs qui s'offre aux visiteurs choisissant de faire halte ici.

lulas recheadas, petits encornets farcis au lard et cuits en sauce et l'excellent *pato com arroz à portuguesa*, un canard cuit à la cocotte, puis placé sur le riz et mis au four.

L'autre rive du Tage réserve aussi d'agréables surprises comme la Quinta das Torres, près d'Azeitão. Le docteur Bento de Sousa, le père des propriétaires actuels, a été un vrai précurseur en décidant, il y a plusieurs dizaines d'années, d'accueillir des voyageurs selon une pratique déjà mise à l'honneur par les châtelains anglais. Le cadre s'y prête d'ailleurs merveilleusement bien. Dans cette belle villa Renaissance, tout a été conçu avec une ordonnance symétrique nouvelle à l'époque. Quatre corps de bâtiments bordent un patio. Une loggia permet de se reposer à l'ombre, en humant les parfums des orangers. A l'intérieur, les meubles anciens personnalisent les différentes pièces et leur confèrent le charme in-comparable des maisons de famille. La salle à manger, qui donne sur un miroir d'eau, est ornée de précieuses majoliques italiennes et de rares azulejos polychromes du XVIe siècle, représentant des scènes de chasse et de la mythologie. Dans cette pièce pleine d'atmosphère, les repas deviennent des moments de bonheur. C'est l'occasion de découvrir un produit traditionnel : des petits fromages au lait de brebis d'Azeitão à la délicieuse pâte molle, coulante et légèrement piquante. C'est António Francisco Avillez, celui-là même qui a fondé la manufacture fabriquant les azulejos à l'ancienne, qui a contribué à sauver ce fromage de la dispari-

L'harmonie qui règne dans cette demeure aménagée en hôtel rend les séjours très agréables. Symétrique et harmonieux, le palais semble incarner la pensée humaniste. Les appartements qui donnent sur la cour évoquent la tradition des patios maures. On aimerait ne plus quitter la chambre qui donne sur la terrasse et s'installer pour y écrire un très long roman (ci-dessus).

Particulièrement savante est la longue perspective que l'on a de l'aile sud, vers la salle à manger, à travers la cour au centre occupé par une fontaine.

Très ludique, le portique est surmonté de pyramides monumentales. Ces formes sont à l'image d'un art de vivre très Renaissance (ci-contre).

guirlandes qui invitent au rêve (ci-dessous et en bas, à gauche).

Seteais enchante aussi par la fraîcheur de ses jardins et l'irrégularité de ses buis taillés, serrés les uns contre les autres, évoquant un troupeau mystérieusement métamorphosé en sculpture végétale (page ci-contre).

Le noble palais de Seteais est un endroit de rêve pour séjourner à Sintra. Précédé d'une vaste esplanade, il représente une des réussites les plus accomplies de ce musée de l'architecture qu'est Sintra. A l'origine, cette demeure ne comportait qu'un corps de bâtiment. C'est le fastueux marquis de Marialva qui, en 1802, a édifié un arc de triomphe commémoratif après la visite du prince régent et bâti une aile symétrique dont le rôle est surtout scénique (ci-dessus).

Cet hôtel très élégant est renommé pour la beauté de son décor et l'on y passe des heures exquises. Dans le bar ou dans la salle à manger, des fresques couvrent les murs de paysages imaginaires, chinoiseries, rocailles,

tion. Celui-ci s'accompagne fort bien d'un des vins rouges les plus appréciés de ce terroir, le Piriquita, corsé et fruité. Ensuite, il faut goûter aux desserts proposés dans ce qui est toujours la Bible des maîtresses de maison, le *Culinária Portuguesa*, publié en 1933 par le gastronome António Maria de Oliveira Bello Olleboma. Les entremets exquis, souvent appelés *pudins*, sont en général des bavaroises, des crèmes épaisses, des mousses, des îles flottantes, préparées avec la délicatesse de cuisinières habituées à tirer le meilleur parti des blancs et surtout des jaunes d'œuf. Pour les accompagner à la portugaise, un vin de Porto fait merveille

dans les verres de cristal de la Quinta das Torres.

Certaines demeures de caractère ont été transformées en hôtels sans rien perdre de leur charme d'antan. L'un des plus beaux du pays, le palais-hôtel de Seteais à Sintra est un ancien palais du XVIII\u1d49 siècle. Selon la tradition, ce nom de Seteais rappellerait les sept « ai » répétés ici par l'écho. Aux majestueuses façades dans le goût néoclassique anglais répondent les appartements ornés de très belles fresques dont certaines sont inspirées de dessins du peintre français Jean Pillement. Dans le grand salon, les murs semblent avoir disparu. Sirènes et divinités marines s'ébattent avec grâce sur les eaux bleutées de paysages infinis. Avec la même allégresse, herbes folles, plantes et arbres exotiques gagnent le plafond où les oiseaux volent à tire-d'aile. Parfois, le dîner est servi dans cette pièce. L'atmosphère si sereine donne à chaque conversation sa plénitude et rend

Faire halte dans une *pousada* est le meilleur moyen de découvrir les sites les plus exceptionnels du Portugal. A São Filipe, une ancienne forteresse qui domine la montagne et la mer, la beauté du paysage rend encore plus agréables les chambres, et plus délicieux les repas pris sur la terrasse que survolent les mouettes (en haut).

Admirer le petit campanile d'une chapelle, ouvrir la porte et découvrir à chaque fois les plus beaux azulejos du monde... sont les bonheurs que réservent les pousadas comme ici, à la pousada de São Filipe à Setúbal (ci-dessus).

les mets plus exquis encore. Les meubles, tous de style néoclassique portugais, contribuent à l'exceptionnelle élégance de l'ensemble.

VIVRE AU BORD DE LA MER

Aux environs de Lisbonne, la mer aux eaux d'un vert de jade est toujours au bout du chemin. Sur la côte, sur la rive droite du Tage, se succèdent de pittoresques villages de pêcheurs aux maisons blanches. A Colares, les vignes, les célèbres ceps de Ramisco, sont plantées dans les dunes, à l'abri des vents de l'Atlantique. Elles produisent des vins de grande réputation, des rouges légers et veloutés.

Cascais, l'ancienne villégiature royale, vit toujours de la mer. Sur le sable, les pêcheurs tirent leurs barques multicolores, réparent leurs filets,

ramènent le poisson. Ici, l'océan semble avoir envahi la terre, animant les pavés de larges ondulations noires et blanches. Tout près, Estoril, station thermale renommée, fut le rendez-vous des familles royales en exil, des réfugiés politiques et même des espions pendant la dernière guerre.

De l'autre côté du Tage, la *serra* da Arrábida et la péninsule de Setúbal apparaissent au loin dans la brume. C'est un autre monde presque méditerranéen, avec ses maquis parfumés qui se mêlent aux pins maritimes et aux cyprès. La végétation, les points de vue, les falaises dorées qui plongent dans la mer bordée de grottes marines font de cette pointe l'une des merveilles naturelles du Portugal. Les plages sont délicieuses, à Portinho da Arrábida où l'eau est moins froide que sur la côte ouest, ou encore à Comporta, située bien plus au sud, sur cette immense bande de sable ourlée par l'océan. Très belles aussi, les barques multicolores de Caparica sont peintes avec art, poétiques pirogues aux yeux cernés de noir que l'on hale sur la plage. Ici, on vient chercher le bonheur de vivre dans une villégiature de bord de mer. Maisons privées ou *pousadas*, elles ont toutes le charme indicible de maisons de vacances.

UNE PAISIBLE FORTERESSE. C'est le cas de la Pousada de São Filipe à Setúbal. Ancienne forteresse érigée par le roi d'Espagne au XVIe siècle, elle jouit d'une vue superbe sur les hauteurs boisées de la *serra* d'Arrábida, le port animé de Setúbal et l'estuaire du *rio* Sado aux eaux bordées de sable doré. Ici, on découvre de magnifiques azulejos en camaïeux de bleu. Sur les murs et la voûte de la chapelle, Policarpo de Oliveira Bernardes, un grand peintre du XVIIIe siècle, a peint de très belles scènes religieuses. Le repas, sur la vaste terrasse, est un moment de rêve. Le rouget à la mode de Setúbal comme l'espadon fumé, une spécialité de la maison, ont là une saveur particulière. C'est aussi l'endroit idéal pour goûter le Palmela de João Pires, un vin blanc frais aux saveurs de pêche, et bien sûr le moscatel réputé de Setúbal. Jeune – six ans d'âge, frais et abricot –, on le déguste en apéritif, à l'heure du déjeuner, sous les parasols ; vieux – vingt ou vingt-cinq ans d'âge –, on le savoure après le dîner, dans la fraîcheur du soir.

VILLÉGIATURE 1900 DE STYLE MÉDIÉVAL À ESTORIL. Construit dans les années 1900, le Fort da Cruz s'élève au bord de la plage, à Estoril. A la fin du XIXe siècle, cette côte devient ce qu'avait été Sintra pour les romantiques. Reliée à Lisbonne par le train, Estoril connaît alors le même essor que l'aristocratique Cascais. L'arrivée de riches étrangers, attirés par ce climat dont on vante les merveilles, se traduit par un foisonnement de maisons plus étonnantes les unes que les autres, châlets suisses, cottages anglais, forteresses normandes, minarets tartares, mosquées maures. Quelques années plus tard, l'architecte Raul Lino

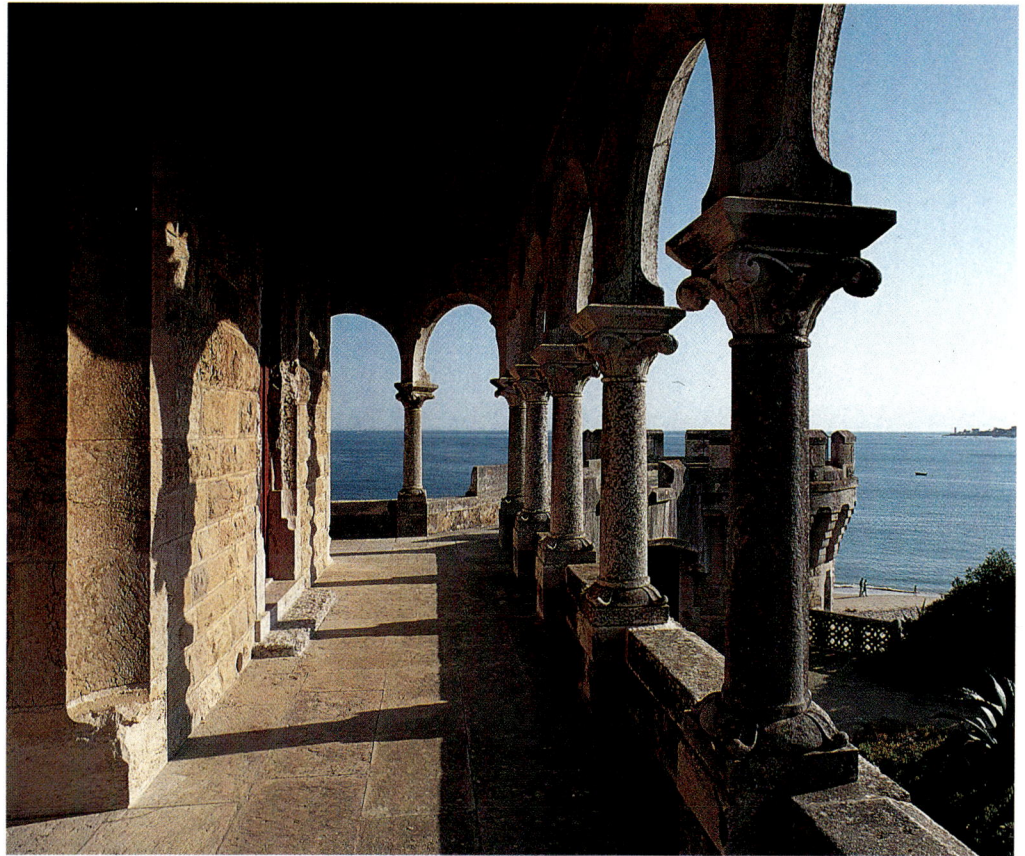

et ses émules y ajouteront leurs grandes villas bâties dans un style également très composite, celui de la *Casa portuguesa*.

Comme le raconte l'accueillante propriétaire, Maria Emília Barros Lamas, c'est dans ce climat passionné que son ancêtre commande le Fort da Cruz, une incroyable forteresse de style roman-toscan. Chaque détail est ici traité avec le plus grand soin. Même la décoration intérieure cherche à re-

Autres temps, autre forteresse. A Estoril, le Fort da Cruz, ce puissant château roman-toscan, illustre le formidable esprit d'entreprise qui régnait à la fin du siècle dernier. Ici, la vaste galerie d'angle, dont les arcades en plein cintre sont soutenues par une colonnade, s'ouvre sur la mer. On y prend le thé avec la maîtresse de maison, en évoquant l'histoire de cette agréable demeure de famille (ci-dessus).

La décoration intérieure avec ses meubles et ses tentures peintes est dans le goût médiéval (ci-dessous à gauche).

Célébré par les poètes de l'époque, ce fort reste aujourd'hui l'un des témoignages les plus originaux de la démesure des fortunes à la fin du XIXe siècle (ci-contre).

Robinson Crusoé, *Vendredi ou les limbes du Pacifique*, *Paul et Virginie*... Ces images n'évoquent-elles pas les paradis perdus, exaltés dans la littérature de voyage ? Une douche en plein air, une toilette rustique... On oublie ici les somptueuses salles de bain en marbre des palais (à gauche et ci-dessus à droite).

Ces maisons appartiennent à la famille Espírito Santo, décidément toujours en avance sur son temps. Nul n'a oublié Ricardo Espírito Santo Silva, ce grand banquier qui, dans les années 50, recherchait dans le monde entier les plus beaux objets portugais, meubles et objets d'art. Aujourd'hui, ses petites-filles Vera et Marina et leurs maris Manrico Iachia et Luis Aguiar ont choisi de donner à leurs vacances une dimension écologique et se sont installés dans un des endroits les plus sauvages de cette région du Haut Alentejo, à Comporta, au sud de Setúbal.

Là, les marécages du Sado, leurs eaux tranquilles et moirées sont bordées de rizières verdoyantes et de salines qui brillent au soleil. Les huttes de pêcheurs de la région sont bâties uniquement avec des matériaux trouvés sur place (ci-dessous).

Cette maison « en dur » fait aussi partie de cet agréable hameau de vacances. Elle évoque un radeau entre la terre ferme et la mer de verdure (page ci-contre).

constituer une ambiance médiévale. Les meubles de haute époque sont importés d'Angleterre et les murs sont tendus de tissus évoquant des scènes moyenâgeuses. Mais rien n'est figé dans cette reconstitution où tout est fait pour rendre la vie agréable. Et le thé pris avec Maria Emília Barros Lamas face à la mer, devant la galerie romane à arcades, reste un moment inoubliable.

LES MAISONS DES DUNES. Quelques dizaines d'années après la construction du Fort da Cruz, en 1950, les frères Espírito Santo, grands banquiers portugais, personnalités du monde de l'art et toujours novateurs, ont acheté des propriétés au sud de Lisbonne ; là où l'étroite bande d'une presqu'île sépare la mer des eaux douces de l'estuaire du *rio Sado* et abrite le petit village de pêcheurs de Comporta. C'est une nature sauvage où le sable, l'eau, le vent, les marécages et les rizières composent un paysage d'une grande beauté.

Non loin de la vaste maison familiale, Vera, une des petites-filles des frères Espírito Santo, et

pour être en mesure de les assembler. De même que la dimension des poutres provenant des chênes bretons conditionne la largeur des manoirs, ici, l'échelle est donnée par des matériaux beaucoup moins imposants. Cela explique la petite taille de ces maisons, des huttes, en quelque sorte. Les murs de paille sont renforcés par un assemblage de bois. Du bois également et des roseaux soutiennent le toit de chaume (à gauche et ci-dessus à droite).

Jeux de rayures et de lumières à l'intérieur de la maison (ci-contre). Il fait bon paresser chez les Iachia en regardant filtrer le soleil. A la mode brésilienne, un hamac invite au repos (ci dessous à gauche).

Sur la table de cette adorable maison de poupée, un sympathique repas attend les «Robinsons» (page ci-contre)
Véra et Manrico Iachia en vacances (à droite).

Pour aménager leur maisonnette, Véra et Manrico Iachia ont décidé de renouer avec la tradition. José Espada, natif de la région et détenteur du savoir-faire traditionnel s'est mis au travail. Il a fallu d'abord récolter paille, chaume, roseaux, puis sécher ces matériaux, les couper à la taille requise

son mari, Manrico Iachia, ont cherché à renouer avec l'architecture écologique. Ils ont fait construire, suivant les traditions, une maisonnette de pêcheur avec des matériaux trouvés sur place. Un vieil artisan de la région, José Espada, encore détenteur du savoir-faire traditionnel et maintenant devenu célèbre, a ramassé, coupé, taillé, séché et assemblé lui-même tous les matériaux. Un assemblage de bois soutient les murs en paille et le toit de chaume. Une sorte d'armature de roseaux renforce en partie le tout. L'intérieur, peint de couleur vive, est orné de tissus et d'objets rapportés lors de lointains voyages, en Amérique du Sud, aux Philippines...

Juste à côté, la sœur et le beau-frère de Vera, Marina et Luis Aguiar, ont réhabilité une maison de pêcheur qui, elle, était déjà construite « en dur ». Vraie maison de poupée, elle était si petite qu'ils

ont dû élargir portes et fenêtres et même surélever le toit de chaume. Crépie de blanc et rehaussée de couleurs vives, c'est devenu une charmante villégiature de mer, entre les dunes et la forêt. Un petit mur la protège du vent du large. De taille modeste pour des raisons structurelles, chacune de ces constructions est accompagnée d'une petite hutte jumelle. Une autre maisonnette complète ce hameau de vacances.

LISBONNE

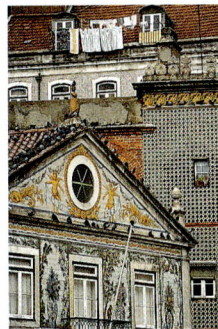

Lisbonne vue du Tage. Accrochés aux collines, palais, maisons, églises et couvents composent une sculpture d'une étonnante harmonie. Image symbole ? Unité entre un site et des hommes, tolérance entre les êtres et les choses. Un résumé du Portugal (double page précédente).

« Ah ! Le Grand Quai d'où nous partîmes en Navires-Nations ! Le Grand Quai Antérieur, éternel et divin ! De quel port ? En quelles eaux ? Et pourquoi ainsi rêvé-je ? Grand Quai comme les autres quais, mais l'unique. » Fernando Pessoa, *Ode maritime* (page ci-contre).

La fabrique d'azulejos de Viúva Lamego, largo do Intendente Pina Manique, est l'une des belles façades de Lisbonne (ci-dessus).

Marins d'un pétrolier, passagers d'un paquebot russe, matelots français au garde-à-vous sur un croiseur, plaisanciers sur leur yacht, élèves accrochés aux mâts du bateau-école portugais, pêcheurs sur leur barque, voyageurs serrés dans les ferry-boats, nostalgiques ou cœurs joyeux, et même automobilistes qui roulent à trente à l'heure sur le pont..., pour tous, découvrir Lisbonne est toujours un éblouissement, un cadeau du ciel.

La mer de paille, irisée de bleus et de reflets verts, embrasée d'or, s'est rétrécie. Le Tage baigne maintenant de ses eaux profondes la prodigieuse cité, Lisbonne. Mille collines ondoyantes semblent avoir absorbé tous les monuments. Seuls se détachent au loin un château fort, une coupole blanche, quelques clochers, une tour.

Pour prolonger cet émerveillement, il suffit de gravir ces hauteurs qui accueillent de poétiques *miradouros*, belvédères d'où l'on découvre ces paysages urbains et le Tage, encore et toujours. Ceux du largo da Senhora do Monte et du château Saint-Georges offrent des vues spectaculaires. Bien dans l'esprit portugais fait de nuances, les reliefs n'ont pas, ici, été arasés et nivelés d'une façon autoritaire. Au contraire, l'architecture les épouse, se moule sur les coteaux, se glisse dans les anciens affluents du Tage, se coule dans des vallons, maintenant pétrifiés, un peu comme si l'on avait voulu laisser à la topographie du terrain sa liberté originelle. Cette intime connivence avec la nature est l'un des secrets de la beauté de Lisbonne. Dans les quartiers anciens, les maisons semblent non pas placées mais le plus souvent générées par le sol dans lequel elles s'ancrent.

C'est vraiment le cas d'Alfama, l'une des merveilles de Lisbonne. Ce quartier façonné par sa très longue histoire est accroché sur la colline qui dévale vers le Tage. Comment se promener ici sans avoir envie de tout voir, de tout appréhender ? A Alfama les rues dégringolent jusqu'au Tage, entre les pans de murailles, les étagements de toits qui se rejoignent, les façades baroques

Que de voyageurs, de poètes, de cinéastes... ont raconté, décrit, filmé, rêvé Alfama... L'écrivain Pierre Kyria y voyait «un labyrinthe magique, creusé de renfoncements, de niches, rompu par des escaliers tortueux, bordé de maisons de poupée dont les façades sont ornementées d'une lessive qui sèche, d'une cage d'oiseaux, de pots de géraniums, ou par quelques hauts murs où le lierre s'écarte sur des azulejos encore plus bleutés au clair de lune» (ci-dessus, à gauche ; en bas, à gauche et page ci-contre, à gauche).

Au petit matin, les poissonnières disposent leurs étals dans les petites rues d'Alfama (page ci-contre, à droite).

Partout à Lisbonne, des escaliers aux larges marches, souvent irrégulières. Ne déambule-t-on pas ici dans un ancien vallon verdoyant où, il y a bien longtemps, un ruisseau dévalait vers le Tage ? Aujourd'hui, les façades s'y reflètent sur les pavés qui brillent au soleil (ci-contre, en bas).

des églises. C'est un dédale de ruelles pentues, d'escaliers abrupts, de petites places. Sur les façades, le linge sèche, palpite au soleil. Partout, des cages à oiseaux, des pots de géraniums, des jardins accrochés à des mansardes... Ici, une bougainvillée, un jacaranda font éclater la flamme de leur couleur. Là, au-dessus des portes, des *registros*, touchants petits panneaux d'azulejos, représentent la Vierge ou les saints protecteurs comme saint Antoine et saint Marçal. Parfois, au milieu d'un labyrinthe de maisons apparaît un vaste palais au fronton armorié. Certains appartiennent à des familles renommées, ceux de Dom Marcus de Noronha et de

Pedro Azevedo Coutinho ou encore celui transformé en musée des Arts décoratifs de la Fondation Ricardo do Espírito Santo Silva. Ici, tout voisinage se fait dans l'harmonie.

Ce quartier populaire palpite de vie. Partout des échoppes abritent de petits artisans. Tôt le matin, le marché de la rua de São Pedro s'active. Les odorantes pyramides de tomates, de choux, d'oignons, d'oranges, de citrons sont installées

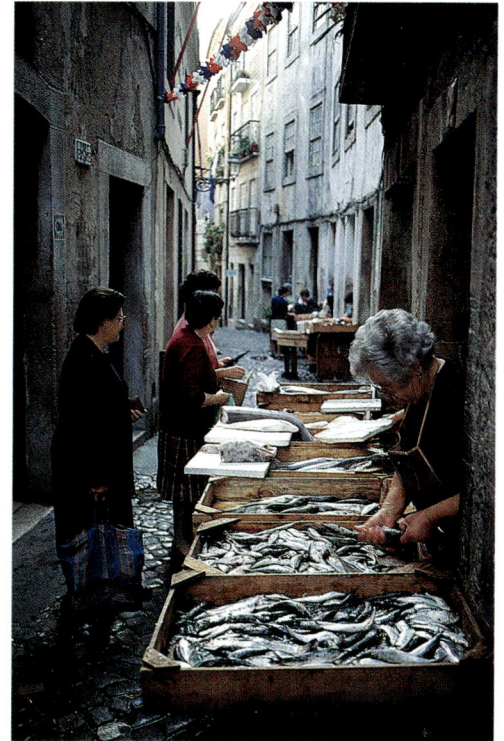

sur les étals. Bientôt s'élève la complainte des *varinas*, les marchandes de poisson. Elles portent leur lourde charge sur la tête en criant : « *Sardinhas vivinhas, sardinhas vivinhas !* » – « sardines fraîches ». A midi, dehors, devant la porte, on grille sur la braise ces sardines pêchées dans la nuit. L'odeur si typiquement lisboète embaume le quartier.

Pendant les fêtes des saints populaires, les ruelles sont pavoisées de guirlandes en papier et de lampions. Partout on vend des pots de basilic, la plante des amoureux, accompagnée d'un œillet en papier et d'un poème. Quand la nuit tombe, la fête commence vraiment. Les festins de sardines grillées arrosées de vin blanc, les chants et les danses ne s'arrêteront qu'à l'aube.

Alfama, c'est aussi le quartier traditionnel du fado. Le fado, comme l'a écrit Christian de Caters, est « une expression profonde de l'âme populaire de Lisbonne, avec ses goûts pour le roman feuille-

forment des motifs géométriques ou figuratifs d'une infinie variété (ci-dessus et ci-contre).

A Lisbonne les draps claquent au vent du large et sèchent au moindre rayon de soleil. Les pendre sur ces fils tendus sur les façades et entre les maisons par un système de poulies que l'on tire vers soi demande une grande maîtrise ! Attention à ne rien laisser tomber sur le sol, quatre étages plus bas... Et pendant ce temps, on bavarde avec la voisine d'en face (page ci-contre).

Oublié le bitume des métropoles ; à Lisbonne, les trottoirs sont pavés. Le marquis de Pombal systématisa cette technique lors de la reconstruction après le tremblement de terre de 1755. Au siècle dernier, paver les villes devint une habitude. Aujourd'hui encore, cette tradition se poursuit. A Lisbonne, il ne faut pas manquer de regarder, d'admirer les sols. Partout, basalte noir et calcaire blanc

ton, sa générosité instinctive, sa propension à compatir, son esprit si proche des *Misérables* ou des *Mystères de Paris*, son amour des larmes et ses apitoiements. Même mal chanté, il plonge ses auditeurs dans une sorte de stupeur émue. Poèmes frustes, mots ordinaires, attente vaine, trahisons, oubli [...], toutes les épreuves d'une vie modeste ou pauvre, espoirs insatisfaits [...], passions, menaces, promesses [...] sur une musique monotone dont les thèmes courts, et le rythme de ressac, et les ondulations vocales qui tiennent du plain-chant, du flamenco et de la musique arabe, produisent une impression lancinante. Ce sont des berceuses de la tristesse qui soulèvent la lente houle du cœur et du souvenir ».

L'origine du fado est toujours restée incertaine. Il viendrait d'Afrique, peut-être du Brésil. Pour certains, cette mélopée nostalgique serait née sur les bateaux, chantée par les marins pendant leurs longs voyages en mer. Traditionnellement le fadiste est accompagné de la *guitarra* portugaise à la sonorité métallique qui joue les lignes mélodiques, tandis que la *guitarra* espagnole, la *viola*, rythme le chant avec ses chauds accents.

La légendaire Amália Rodrigues, incarnation la plus pure du fado, a rendu ce chant célèbre dans le monde entier, renouvelant complètement le répertoire traditionnel en interprétant les œuvres des plus grands poètes portugais. Quand elle chante Camões, sa voix d'une poignante beauté semble porter l'âme de tout un peuple, tout un art de vivre. Maintenant, ce sont notamment les poèmes inoubliables de Fernando Pessoa qui inspirent certains grands artistes.

L'art de vivre à Lisbonne, chaque quartier de la ville en dévoile un nouvel aspect. La trépidante Baixa, la ville basse, est déjà un monde différent. Si on l'aborde par le Tage qui baigne, au sud, l'imposante place du Commerce, on ressent intensément cette prodigieuse alliance de Lisbonne avec l'océan et tous les lointains. Pourtant, ici, nul n'ignore le drame de la matinée du 1er novembre 1755... « Ils sentent la terre trembler sous leur pas,

Les rues de Lisbonne et le va-et-vient du quotidien avec ses joies et ses peines ont si bien été racontés dans toute la littérature portugaise.

Dans les transports urbains de la vieille ville, il y a toute une hiérarchie, tout simplement fondée sur le degré d'inclinaison du sol. Pour escalader une pente abrupte, on a construit, en 1902, un ascenseur superbement gothique qui relie la ville basse à la ville haute. Quand la dénivellation était très forte, ce sont des funiculaires qui se sont mis à escalader les rues, dès 1884. Mais le plus souvent ce sont les célèbres *eléctricos*, les tramways jaunes de la Carris, qui grimpent paisiblement les rues et se faufilent au milieu d'une circulation intense.

la mer s'élève en bouillonnant dans le port et brise les vaisseaux qui sont à l'ancre. Des tourbillons de flammes et de cendres couvrent les rues et les places publiques ; les maisons s'écroulent [...]. Trente mille habitants de tout âge et de tout sexe sont écrasés sous les ruines [...]. Voici le dernier jour du monde ! », raconte le Candide de Voltaire. Le tremblement de terre, cette terrible catastrophe inspira également au philosophe son célèbre *Poème sur le désastre de Lisbonne* et marqua profondément Kant.

Tous s'accordent à dire que la ville ne fut plus jamais la même après le séisme qui a marqué à jamais la mémoire collective. C'est un homme providentiel, le marquis de Pombal, ministre du roi Dom José, qui entreprit aussitôt de reconstruire toute la partie basse de la ville selon les propositions de l'architecte militaire renommé, Manuel da Maia. L'originalité de ce projet est un quadrillage de rues qui se croisent à angle droit. Les maisons, très fonctionnelles, sont en partie préfabriquées. Ces immeubles harmonieux dont les charpentes de bois étaient déjà montées en série au Brésil, sont tous semblables. Crépis de rose, de jaune ou de blanc, ils n'engendrent cependant aucune monotonie. Le mouvement est donné par le rythme des fenêtres, le jeu des corniches, les ferronneries des balcons. Même le sol semble bouger, animé par les mosaïques de basalte et de calcaire, cette *calçada portuguesa*, passionnant tapis poli par le va-et-vient des passants.

Car le charme de ce quartier, où bat le cœur de Lisbonne, tient aussi à son animation. Les rues portent le nom de diverses corporations et, aujourd'hui encore, la rua do Ouro accueille de nombreux orfèvres. Une porte s'ouvre. On découvre alors dans les escaliers, les bureaux..., des panneaux d'azulejos d'une grande fraîcheur, créés eux aussi sous l'impulsion du marquis de Pombal. Fort ingénieusement, ces carreaux s'ornent seulement de quelques motifs peints de couleurs diverses et agencés de différentes façons, ce qui permet de concilier variété et économie. Ainsi,

même dans l'urgence de la reconstruction, les Portugais n'ont pas oublié l'incontournable adage de Voltaire : « le superflu, chose très nécessaire ».

Les rues de la Baixa convergent vers le Rossio, vaste place bourdonnante d'activité. Employés, badauds, promeneurs, touristes… vont à leurs affaires ou flânent tranquillement. Ils s'arrêtent pour faire cirer leurs chaussures, s'approchent du vendeur de billets de loterie, écoutent distraitement les crieurs de journaux. En hiver, les marchands de marrons attisent leurs braises en appelant le chaland : « *Quentes e boas* » ! – « chauds et bons ».

Au milieu de la place, autour des deux fontaines aux eaux abondantes, le marché aux fleurs offre un havre de tranquillité. C'est vrai, le quotidien à Lisbonne est toujours fait de contrastes. Un homme d'affaires achète la marchandise d'une vendeuse cap-verdienne qui porte son panier sur la tête. Culture, origine, milieu, tout se mêle sans heurts, comme savent le faire depuis toujours les Portugais dans le monde entier. Au tempo rapide d'une grande métropole moderne se superpose

ão F. de Oliveira
MÉDICO
PERFUMARIA
ELITE
MARY QUANT
COSMETICS
CM
DE MACAU

sans cesse le rythme tranquille de certains quartiers à l'allure villageoise.

Tout près, place des Restauradores, on s'engouffre dans le métro. Là encore, grâce aux décors d'azulejos confiés aux plus grands artistes contemporains, le trajet ne manque pas de charme. La rame freine à Cidade Universitária devant *Le Métro* de Vieira da Silva et ses silhouettes de philosophes. A Alto dos Moinhos apparaît sous la terre l'allègre vue de Lisbonne de Manuel Cargaleiro. Un mirage. Vite, la silhouette intemporelle de Fernando Pessoa croquée par Júlio Pomar défile à la station Colégio Militar...

Diverse, multiple, Lisbonne est une cité passionnante qui fascine les écrivains et les artistes de tout pays. Nul n'a oublié le *Requiem*, mélancolique hommage d'António Tabucchi à son « maître » Fernando Pessoa, *Le Dieu manchot* de José Saramago, les étonnants paysages intérieurs du peintre Maria Helena Vieira da Silva. Lisbonne reste pour toujours la superbe *Ville blanche* du cinéaste Alain Tanner, ou encore cette cité-mémoire d'une civilisation que dépeint Wim Wenders dans *Jusqu'au bout du monde*.

Ici, on prend son train tout en haut de l'incroyable gare néomanuéline du Rossio. Là, le célèbre ascenseur de Santa Justa, œuvre d'un disciple de Gustave Eiffel, est gothique. Là-bas, au Campo Pequeno, l'arène la plus renommée du Portugal est mauresque. Tout est surprise perpétuelle. Les panoramas se succèdent et se renouvellent à l'infini. Lisbonne, ville pétrie par une longue histoire, n'est jamais figée ni sclérosée par le poids de son passé. Se promener dans cette ville, c'est flâner, suivre son humeur. On passe d'un siècle à un autre en montant en permanence des escaliers. Souvent, on les gravit avec bonheur, comme s'ils aidaient à mieux appréhender la cité.

Quand la dénivellation est trop forte, c'est un funiculaire comme ceux da Glória, da Lavra ou da Bica qui vient à l'aide des Lisboètes. Si la pente est moins rude, les *eléctricos*, les tramways, l'escaladent courageusement. Ici, ils n'ont jamais été dé-

laissés. Grimpant les côtes les plus raides, ils savent se faufiler habilement dans les petites rues, presque entre les boutiques. Avec cette charmante convivialité le trajet devient une sympathique aventure, un moment privilégié du quotidien où le temps est devenu autre.

On atteint les hauteurs du Chiado, ce quartier à l'histoire mouvementée. Comme le dit Suzanne Chantal, « pour le futile ou l'essentiel, on allait au Chiado. Là se lançaient les modes et les ragots, se tramaient les complots, se faisaient et se défaisaient les réputations. On trouvait les meilleurs cigares, les plus coûteux colifichets et les derniers livres de Paris ». Le terrible incendie de 1988 a détruit en partie le quartier. Le spectaculaire chantier de reconstruction dirigé par l'architecte Álvaro Siza Vieira évoque certains tableaux de Piranèse ou de Vieira da Silva.

Avant l'incendie pourtant, le Chiado ne régnait déjà plus seul. Car d'autres quartiers anciens tout proches ont été peu à peu réhabilités ; Lapa, Madragoa et Bairro Alto sont peut-être ainsi devenus maintenant la quintessence d'une certaine Lisbonne. Situés sur plusieurs collines,

La Casa dos Bicos – la Maison des Pointes – a été érigée par Dom Brás de Albuquerque au début du XVIe siècle. Ce grand personnage, fils du célèbre vice-roi des Indes, humaniste, conseiller du roi, écrivain, avait voyagé en Italie et participé à l'introduction de la Renaissance au Portugal. Cette façade avec ses pierres taillées en pointes

s'inspire de la Casa dei Diamanti de Ferrare en Italie et de celle de Los Picos à Ségovie en Espagne. Ici, au bord du Tage, on imagine les caravelles déchargeant tous les trésors des Indes, l'or, les épices, les soieries..., et les bateaux de commerce du monde entier ancrés devant les fenêtres (page ci-contre).

Pierre sculptée d'un dessus de porte ou coupole encadrée de palmiers, Lisbonne offre des surprises à l'infini... (ci-dessus et ci-contre).

Les grands décors figuratifs sont plus exceptionnels. A Lisbonne, ceux du plus célèbre peintre céramiste du XIXe siècle, Luís Ferreira das Tabuletas, animent plusieurs façades dont celle de ce palais au campo Santa Clara (ci-contre).

Au siècle dernier, Lisbonne continue de s'embellir. Dans la mouvance de l'Art nouveau, les fenêtres du palais des vicomtes de Santarém, à Lapa, sont décorées à profusion de célèbres céramiques polychromes en relief fabriquées à Caldas da Rainha, près d'Óbidos (en bas).

Les façades se couvrent d'azulejos, à la mode brésilienne. Ce sont, en général, des azulejos à petits motifs isolés qui se répètent.

ces quartiers sont faits pour se perdre avec délices, pour déambuler sans hâte. Il y a des rues à angle droit dont les perspectives sont les plus douces qui soient, coupées par des arcades, adoucies par le rythme du terrain. Lorsque les dénivellations sont plus accentuées, les surprises sont plus grandes encore. Tel un leitmotiv, le Tage aux eaux scintillantes, saphir, émeraude, topaze, est toujours présent. D'un même regard, on appréhende les pavés irréguliers, des murs dorés de lumière, une coupole de marbre blanc et le pétrolier géant qui barre l'horizon. Lisbonne chaque fois recommencée...

Amália Rodrigues reçoit ses invités dans sa belle demeure ; Alberto et Helena Vaz da Silva, personnalités du monde culturel de la capitale, accueillent leurs amis dans leur maison merveilleuse ornée d'azulejos... Mais toujours les plus beaux palais, comme la somptueuse ambassade de France, voisinent avec des maisons plus modestes.

Comme le dit l'écrivain José Rebelo, « c'est en effet le peuple qui occupe – pour combien de temps encore ? – les centres historiques, hormis la Baixa. Les quartiers sont encore habités par une multitude de petits commerces, des artisanats les plus divers, des tavernes. Peu de places, peu de rues qui ne soient un village, une évocation de ce que pouvait être une vie sociale urbaine avant les grandes guerres ». Ce périple dans l'espace est toujours un voyage dans le temps.

Une ville blanche, Lisbonne ? Non, une métropole aux couleurs tendres, roses, jaunes, verts. Même les rouges sont empreints de douceur.

Luís Ferreira das Tabuletas est un vrai marchand d'illusion. Ses thèmes sont parfois très traditionnels, presque académiques avec des figures allégoriques, des encadrements très soignés, des guirlandes et des médaillons (ci-contre). Ci-dessous, une des plus célèbres façades de Lisbonne au largo Bordalo Pinheiro.

Comme dans le Nord, les azulejos apparaissent sur les murs extérieurs à partir du XIXe siècle, recouvrant passionnément même les façades les plus anciennes. Ces décors sont toujours magiques. Des talismans.

Le quotidien semble léger, bercé par la savante polychromie de ces façades de rêve, surtout celles imaginées par le peintre Luís Ferreira das Tabuletas, médaillons au Campo de Santa Clara, chinoiseries et fleurs à la Fabrique de Viúva Lamego. La plus belle de toutes ces façades est peut-être celle du largo Rafael Bordalo Pinheiro au Bairro Alto, avec ses figures en trompe-l'œil qui s'intègrent parfaitement à l'architecture. Il y en a tant d'autres encore : l'immense mur d'Abel Manta près de l'aqueduc des Amoreiras décoré il y a quelques années, *La Danse de Menez*, qui orne depuis peu la praça das Flores.

Des azulejos, il y a en a aussi dans les jardins, comme à la paradisiaque Quinta dos Azulejos dans le quartier do Paço do Lumiar. Là, comme par magie, la folle exubérance des carreaux de faïence paraît même supplanter la végétation. Car, ainsi que l'a si bien ressenti Christian Auscher, « Lisbonne n'est pas une ville d'espaces verts. C'est la ville de mille jardins secrets. Petits jardins trahis par les bougainvillées débordantes. Une porte s'entrouvre sur un citronnier, une treille au-dessus

Luís Ferreira das Tabuletas, magicien de la couleur, doublé d'un habile technicien, a aussi signé la façade de la fabrique d'azulejos de Viúva Lamego. Peints avec une incroyable maestria, ces azulejos nous plongent dans un univers très poétique (détails page ci-contre et à gauche).

« Tachés, brisés, fendillés, les azulejos restent la plus belle des fleurs des enclos ; ils réveillent l'austérité des buis taillés, font chanter le vert des boulingrins, distribuent leurs couleurs rares, avec une audace qui va parfois jusqu'au dévergondage», écrit Paul Morand. Magnifié par les poètes et les chroniqueurs, le jardin de la Quinta dos Azulejos est orné d'un décor de céramique d'une profusion incroyable. La grande allée semble avoir été conçue pour exploiter toutes les ressources décoratives des azulejos polychromes. Les dossiers des bancs sont inspirés de scènes galantes et bucoliques dans le style de Watteau (page ci-contre).

Par la magie de la faïence, l'arc est devenu un noble portail baroque (ci-dessus).

Superbe exemple d'un jardin rocaille où les azulejos, délaissant les surfaces planes, sont modelés comme des sculptures (à droite).

d'un lavoir, des rangées de pots moussus. Jardins de balcons, jardins suspendus entre collines et murailles, entre toit et ciel. D'œillets, de géraniums vivaces, de plantes grasses en coulées de petites fleurs lumineuses. Jardins de rebords de fenêtres. [...] Jardins de palais entourés de hauts murs, que personne ne visite jamais. »

Pour mieux jouir de Lisbonne dans toute sa variété, certains cherchent à prendre du recul. C'est le cas de l'architecte António Teixeira Guerra et de sa femme Martine. La belle demeure, bâtie par eux sur une hauteur de l'autre côté du Tage, est conçue comme un écrin, un vaste belvédère qui appréhende l'admirable panorama qu'offre la ville, de l'aube à la tombée du jour.

Là, comme pour adoucir la force impérieuse des perspectives et des éléments, de grandes arcades blanches encadrent la vue de tous côtés et forment un contrepoint aux courbes élégantes du grand pont suspendu sur le fleuve. Du château Saint-Georges à l'embouchure du Tage en passant par la tour de Belém, tous les quartiers de la ville y défilent sous nos yeux.

A l'ouest, au bord du Tage, Belém avec ses somptueux monuments manuélins, son monastère, son cloître, sa tour, n'est qu'un hymne glorieux à l'élan qui a porté tout un peuple aux confins du monde. Le nouveau centre culturel est une autre étape de ce parcours. Dans ce quartier se côtoient aussi des palais et de pittoresques maisons tournées vers le Tage. Ici, bien sûr, comme dans tout Lisbonne, on aime se rencontrer, échanger les dernières nouvelles, discuter pendant des heures.

Les *pastéis* sont rangées face contre face afin que la crème ne refroidisse pas. Ces gâteaux sont préparés depuis 1837 d'après une très vieille recette du couvent des Hiéronymites de Belém (ci-dessus).

RENDEZ-VOUS À LISBONNE

Les Lisboètes, toujours très conviviaux, aiment se retrouver pour boire un café, prendre un verre, découvrir les délices de la cuisine portugaise, s'installer au calme au cœur de la ville trépidante et découvrir les nuits de Lisbonne.

Un de ces lieux de pèlerinage est sans conteste l'Antiga Confeitaria de Belém où l'on vient acheter les *pastéis de Belém*, ces tartelettes à la crème dont le secret est toujours jalousement gardé. Les savourer à toute heure avec un petit café est toujours un moment agréable.

Car au Portugal, le café est délicieux. N'oublions pas que les anciennes colonies comme le Brésil, l'Angola, Timor ou les îles du Cap-Vert sont des pays producteurs. Un café peut se commander avec toutes sortes de nuances, très léger c'est un *carioca*, avec un peu de lait dans une tasse, un *garoto*. Pour un grand café au lait servi dans un verre, on demande un *galão*. Si l'on désire un peu d'eau-de-vie on demande alors une *bica com cheirinho*, légèrement parfumée.

Dans le cadre ancien de l'*Antiga Confeitaria* de Belém, on vient acheter ou déguster sur place les *pastéis* de Belém, délicieuses tartelettes garnies de flan à la crème.

La salle embaume la cannelle dont elles sont saupoudrées (ci-contre). Dans cette pâtisserie réputée de Lisbonne, on vient aussi boire un *galão*, grand café au lait servi dans un verre posé sur une soucoupe (page ci-contre).

A la *Cervejaria Trindade* où règne une chaleureuse ambiance de brasserie, la bière est délicieuse. Dans cette ancien réfectoire du couvent de la Trinidade les emblèmes maçonniques des azulejos surprennent les dîneurs (ci-dessous).

Ici, boire un café – *uma bica* – est une véritable institution. Si les cafés de Lisbonne ont toujours un rôle social très important, ils n'ont cependant plus l'aura qu'ils avaient au temps de la splendeur du Nicola ou de la Chave d'Ouro. Le rythme de vie a changé. Un Fernando Pessoa en bronze veille pourtant toujours devant le café Brasileira au Chiado, qu'il fréquentait souvent.

Une autre boisson populaire appréciée à Lisbonne est la *ginja* ou *ginjinha*, une délectable liqueur obtenue par la macération dans du marc de griottes – *ginjas* –, ces cerises qui poussent si bien en Estremadure. On en trouve partout, mais il est bien plus amusant d'en déguster tranquillement un petit verre dans le minuscule sanctuaire qu'est A Ginjinha, une taverne très achalandée, situé près de l'église São Domingos, au Rossio.

A midi, les bars et les restaurants de la ville sont combles. Dans le quartier de la Baixa, des piles de *pastéis* – petits pâtés –, de *crepes* – crêpes –, de *croquetes* – croquettes –, de *chamussas* – triangles de pâte – ou de *rissóis* – rissoles –, fourrés de riz, de viande, de morue ou de crevettes, s'offrent au regard avec toutes sortes de réminiscences de la cuisine orientale. Ces mets souvent frits, toujours dorés et bien croustillants, composent un repas léger et succulent. On les accompagne le plus souvent d'une de ces *saladas mixtas* – salades mixtes – si portugaises, où laitue, poivron, oignon doux, carottes râpées... composent un assemblage délicat.

Un peu bruyante peut-être, mais toujours très courue est la fameuse Cervejaria Trindade où se retrouvent les étudiants et les journalistes du Bairro Alto. Ici, la bière est délicieuse. Dans le petit jardin, le jasmin embaume. A l'intérieur, la première salle est célèbre pour son décor d'azulejos polychromes. Représentant des figures allégoriques et des emblèmes maçonniques, ils sont l'œuvre d'un des plus grands peintres d'azulejos du siècle dernier, Luís Ferreira das Tabuletas.

Au Chiado, un des lieux de rendez-vous réputé est le Grémio Literario où les membres de ce

Entre deux courses ou deux rendez-vous à la Baixa, si l'on réussit à découvrir ce minuscule estaminet près de l'église São Domingos, il ne faut pas manquer d'y déguster une *ginjinha*, délicieuse liqueur de griottes qui donne son nom à la taverne; (ci-dessus).

Au *Versailles*, café-restaurant réputé, les miroirs reflètent encore l'âge d'or des grands cafés lisboètes (ci-contre).

Très portugais, ces personnages d'accueil grandeur nature en azulejos évoquent la vie de cour et toutes les règles de l'étiquette. Inventés au XVIIIe siècle, ils s'insèrent dans cette thématique baroque qui a le goût des effets de surprise du théâtre, du trompe-l'œil. Permanence d'une tradition que l'on découvre à l'*Antiga Confeitaria* de Belém (page ci-contre).

qui est le plus célèbre club privé de Lisbonne invitent leurs amis. Ce cercle, fondé en 1846 par des grands industriels libéraux qui désiraient pouvoir y accueillir des artistes et des intellectuels de toutes tendances, a une tradition d'ouverture à tous les courants politiques et culturels. Il s'honore aussi d'avoir comme membre prestigieux le président de la République, Mário Soares.

Actuellement, c'est Geraldo Salles Lane qui préside aux destinées du Grémio Literario. Ce club est installé dans un bel immeuble du XIXᵉ siècle où les meubles et les objets d'art – œuvres de Gallé et de Mucha – créent une ambiance élégante et feutrée. Si la vaste bibliothèque est le cœur du bâtiment, le restaurant est l'un des éléments essentiels de cette maison attentive depuis toujours à l'art de la gastronomie.

La salle à manger surplombe l'un de ces étonnants jardins lisboètes, où un espace relativement petit compose un domaine de rêve. Eça de Queirós, l'un des grands écrivains du siècle dernier, membre du cercle, le nommait : « ma *quinta* du Chiado ». Il y a des plantes grimpantes sur de hauts murs, des verdures prisonnières qui retombent avec grâce, des arbres à fleurs qui embaument, une fraîche fontaine et, loin au-delà de ce jardin secret, la présence lancinante du Tage et de toutes les ouvertures au monde...

La table du Grémio Literario est réputée. On y goûte de nombreuses recettes traditionnelles et notamment une spécialité lisboète aux réminiscences littéraires, les *ameijoas à Bulhão Pato*, de délicieuses palourdes à la casserole. C'est en effet Bulhão Pato, membre du cercle, écrivain et amateur de cuisine, qui a créé cette recette au siècle dernier. On déguste aussi ici un autre plat de la ville, inventé à l'époque du marquis de Pombal : le *bacalhau gratinado com natas*, une délicate préparation de morue au gratin avec de la crème fraîche.

Si le Chiado ne règne plus seul à Lisbonne, il reste toujours incontournable à l'heure du dîner avec l'un de ses plus beaux fleurons, l'Aviz. Ce restaurant, très célèbre au Portugal, a été fondé il y a

Depuis quelques années, un vaste plan de restauration a redonné au Bairro Alto tout son charme. Jeux de lumières sur ce quartier historique qui, de nuit comme de jour, est l'un des plus pittoresques de Lisbonne (page ci-contre).

près de trente ans par le personnel de l'hôtel Aviz, détruit depuis, où le très considérable Calouste Gulbenkian résidait. Dès l'arrivée, les trompe-l'œil d'azulejos évoquant des figures d'accueil annoncent les délices de l'art de vivre à Lisbonne.

Sous les ors des lustres, dans un cadre élégant, le service est vraiment parfait. Les spécialités comme le *robalo à portuguesa* – le bar à la portugaise aux tomates– ou encore les *costeletas*

de porco recheadas com ameijoas – les côtes de porc farcies aux palourdes – permettent de découvrir toute la finesse de la cuisine portugaise.

Une certaine vogue des plats rustiques pourrait occulter l'existence d'une telle cuisine. Heureusement, il n'en est rien. Pour s'en convaincre, il suffit de pousser la porte de la Casa da Comida. Le bar, orné de porcelaines de la Compagnie des Indes, et la salle à manger avec son amusant palmier offrent un cadre des plus agréables où se retrouvent hommes politiques et personnalités de premier plan. Jorge Vale qui officie ici propose, entre autres merveilles, le *pregado com pimenta verde* – turbot au poivre vert – et un grand classique de l'Estremadure, l'excellent *faisão à moda do Convento de Alcântara*, un faisan mariné dans le vin de Porto et truffé. En dessert, on goûte une recette bien portugaise, un *pudim* d'œufs à l'ancienne.

Le *Pavilhão Chinês* – Le Pavillon chinois– est l'un des bars les plus poétiques de Lisbonne. Il faut venir y prendre un thé à cinq heures ou déguster d'excellents cocktails de la tombée de la nuit jusqu'au lever du jour. Le cadre étonnant de ce lieu à l'ambiance feutrée est décrit par l'écrivain Jacques Damade dans *Lisbonne, la nostalgie du futur*. «Derrière les vitrines, par centaines, brillantes comme des carreaux d'émail, mais profondes, en relief, vit une humanité kitsch qui date d'environ un demi-siècle. Un millier de figurines [...] paradent à l'abri des vitres [...] de hautes armoires qui recouvrent entièrement les quatre côtés du café. [...] Les objets sont accumulés avec une telle cohérence, une telle obsession maniaque, que cela en devient vertigineux, inquiétant même» (ci-dessus et ci-contre).

L e tout-Lisbonne se retrouve à l'*Alcântara Café* décoré par António Pinto. Contrastant avec le restaurant qui est un hymne à la beauté du métal, le bar, plus intime, évoque le confort des pubs anglais (ci-dessous).

B elle réussite du décorateur Pedro Luz, le *XXIV de Julho* – 24 Juillet– est une boîte de nuit à la mode, non loin du Tage et des quais. De hautes colonnes, un escalier monumental qui relie les trois étages et partout des astres qui semblent jaillir de toutes les galaxies. Dans ce cadre luxueux se retrouve la jeunesse dorée de la ville qui apprécie la qualité de la musique et des cocktails (ci-contre, en haut et page ci-contre).

A la tombée du jour, la ville se pare d'une douceur empreinte de mystère. Le Tage semble disparaître dans le lointain et les mille et une collines appellent à un périple toujours surprenant. Les soirées commencent souvent en ce Bairro Alto que Manuel Reis, un des rois de la nuit lisboète, a contribué à lancer avec sa célèbre boîte de nuit, le Frágil. Au détour d'une rue, la porte entrouverte d'une *tasca* laisse parfois entendre les accents mélancoliques du fado.

Si différent, le Pavilhão Chinês est un bar magique. Ici, des vitrines qui tapissent entièrement les murs surgit un véritable inventaire à la Prévert : des avions, des soldats de plomb, des danseuses en porcelaine, des céramiques de Rafael Bordalo Pinheiro et des centaines d'autres choses insolites... qui semblent animées de vie depuis que Luís Pinto Coelho les a tirées d'un anonymat sans gloire. Dans cette douce lumière, chacun de ces objets semble instiller au visiteur du soir le goût de vivre dans la plénitude.

Autre espace, autre temps près du Tage, dans ce quartier à la mode qui fait l'objet d'un grand projet de réhabilitation. Sur les quais se regroupent les bars les plus modernes, conçus par des décorateurs de renom. Ici, on commence la soirée à l'Alcântara Café, réinventé par le décorateur António Pinto, restaurant qui plonge le noctambule dans une Lisbonne Art déco. L'architecture métallique de cet ancien entrepôt, avec son extraordinaire décor de pilastres et de colonnes, son étonnante Victoire de Samothrace, couleur bronze, et ses miroirs, crée une ambiance gaie et imprévue qui en fait un des hauts lieux des soirées lisboètes. Plus tard, on se retrouve au XXIV de Julho, une boîte de nuit dont le décor cosmique créé par Pedro Luz nous entraîne dans un voyage au bout de l'univers. Autre discothèque de renom, la célèbre Kapital est un monde surréaliste, inventé par l'architecte d'intérieur Maria José Salavisa.

Lisbonne, métropole tellement marquée par les ailleurs et les lointains, est pourtant une ville où l'on aimerait rester toujours. S'installer dans

La *Casa da Comida* est un restaurant tel qu'on les aime, raffiné, simple, et suprêmement portugais. Dès l'entrée, le bar évoque une élégante demeure privée avec ses boiseries et ses objets d'art. Les tables sont disposées autour d'un de ces charmants petits jardins lisboètes à la végétation exubérante, avec ses roses et sa fontaine. On y savoure la cuisine de Jorge Vale, réalisée avec les meilleurs produits du marché (à gauche).

Le *Grémio Literario*, dans le quartier historique du Chiado, est le club privé le plus prestigieux de la ville. Geraldo Salles Lane, un intellectuel expert en «art de vivre», préside brillamment à ses destinées. Ci-dessus à droite, le portier de ce haut lieu de la vie *lisboète*.

Légendaire *York House*, couvent en pleine ville, caché derrière de hauts murs. C'est à la fois un palais *lisboète* qu'aurait pu dépeindre Eça de Queiroz, un manoir comme les décrivait Camilo Castelo Branco et un hôtel que Paul Morand et Valéry Larbaud auraient aimé. On y découvre une Lisbonne exotique à l'ombre du palmier du patio. Et la Lisbonne de toujours, avec les lits à baldaquin sous les hauts plafonds de bois en forme de pétrin (en bas et page ci-contre).

ces hôtels classiques, s'aventurer au sommet des véritables nids d'aigle qui dominent toute la cité, découvrir ce qui se cache derrière les hauts murs des vieux quartiers…, faut-il vraiment choisir ? Il suffit peut-être de faire halte à l'hôtel York House. Situé près de l'élégant quartier de Lapa et de l'ambassade de France, il est installé dans un ancien couvent du XVIIᵉ siècle. On oublie ici l'agitation de la ville dès que l'on a franchi les marches cachées entre deux murs séculaires. Le patio est un oasis de fraîcheur où chantent les oiseaux. Les salons, les chambres, les proportions, le décor, le mobilier, tout ici a le charme d'un vieux palais qui ne s'est pas endormi. Graham Green, Teixeira de Pascoaes, Vieira da Silva, Marguerite Duras… l'ont toujours su. Partout, des meubles en bois exotiques, des tapis d'Arraiolos, des azulejos enchantent l'hôte de passage, lui offrant la meilleure des images d'une demeure portugaise.

Tout près, dans ce qui faisait partie de l'ancien domaine des carmes déchaux, la Cerâmica Constância nous permet de découvrir comment se

fabriquaient ces azulejos, éléments incontournables de l'art de vivre au Portugal. Dans cette maison renommée, créée il y a plus de cent cinquante ans, on s'émerveille de la prodigieuse richesse d'un art décoratif spécifique constamment enrichi au cours des siècles d'apports hispano-arabes, italiens, extrême-orientaux, hollandais, français..., tant dans la technique que dans l'iconographie. Le directeur, Dom Francisco de Almeida, nous accompagne dans ses ateliers. On y fabrique bien sûr des azulejos à l'ancienne mais sans négliger d'autres techniques telle que la sérigraphie. De même, les peintres reproduisent des modèles anciens mais se lancent aussi dans la création. Une de leurs grandes réussites est le monumental mur d'azulejos polychromes de l'avenue Calouste Gulbenkian, mur de soutènement transformé, à la portugaise, par la magie du peintre João Abel Manta.

Car les azulejos s'inscrivent dans le quotidien de l'architecture contemporaine. A Lisbonne, Ana Maria Viegas fait travailler des peintres qui conçoivent des azulejos en fonction des exigences architecturales. Elle présente aussi certaines de leurs créations dans sa fameuse galerie, la Galeria Ratton, fondée en 1987.

Innovation mais pérennité, telle a aussi été la démarche du banquier Ricardo do Espírito Santo Silva lorsqu'il a créé, en 1953, la fondation qui porte son nom et qu'il a offert à la nation portugaise. Ce mécène clairvoyant cherchait ainsi à maintenir et à développer le prodigieux savoir-faire menacé de disparition des artisans portugais. Le développement actuel de cette fondation témoigne de la justesse de son intuition.

Pérennité d'abord, pour le musée des Arts décoratifs, installé dans un palais d'Alfama du XVIIe siècle. Il renferme des trésors qui évoquent tous les lointains : porcelaines de la Compagnie des Indes, meubles de famille en bois exotiques aux noms fabuleux, argenterie ciselée fabriquée avec des lingots du Brésil... Tradition également, pour ces quatorze ateliers où des maîtres artisans

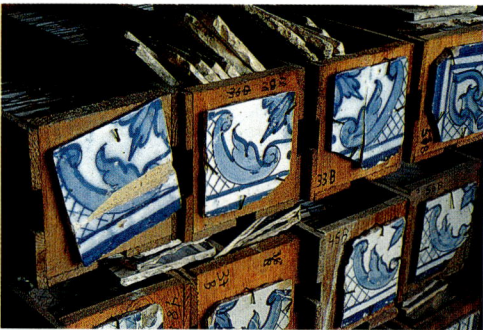

On vient du monde entier commander des œuvres artisanales au Portugal. Grande est la renommée des pièces d'argenterie exécutées à Lisbonne pour Tiffany à New York, des immenses tapis d'Arraiolos brodés pour de vastes palais, des fines nappes travaillées par des mains de fées et destinées aux grands de ce monde, ou encore des meubles et objets d'art fabriqués par les ateliers de la Fondation Espírito Santo. Dix-sept métiers d'art traditionnels sont représentés dans ces ateliers réputés (en haut et à droite).

L'étonnant Solar Albuquerque e Sousa est l'antiquaire d'azulejos le plus renommé du pays.

Cette maison a été fondée en 1957 par José Manuel Leitão. Sa collection, que continue son fils Manuel Leitão, sagement rangée par époques, est un éblouissement. Quelle vigueur dans le dessin, et surtout quelle fraîcheur fantastique des couleurs de grand feu où s'exaltent les verts de cuivre, les bleus de cobalt, les jaunes d'antimoine et les violets de manganèse. On y achète des carreaux à l'unité et aussi des panneaux entiers déjà assemblés (à gauche, en bas et page ci-contre).

pratiquent les métiers d'art les plus traditionnels, de l'ébénisterie la plus délicate au laquage et à la ciselure. Une grande partie des œuvres de très grande qualité réalisées ici sont des commandes qui proviennent du monde entier.

Innovation aussi, avec ces deux écoles des Arts et Métiers et des Arts décoratifs, pépinières de créateurs. Magiciens d'un nouvel art de vivre au Portugal, ils apprennent à innover sans faire *tabula rasa* de la tradition.

Passionnant tumulte créatif de Lisbonne qui sait toujours raison garder. Si la mémoire ne pouvait conserver qu'une image de la ville, ce seraient des visions du Tage. Qu'on l'aperçoive à travers le prodigieux arc de triomphe de marbre de la place du Commerce ou qu'on le contemple, quand ses eaux bleues s'encadrent entre les murs ocrés d'un palais ancien et un jasmin qui embaume au Bairro Alto, ce fleuve a une si forte présence. Il est gris, on le quitte des yeux. On croit entendre une corne de brume ; on se retourne, il n'est que lumière... Fleuve fabuleux, qui résume à lui seul toutes les beautés de la ville.

Alentejo

Les vastes horizons des paysages d'Alentejo se déroulent sous nos yeux. Moutonnement d'oliviers millénaires, vagues de chênes-lièges, terres où s'exaltent les couleurs au printemps (double page précédente).

Un petit pays, le Portugal ? Non, c'est impossible tant l'Alentejo semble immense. *Além Tejo...* au-delà du Tage, les longues plaines moutonnées de collines se déroulent à l'infini. Comme il est facile d'aimer cette terre sans limites.

C'est l'hiver, le froid s'installe, le vent souffle, le sol est brun. La mélancolie des paysages est comme adoucie par les gris de ciels immenses. Paradoxe que traduisent, à leur manière, les milliers d'oliviers aux troncs noueux mais au léger feuillage d'argent. Pourtant, l'impression d'abandon de cette campagne est illusion. Les *Alentejanos* récoltent les fruits des arbres qui donnent la précieuse huile d'olive. Au loin s'étirent les fumées des charbonniers préparant le charbon de bois. On entend parfois des bruits d'oiseaux, des grognements de sangliers. Et là-bas, bien à l'abri dans les vergers, les orangers et les citronniers odorants ploient sous le poids de leurs fruits.

Quand arrive le printemps, les vagues de terres, comme dans un tournoiement, se colorent

L'écrivain Miguel Torga évoque l'Alentejo avec une intensité brûlante : «Rien ne m'émeut autant qu'un océan de terre nue, austère et virile. [...] Le sol des autres provinces, on ne le voit plus déjà, qu'il soit recouvert par une végétation domestique vieille de huit siècles, ou que l'érosion ait ôté la chair de son corps en ne lui laissant que les os. Mais la terre *alentejana*, elle, on peut encore la contempler dans son état originel, vierge, exposée et ouverte. Et c'est d'elle que j'emplis mon âme» (sur ces deux pages, paysages de l'Alentejo au printemps).

Maison typique avec sa haute cheminée très *alentejana* et ses dépendances (ci-dessous).
Partout dans la solitude de ces vastes espaces paissent des troupeaux qui vivent en plein air, des taureaux de course, des porcs noirs, des moutons (page ci-contre et à droite).

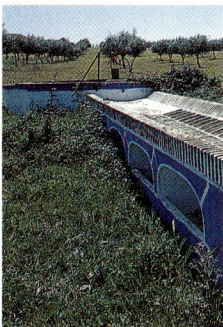

tel un formidable feu d'artifice. Les violets des fleurs de luzerne, les rouges des coquelicots, les verts tendres de l'herbe nouvelle, les blancs des pétales des cistes composent un tableau presque psychédélique. Les jours s'allongent et les bergers protégés par leurs *safões*, ces vêtements tradition-nels garnis de peaux de mouton, veillent sur leurs agneaux nouveau-nés. Déjà, les cigognes s'instal-lent sur les clochers.

Monotone, l'Alentejo ? Dans la chaleur de l'été, l'immense paysage doré, d'un or platiné, est devenu lui-même. Sur les *campos* – les champs –, on récolte le blé, symbole de cette terre. Au sud, les formidables silhouettes des moissonneuses-batteuses se détachent sur l'horizon infini. Parfois, on voit encore travailler aux champs des rangées de femmes, vêtues d'une jupe qu'elles attachent en culotte de zouave et coiffées d'un chapeau de feutre noir posé sur un fichu. Ailleurs, dans les

vastes chênaies, la précieuse écorce de milliers de chênes-lièges a été arrachée. Leur tronc est deve-nu d'un rouge brûlant, puis sombre comme un cri sourd. Les oiseaux fous volent dans la poussière. A la tombée du jour, la fraîcheur revient peu à peu. La brume de chaleur disparue, un autre pay-sage se dévoile sous un ciel limpide, éclairé par la lune et étincelant d'étoiles, comme dans le désert.

Il n'y a pas de barrières, pas de haies, pas de chemins creux en Alentejo. En automne, on voit de très loin ces formidables troupeaux de mou-tons, ou ces porcs noirs en liberté qui, comme au Moyen Age, cherchent paisiblement les glands et mettent parfois au jour des truffes blanches. Comme le dit Miguel Torga, il semble que « la terre alentejana, elle, on puisse encore la contem-pler dans son état originel, vierge, ouverte et ex-posée. [...] L'être, ici, peut encore toucher l'argile avec laquelle Dieu l'a créé ».

Une chapelle près de Monsaraz. Jeux de lumières sur un vaisseau blanc dans l'immensité de la plaine (double page suivante).

VILLAGES ET VILLES
ÉCLATANTS DE BLANCHEUR

Du nord au sud, on parcourt l'Alentejo, avec une joie qui jamais ne s'épuise. Parfois, au sommet d'une butte, se détachent quelques maisons isolées, blanches, les *montes*, point de repère du domaine agricole et lointain souvenir de la villa romaine. Au début du siècle, de grandes familles portugaises et anglaises ont construit des *montes* avenants, fonctionnels. Dans ces domaines se regroupent les paysans qui travaillent ces grandes terres. Là, pendant les récoltes, la vie est très laborieuse. Mais le soir, le travail fini, on peut entendre parfois de poignantes mélopées ; ce sont les journaliers qui chantent dans la nuit.

En Alentejo, c'est le royaume du blé et des oliviers. Jusqu'au début du siècle, les vins n'étaient guère réputés. Mais depuis quelques dizaines d'années, les vignobles se sont développés. Les possibilités de ces vins régionaux se révèlent maintenant à tel point que des groupes importants comme celui des Domaines Barons de Rothschild (Lafite) représentés par Eric de Rothschild s'y sont intéressés. Parmi ces vins, on peut citer ceux de la région de Borba, rouges et blancs, dont les meilleurs pourraient être ceux de la Quinta do Carmo, issus des terres rocheuses près d'Estremoz. Ceux d'Évora proviennent surtout de l'important domaine de la Herdade de Cartuxa. Quant aux régions de Reguengos de Monsaraz, de Vidigueira et de Moura, elles produisent maintenant aussi de très bons vins.

Dominant la plaine, Monsaraz est l'un des plus beaux villages du Portugal. Si l'œil n'appréhende pas d'un seul regard la variété des points de vue, la photographie, elle, les met en relief en organisant les plans (ci-dessus et à droite).

Dans cette belle lumière, une simple fenêtre devient une œuvre d'art (Estremoz, à gauche).

Ville frontière près de l'Espagne, la vieille bourgade de Monsaraz a été miraculeusement préservée, malgré tous les sièges, les assauts, les attaques et les sacs qu'elle a subis. S'y promener est un enchantement de tous les instants. Apparaissent à chaque pas une église, des cheminées, des murs qui ondulent sous la lumière, un angle, une perspective. Parfois même, l'immensité de la plaine, tout en bas, jaillit par la porte d'une muraille. Le temps que ces murs ont emprisonné déroule sous nos yeux un portail gothique, une fenêtre géminée manuéline, un balcon du XVIIᵉ siècle en fer forgé, un clocher baroque... Un blanc éclatant unifie les volumes. Ce blanc, par lequel s'exprime toute une culture, contraste avec la rudesse des dalles de schiste gris sombre du sol (à gauche).

Partout en Alentejo, les beaux encadrements se détachent sur la blancheur des murs immaculés. Les arcs ont souvent des formes complexes, trilobés comme ici (ci-dessus).

Depuis toujours, les Portugaises brodent admirablement (en bas).

Quelle impression
profonde fait Évora, cette
ville qui a traversé les siècles
et dont l'histoire s'inscrit à
chaque instant dans les
pierres, granit doré par les
ans, murs chaulés de blanc,
marbre beige et rose... Dans
les venelles tortueuses ou sur
les grandes places, les
perspectives se succèdent et
se renouvellent à l'infini avec
une variété incroyable de
monuments, colonnes
romaines, remparts
médiévaux, cathédrale,
couvents et palais (ci-dessus).

Très espacés les uns des autres, comme pour
respecter cette terre, villes et villages fortifiés, à la
longue histoire, se dressent sur les collines comme
Évora, Estremoz, Vila Viçosa, Portalegre... Leur
apparition est chaque fois un enchantement, surtout celle d'Évora, la plus belle ville de l'Alentejo.
Là, temple romain, balcons ajourés, jardins suspendus et patios mauresques, cathédrale et murailles médiévales, fenêtres géminées manuélines,
atlantes Renaissance voisinent avec les sculptures
contemporaines de João Cutileiro et proposent un
véritable voyage dans l'imaginaire portugais.
Quelle étonnante unité modelée dans une diversité
sans cesse renouvelée... Comment mieux comprendre la subtilité de l'art de vivre au Portugal
qu'à Évora ? Plus encore, pendant ces nuits d'été
alentejanas, lorsque l'air est doux et les étoiles si
brillantes, il faut marcher sans but et se laisser
prendre par la magie des lieux.

L'Alentejo, c'est aussi le triomphe du blanc,
que l'on soit à Évora, Estremoz, Vila Viçosa,
Portalegre, Arraiolos, Monsaraz, Marvão...
comme dans le plus modeste des villages. Est-ce
seulement pour lutter contre la chaleur de l'été ?
Ne serait-ce pas aussi, comme l'avance l'architecte António Teixeira Guerra, originaire de la région, que le blanc est un symbole, un moyen de
s'approprier et d'humaniser une nature souvent
hostile, un geste domi-
nateur par lequel s'ex-
prime une culture ?
On chaule sans cesse,
partout, les murs et
même les escaliers,
avec des brosses
fixées au bout de
longues perches ou
des sulfateuses hors

Forgé par cette
terre ouverte, sans clôtures,
l'Alentejano, individualiste
et solitaire, est un homme
d'une infinie dignité. Homme
libre, il garde toujours son
chapeau sur la tête, même
lorsqu'il parle à autrui
(à Monsaraz, ci-contre).
Dans les rues brûlées de
soleil, les enfants aussi sont
chapeautés de paille
(ci-dessous).
Les cheminées
alentejanas surprennent
toujours par leur hauteur.
Ici, des sœurs jumelles
(page ci-contre, en haut).
Au Portugal,
les baies sont souvent
ourlées de couleurs vives
(page ci-contre, en bas
à droite).

d'âge. On raconte qu'un chapeau accroché au mur pourrait très vite être recouvert de blanc par inadvertance !

Dans les villages, les maisons simples, très basses, n'ont que peu d'ouvertures, pour protéger l'intérieur aussi bien de la chaleur que du froid. Impressionnantes, les cheminées souvent plus hautes que les maisons généralement rectangulaires, énormes, toutes différentes, se succèdent comme de lentes percussions.

On ne se lasse jamais de ces murs blancs, modelés par la lumière. Parfois, ils sont rythmés par des couleurs, avec cette simplicité si portugaise, empreinte de raffinement. Comment ne pas admirer ces ocres, ces bleus indigo, ces rouges sang-de-bœuf ou ces verts sur les angles des façades, les corniches et les encadrements de baies ? Dans le bourg de Redondo, la large bande azurée peinte à l'angle d'une modeste maison donne autant à

Étonnante contrée où, sur les hauteurs, les remparts de pierre brune s'ouvrent par d'étroites poternes sur des villes blanches. Castelo de Vide, rafraîchi par la *serra* de São Mamede, est appelé le Sintra de l'Alentejo. Dans cette ville harmonieuse et pleine de surprises, les quartiers de l'Arçário et de la Judiaria présentent la plus belle collection de portails gothiques du Portugal. La *fonte da Vila* est vraiment magique : le bruit de l'eau qui s'écoule semble, à lui seul, meubler tout l'espace (ci-contre et ci-dessous).

A Évora, sur la grande place des Portas de Moura, cette célèbre fontaine Renaissance illustre une nouvelle vision du monde issue des découvertes de Copernic sur la révolution des planètes dans le système solaire. Au fond, la Casa Cordovil (ci-dessus à droite).

rêver que le somptueux pilastre polychrome à chapiteau corinthien d'une maison proche. Quelle étonnante et noble simplicité !

La vie en Alentejo, c'est aussi l'art d'utiliser et de mettre en valeur l'eau, souvent rare en cette terre. Il y a partout des fontaines. A Castelo de Vide, une ville étonnante qui a traversé les siècles dans toute son intégrité, on en comptait près de trois cents. La *fonte da Vila*, la plus somptueuse, avec ses colonnes Renaissance en marbre, se dresse au cœur de la cité aux ruelles escarpées. Ces fontaines, lieux de rencontre moins importants, certes, depuis l'apparition de canalisations individuelles, restent un élément important de la vie sociale. On comprend ainsi le soin apporté à leur construction. Il y en a de toutes sortes, en marbre ou en matériau rustique chaulé de blanc. Leurs volumes sont toujours d'une grande pureté, une sphère à Évora, une colonnade à Alter do Chão, une pyramide, un cylindre à Monsaraz. Parfois même, comme à Arraiolos, c'est un simple mur animé par un décor chantourné jaune ou

En Alentejo, la campagne est toujours proche, d'où l'importance des marchés. Celui d'Estremoz, réputé dans toute la région, a lieu le samedi sur le Rossio, l'esplanade. Importante place financière, ce marché est une véritable bourse

Ici, on rencontre encore ces *carros de canudo*, charrettes typiques avec leurs petites caisses parfois bâchées (ci-dessous, à Borba).

bleu. Tant d'élégance avec une telle économie de moyens, voilà un autre secret de l'Alentejo, un secret que l'on retrouve tel un leitmotiv à l'intérieur de toutes les demeures.

En Alentejo, on se rencontre autour des fontaines, mais aussi sur les marchés. Celui d'Estremoz, le samedi, la grande foire populaire d'Évora en juin, ou celle de Castro Verde à la mi-octobre, sont parmi les plus pittoresques. Souvent encore, les *Alentejanos* portent les costumes traditionnels et les femmes sont habillées de noir. Venant des bourgs des alentours, ils arrivent tôt le matin, certains dans leur petite charrette bien chargée tirée par un âne. On trouve ici des *capotes*, ces grosses houppelandes à col de renard que portent les bergers, ou ces étonnants feutres brodés de Nisa, composés de tissus appliqués, utilisés en nappes ou en coussins. Sur les étals s'empilent des couvertures multicolores, les *mantas*, tissées à Reguengos de Monsaraz. Plus loin, des céramiques sont étalées sur le sol ou empilées les unes sur les autres. Le plus frappant peut-être sur ces marchés, c'est la noblesse d'allure de ces *Alentejanos* qui portent en eux toute la dignité de cette terre ample, libre, sans clôture.

agricole où tout se vend et tout s'achète. Les *Alentejanos* racontent qu'ici on vend même ce que l'on n'a pas à des gens qui ne peuvent pas le payer (à gauche en haut et ci-dessus).

« Un homme peut, s'il est vraiment sage, jouir sur une chaise de tout le spectacle du monde. » Fernando Pessoa, *Le Livre de l'intranquillité* (page ci-contre).

L'ART DE VIVRE
SUR CETTE TERRE DE CONTRASTES

Sur cette terre immense, les maisons aux murs blancs percés de rares ouvertures s'organisent autour de patios égayés de fontaines. Elles sont conçues pour être agréables malgré l'intense chaleur qui règne une bonne partie de l'année. L'étonnante floraison de cheminées s'explique, elle, par la rigueur des hivers. A l'intérieur, fresques et azulejos font oublier l'austérité des extérieurs. Cette province noble et fière sait aussi sécréter des demeures, modestes ou splendides, où l'art de vivre allie toujours grandeur et simplicité.

UN PALAIS INSÉRÉ DANS L'HISTOIRE. Évora a traversé les époques. En témoignent les murailles romaines et wisigothes, les fenêtres de style mudéjar à arcature outrepassée, les loggias et fresques à l'italienne... A cause de cette longue histoire, Miguel Torga rêvait d'obliger chaque Portugais à faire une retraite à Évora. C'est là que s'élève le palais des comtes de Basto où le roi Dom Sébastien a beaucoup séjourné. Les Portugais attendent encore le retour glorieux de ce « roi désiré » disparu brutalement en combattant les Maures à Alcácer-Quibir en 1578. Ce mystérieux sébastianisme, ce rêve d'un sauveur providentiel, serait même, pour le poète Fernando Pessoa, inhérent à l'âme portugaise depuis toujours.

Dans ce superbe palais, les trois grandes salles voûtées en enfilade sont ornées de fresques à la mode italienne. Sans doute le souverain méditait-il ses conquêtes en contemplant celle qui représente une bataille en Afrique du Nord. Plus près de nous, le comte et la comtesse de Vill'Alva ont su préserver le charme de cette demeure historique tout en étant des acteurs de premier plan dans la vie d'Évora. Le regretté comte, au tempérament de bâtisseur, a participé activement à la réinstallation de l'université d'Évora. Pendant les années difficiles de la révolution de 1974, il a aussi créé la Fondation Eugénio de Almeida. Cette institution

Merveilles que ces tons d'ocre ou de bleu qui scandent toute architecture. Ici, ils sont les contrepoints au fronton chantourné (page ci-contre).

A Évora, la demeure des comtes de Basto est l'un des palais les plus importants du XVIᵉ siècle portugais, cette époque de gloire de la ville. A l'intérieur, plusieurs salles voûtées sont revêtues d'un

décor peint a tempera. Ici, les trophées et les oiseaux sont des motifs caractéristiques de la Renaissance (ci-dessus à droite).

offre des bourses d'étude, contribue à l'entretien de l'immense palais et gère d'importantes terres dont un vignoble réputé situé au sud d'Évora, sur la route de Reguengos de Monsaraz. Sous l'appellation Herdade de Cartuxa, ses excellents vins rouges et blancs, conservés dans les superbes chais qui jouxtent le couvent de Cartuxa – la Chartreuse –, remportent de nombreux prix. Très appréciés, ils révèlent dans toute leurs plénitudes les caractéristiques de ce terroir original.

LE DOMAINE DU CHEVAL. Évora, c'est aussi le pays du cheval comme nous le fait découvrir João Fiuza da Silveira dans sa ferme familiale, l'Herdade da Pereira. Typique, la maison basse, chaulée de blanc et ourlée de bleu, est surmontée d'une immense cheminée. L'entrée est flanquée d'un portique à colonnes et la géométrie de ses chapiteaux soulignés de bleu est un bonheur pour les yeux.

L'intérieur renferme de précieuses collections d'étains, de cuivres et de porcelaines de la Compagnie des Indes transmises par les générations successives. Un oratoire en bois sculpté du début du XVIIIᵉ siècle, de style Dom João V, s'ouvre sur des statues de saints présentées devant un brocart fleuri en trompe-l'œil. Ces *oratórios* témoignent d'une piété familiale très portugaise, à la fois personnelle et conviviale. Dans le bureau,

La table est un art dans cette noble demeure : ce beau service de verre mettra en valeur les grands vins rouges et blancs de la Herdade de Cartuxa, provenant des vignobles de la maison (à gauche, en haut et ci-dessous).

Reliquaire, petits tableaux religieux, images de saints illustrent une dévotion personnelle, une piété tranquille, presque étonnante dans ce cadre grandiose (en bas à gauche).

Bois exotiques, dentelles et azulejos à la Quinta do Carmo (ci-contre).

La maison de la Herdade da Pereira, près d'Évora, conserve encore une chambre avec un beau plafond à lattes de bois et son décor peint. Guirlandes et rinceaux de fleurs sont exécutés avec délicatesse dans le style Dona Maria Ire (ci-dessous).

Le palais et les jardins de la Quinta do Carmo sont splendides. Donnant sur une grande esplanade fermée de murs, un portail de style classique ouvre sur un second jardin, clos lui aussi.

Là, une végétation dense s'épanouit autour d'allées couvertes de tunnels de verdure. Superbe constraste entre l'ordonnance symétrique du portail à colonnes et l'exubérante liberté de la nature (page ci-contre).

une composition du sculpteur João Cutileiro résume l'immense plaine *alentejana* à laquelle il donne vie et mouvement avec des marbres rouges ocrés, veinés de noir et de blanc, alternant avec des gris bleutés.

Dans son haras, João Fiuza da Silveira élève des chevaux lusitaniens très près du sang, ces chevaux vifs, aimables, intelligents, d'une race proche de ceux que montaient les rois de France et qui portent le fer *Caza Fiuza F.* Ils sont appréciés pour la course de taureaux, la promenade, l'attelage et la chasse, disciplines qui passionnent la famille. Comme les lièvres abondent sur le domaine, le maître des lieux, suivant en cela une vieille tradition britannique, organise plusieurs fois par an des chasses à courre fort renommées. Autour de sa meute d'une cinquantaine de lévriers, il réunit quelques cavaliers pour cette chasse rapide et d'une grande beauté. Tous se retrouvent ensuite dans la grande salle de chasse pour un véritable hommage à la gastronomie de la région. Pendant la saison, on se régale de ragoût de gibier – *favada de caça* – ou de civet de lièvre – *chanfana de lebre*. En Alentejo, la cuisine est particulièrement aroma-

tique. L'ail et surtout la coriandre fraîche, lointain souvenir de la longue présence arabe, sont très utilisés, notamment dans les délicieuses soupes rustiques dont le pain est l'un des ingrédients principaux. Ainsi, dans l'*açorda alentejana*, bouillon, œuf poché, ail, coriandre et pain forment un assemblage savoureux. Quant au *gaspatcho alentejano*, c'est un potage traditionnel que les paysans emmenaient aux champs dans leurs « thermos » en liège, les *tarros*. En été, il est servi très frais. Oignons, concombres, tomates et poivrons coupés en très fines lanières s'y marient avec l'ail et l'huile d'olive. Le pain n'entre pas seulement dans la composition des soupes. Rassis, il est utilisé avec un grand art dans toutes sortes de préparations populaires, les *migas* – ce qui signifie mie de pain défaite. Travaillé sur le feu avec un peu d'huile, il sert alors de sauce pour la viande ou le poisson.

En dégustant ces spécialités, les amis de João Fiuza da Silveira parlent aussi des prochaines présentations d'attelages. Car, à l'exemple des collections royales du musée des Carrosses de Lisbonne, les Portugais ont toujours conservé précieusement leurs voitures hippomobiles. Ici, tilbury, victoria, carrick, phaéton, fort bien entretenus, montrent que l'art du « menage » est très vivant.

LA QUINTA D'ARGILE ET DE MARBRE. L'art de vivre en Alentejo témoigne de relations anciennes entre l'Angleterre et le Portugal. Ainsi, la célèbre Quinta do Carmo près d'Estremoz, a été transmise par les Reynolds, grande famille anglaise d'Alentejo, à leurs cousins portugais, les Bastos.

Personnalité active, Julien Bastos nous fait visiter la maison et les jardins de cette *quinta* dont les vignobles, exploités par les Bastos et par les Domaines Barons de Rothschild (Lafite), représentés par Eric de Rothschild, sont très réputés. Dans ce splendide palais à un seul étage se retrouve comme magnifiée un peu de la terre *alentejana*. Cuite au four ou séchée au soleil, celle-ci est calibrée en dalles et vernissée pour couvrir les sols, travaillée en briques et chaulée pour constituer les

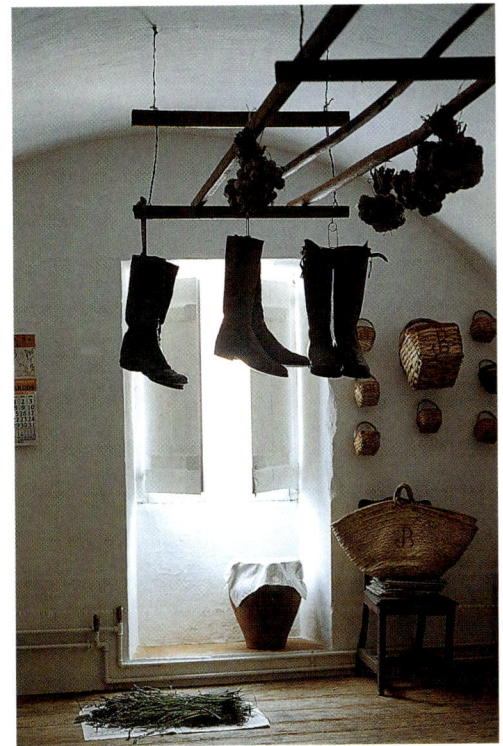

Dans la cuisine de la Quinta do Carmo, les voûtes blanches du plafond, les carreaux de terre cuite rouge du sol, les azulejos en camaïeu de bleu qui couvrent les murs et le marbre beige rosé des tables montrent bien que nous sommes en Alentejo. Ici, le soin apporté au décor de la cuisine, une habitude bien portugaise, témoigne de l'importance donnée à la gastronomie (ci-contre).

Le charme du quotidien à la campagne (ci-dessus à droite).

En l'honneur de sa femme d'origine espagnole, le père du propriétaire actuel avait fait installer, il y a quelques années, cette pièce consacrée à la tauromachie (ci-dessous).

voûtes, découpée en carreaux délicatement émaillés et revêtus de peinture au cobalt pour former les azulejos.

Parmi les merveilles de cette demeure, une somptueuse vitrine baroque en bois doré sculpté présente les services de porcelaine. Quant à la cuisine, elle est décorée d'azulejos *avulso*, des azulejos rustiques à motifs isolés, inspirés des carreaux de Delft importés en nombre des Pays-Bas au XVIIIᵉ siècle. Partout, le marbre abonde. Ainsi, les cuves arrondies des éviers – les *pias* – et la vaste table centrale sont en marbre rose, veiné de beige.

Une des curiosités de cette demeure où il fait bon vivre est la pièce réservée aux souvenirs tauromachiques. Installés sur des chaises peintes rustiques, les visiteurs y dégustent des spécialités locales dans des écuelles d'Estremoz en terre vernissée que l'on trouve sur tous les marchés de la région. Et bien sûr, on goûte les excellents rouges et blancs de la région de Borba qui proviennent de la Quinta do Carmo et comptent parmi les meilleurs des vins portugais.

À Alvito, la Casa de Água de Peixes, la « Maison de l'eau des poisson », où l'eau coule en abondance, est une oasis de fraîcheur et de poésie dans la chaleur de l'Alentejo (page ci-contre).

Réminiscences mauresques pour ce petit porche à colonnettes qui conduit vers une porte manuéline (ci-dessous).

La comtesse Capodilista qui veille sans relâche sur la restauration de ce beau domaine de l'Alentejo (ci-dessus).

L'autre surprise, ce sont les jardins, des espaces qui se découvrent par étapes, comme une initiation. A la grande esplanade fermée succède le jardin clos de murs. Un portail monumental, tel un arc de triomphe éclatant sous le soleil, s'ouvre alors curieusement sur un tunnel de verdure, grotte obscure qui débouche sur la *Casa de fresco*. Autour de ce pavillon de fraîcheur, des murs bordés de bancs, des fleurs en pots entourent un vaste bassin, lieu de baignade et réserve d'eau. Cet espace intime illustre vraiment toute une culture des pays du Sud.

LA MAISON DE L'EAU DES POISSONS. L'art de vivre en Alentejo est en effet imprégné par plusieurs siècles de présence des Arabes. La Casa de Água de Peixes, à Alvito, est peut-être le lieu symbole de leur savoir-faire et de leur raffinement. A lui seul, ce nom, la « maison de l'eau des poissons », évoque un oasis au milieu d'une campagne aride.

Selon l'habitude maure, dans un immense bassin – le *tanque* – qui longe la maison, l'eau coule en abondance, eau que les maîtres de maison gèrent avec soin pour l'irrigation des terres. L'architecture aussi, du début du XVIe siècle, témoigne combien la Renaissance au Portugal a été marquée par la civilisation arabe du sud de

L'air et la lumière sont comme enchâssés dans le grand patio avec ses puissantes arcades et ses fines colonnes. Un vrai jardin des délices où monte le parfum des fleurs d'oranger (ci-dessus).

Ici, la galerie-haute semble sculptée par la lumière (ci-contre).

l'Espagne. Austères, les murs ne s'ouvrent guère, sinon par deux baies aux arcs outre-passés. La fenêtre gé-minée en brique et celle en angle, poé-tique mirador en marbre, sont devenues et restent encore au-jourd'hui des références appréciées dans tout le pays. Sur les murs blancs se détache l'olivier millé-naire que les propriétaires, le comte et la comtesse Capodilista, ont réussi à transplanter avec succès.

A l'étage noble, derrière les vantaux d'une porte manuéline apparaît alors dans toute sa vi-gueur la vraie Casa de Água de Peixes, maison du Sud, toute tournée vers sa cour intérieure. Le comte et la comtesse Capodilista ont restauré ce patio : arcades au rez-de-chaussée et galerie-haute à l'étage. La comtesse continue maintenant les travaux commencés par son mari, réhabilite la chapelle et les salles aux vastes proportions et a encore bien d'autres projets.

Pour les convives réunis dans la salle à manger lors d'un élégant repas dans la lumière du soir, les belles fenêtres à arc outrepassé en brique devien-nent fantastiques et évoquent le pays des *Mille et Une Nuits*. Plus loin, sous les arcades, les énormes jarres de terre cuite dans lesquelles on conserve la chaux évoquent celles de la caverne d'Ali Baba.

Dans cette chambre de la Casa de Água de Peixes, le plafond en pétrin double presque le volume de la pièce et contribue à l'harmonie générale. Un lit de style Dom João V ajoute au charme de la pièce (à gauche).

Cette fenêtre d'angle s'orne d'éléments décoratifs manuélins (en haut).
Dans cette salle de bain, les violets des faux marbres des plinthes et les bleus des bordures s'associent à merveille aux multiples tons de blanc rosé irisé (page ci-contre).

Il fait bon. La chaleur est tombée, on s'assoit dans la galerie-haute autour du patio. La fraîcheur des plantes en pots, le parfum des orangers, le murmure de l'eau toute proche font de cette demeure un oasis enchanteur.

JEUX DE FRESQUES ET DE TAPIS. Très raffinée également, la Casa Leal, à Reguengos de Monsaraz, est une demeure particulièrement confortable. Au plein cœur de l'été, quand la lumière est éclatante, on apprécie la fraîcheur de son grand hall. Pourtant, un grand brasero de cuivre y rappelle que les hivers sont parfois rudes. Un grand escalier conduit à l'étage noble. Là, Maria do Carmo Sousa Uva nous reçoit dans les salons en enfilade à l'élégance très classique. Cependant, très vite, on perçoit que cette maison est autre. L'ampleur chaleureuse des proportions est comme l'écho des vastes espaces de la campagne *alentejana*. Puis, les plafonds voûtés rappellent le vieux savoir-faire hérité de la tradition maure. Enfin, le décor de fresques est très caractéristique dans cette région au climat bien sec. Ces dernières, qui datent du XIXᵉ siècle, ne cherchent ni à agrandir l'espace, ni à raconter de hauts faits, comme on le concevait aux siècles précédents. Ici, la plupart des panneaux principaux sont nus, revêtus d'une peinture claire, le décor étant reporté sur les encadrements, lambris, chambranles, corniches. Pour que le sol s'harmonise avec cet ensemble, la maîtresse de maison a fait broder sur mesure de très grands tapis d'Arraiolos. Vraiment, c'est un des charmes de la vie au Portugal que de choisir l'atelier, discuter des proportions, étudier les motifs, hésiter entre les multiples nuances de couleurs...

Pendant les journées d'hiver ensoleillées et les soirs d'été, il est agréable d'être dehors. Dans le patio comme sur la grande terrasse, on retrouve également des motifs peints selon une interprétation très *alentejana* de la grammaire décorative. Ici, les bougainvillées se mêlent aux colonnes blanches dont les cannelures sont rehaussées de beige ocré. Là, l'entablement

Construite plus de trois cents ans après la Casa de Água de Peixes, la Casa Leal illustre une tout autre conception de l'architecture. Ici, les murs sont destinés à recevoir un décor qui cherche tout simplement à charmer le regard. Dans la salle à manger, leurs tons ocrés sont en harmonie avec la couleur de la nappe, du tapis d'Arraiolos et des tentures brodées en feutre de Nisa. Sur la grande terrasse, par la grâce du trompe-l'œil, les plantes sagement placées dans des vases Médicis semblent être le contrepoint d'une végétation exubérante (ci-dessus et page ci-contre).

La résurrection de Monsaraz est à l'image d'un pays qui se redécouvre lui-même et refuse d'occulter un certain passé. Dans cet esprit, Mizette Nielsen et Gilles Kalisvaart ont restauré ici plusieurs maisons. Celle qu'ils réservent à leurs amis est tout à fait typique avec son escalier intégré à la maçonnerie et son plafond en roseaux (ci-dessus).

presque en trompe l'œil n'est qu'un jeu de filets, bandeaux et frises où est déclinée toute une grammaire décorative dérivée du style néoclassique. Et les beiges ocrés, tel un philtre magique, semblent concentrer sur un mur modelé par la main de l'homme les immensités *alentejanas* au coucher du soleil.

DEMEURE D'ARTISTES. Admirer les reflets du soleil, le matin ou le soir, sur la campagne environnante est l'un des plaisirs de Monsaraz. C'est là que se sont installés Mizette Nielsen avec son mari, le sculpteur Gilles Kalisvaart. Relevant plusieurs maisons anciennes de leur ruine, ils y ont ouvert une boutique et installé leur demeure.

Dans l'intérieur chaulé de blanc se détachent les austères sculptures sur schiste de Gilles Kalisvaart, synthèse d'un Alentejo qu'il n'a de cesse de découvrir et de parcourir lors de ses

longues chasses. Personnalité active, Mizette Nielsen a su recréer ici un décor très typique de la région. Elle dirige aussi à Reguengos de Monsaraz un atelier, l'un des derniers du genre à fabriquer sur de vieux métiers les *mantas*, ces

Une haute et large cheminée rectangulaire domine la maison où résident Mizette Nielsen et Gilles Kalisvaart. Dans l'âtre, on cuisait et on fumait autrefois ces savoureuses charcuteries confectionnées avec le fameux porc *alentejano*, que le journaliste gastronome Francisco Hipólito Raposa considère comme le meilleur du monde (en bas).

L'intérieur est meublé de façon très simple : table en bois, chaises en paille et banc peint de petites fleurs rustiques (page ci-contre, à gauche).

Dans la chambre, le lit s'intègre à l'architecture de la maison (page ci-contre, à droite).

couvertures-tapis déjà connues au XVIᵉ siècle et traditionnelles de la région. La laine est teinte de couleurs vives, rehaussées de noir et de brun. Merveilles de cet artisanat, les fils de laine semblent révéler la prodigieuse variété de ces paysages qui n'ont rien de monotone.

Sur les mêmes métiers, Mizette fait également tisser des *trapos*, les lirettes *alentejanas*, tapis colorés très populaires réalisés avec des chutes de coton. C'est un travail traditionnel qui, à l'origine, permettait de donner une nouvelle vie aux tissus des vieux vêtements.

Dans ce pays aux vastes espaces, que ce soit en ville ou dans un *monte* perdu dans la campagne, l'hôte est toujours le bienvenu. Les *Alentejanos* offrent la fraîcheur de leur maison en été et la chaleur des feux de bois à l'époque de la chasse. Ci-dessus, la Casa de Peixinhos, à Vila Viçosa.

A Estremoz, ville aux mille visages, se trouve la fastueuse Pousada da Rainha Santa Isabel. Située dans la ville haute, elle se reflète dans le miroir d'eau de la ville basse. Les repas y sont servis dans une agréable salle à manger (ci-dessus et ci-contre).

LA VIE DE CHATEAU
DANS UNE POUSADA

L'Alentejo mérite qu'on s'y arrête longuement pour garder l'infini de ses paysages en mémoire, découvrir la puissance de son architecture et tenter d'emprisonner le temps. L'accueil y est toujours chaleureux et les haltes privilégiées sont nombreuses. Les lieux les plus somptueux sont sans conteste les palais ou les anciens couvents transformés en *pousadas*.

Pousar, c'est tout simplement s'arrêter, faire halte, s'installer. Dans le même esprit que les *paradores* en Espagne, les *pousadas* – créées et gérées par l'État – sont des étapes rêvées pour découvrir les hauts lieux du Portugal. Certains de ces hôtels de charme sont des édifices historiques aménagés avec le concours de grands architectes comme Fernando Távora. D'autres sont situées dans des

établissements plus récents dont l'architecture s'inspire des traditions locales, la plupart du temps dans des sites exceptionnels. Toutes permettent de découvrir le Portugal dans la passionnante diversité de ses cités historiques et de ses paysages. La table y contribue également, faisant de chaque étape une excellente découverte de la gastronomie portugaise. Quant au décor intérieur, rustique ou somptueux, il cherche le plus possible à recréer l'ambiance d'une époque ou de la région. Ici, les lits sont en solide chêne ; là, ornés de délicats motifs peints ; ailleurs, en précieux bois exotique.

A la Pousada da Rainha Santa Isabel, à Estremoz, l'escalier

En Alentejo, les étapes de charme sont nombreuses. A droite, la Quinta do Monte dos Pensamentos près d'Estremoz ; en bas, la Casa dos Arcos à Vila Viçosa.

La Pousada dos Loios, à Évora, est un vrai joyau. Pour un dîner inoubliable, le restaurant est installé dans le cloître (ci-dessous).

monumental en marbre évoque l'entrée des hôtes royaux d'antan. C'est peut-être en ce lieu que l'on comprend vraiment que tout est grand en Alentejo. La salle à manger voûtée est immense, les paysages aperçus par les fenêtres s'étendent à perte de vue. Même le mobilier est impressionnant. Dans les salons comme dans les chambres, les tapisseries, les lits à baldaquin, les cabinets de bois sculpté, les commodes, pour la plupart anciens, donnent à chaque hôte l'impression d'être là depuis toujours.

A Évora, la Pousada dos Loios réserve d'autres surprises. Là aussi le décor de fresques baroques, les meubles anciens, tels les lits en bois tourné, contribuent à l'harmonie générale. Après un bain dans la piscine installée au milieu d'un patio, le moment le plus agréable est peut-être le dîner dans le cloître manuélin voûté. La beauté des marbres de la salle capitulaire, des fenêtres gémi-

nées et du lavabo des moines où l'eau murmure doucement se conjugue à la qualité des mets.

Outre les *pousadas*, certaines demeures de charme accueillent les hôtes de passage. La Quinta do Monte dos Pensamentos à Estremoz est un ancien *monte*, qui servait il y a quelques années de rendez-vous de chasse lors de la saison de la perdrix et du lièvre. Les petites tours dans le goût mauresque sont comme une invitation au voyage

vers le sud. Dans cette demeure confortable, l'hôte découvre avec ravissement toute la passion des Portugais pour la céramique. Accrochée aux murs, la collection de plus de cinq cents plats de faïence donne un charme infini à toutes les pièces. Certains proviennent des fabriques du Nord. Les autres, d'inspiration populaire, étaient apportés par les *Ratinhos* de la région de Coimbra, ces hommes des Beiras qui venaient pour effectuer les travaux saisonniers en Alentejo et logeaient en communauté dans les *montes*.

Imposant couvent, le Convento de São Paulo au milieu de la *serra* d'Ossa, près d'Estremoz, est une étape privilégiée. Car en Alentejo, les sites sont d'une telle beauté qu'ils devraient être le critère décisif dans le choix d'une halte. Serait-ce à cause de sa situation reculée, de la beauté du paysage, du souvenir du passage de membres de la famille royale ? Peut-être est-ce ici que se révèle

Le fastueux Convento de São Paulo près de Redondo est aussi une étape privilégiée. Les couloirs sont ici ornés de splendides azulejos (à gauche). Enchâssé dans la montagne, le patio est un véritable îlot de fraîcheur. Là tout n'est que rythme et mouvement : les bordures chantournées des azulejos et surtout ces formidables encadrements de pierre qui décorent la fontaine (page ci-contre).

La salle à manger est ornée de fresques et d'azulejos (ci-dessous).

pleinement l'alliance du marbre, de l'argile et des fresques, fondement de l'architecture de cette province. Marbre d'abord, pour le somptueux escalier, les vasques où déborde joyeusement l'eau de la montagne et les salles de bains. Argile émaillée pour les azulejos sur lesquels se déroule le long des couloirs un film étonnant, un scénario biblique, renouvelé des dizaines de fois, peint en camaïeu de bleu par les meilleurs artistes de la première moitié du XVIIIe siècle. Fresques enfin, qui égaient l'ancien réfectoire aménagé en élégante salle à manger. On goûtera ici la *carne de porco alentejana*, une incroyable alliance de palourdes et de filet de porc en cocotte que chaque restaurant prépare à sa façon.

En été, lorsqu'il fait très chaud, la Casa de Peixinhos à Vila Viçosa apparaît comme un mirage, avec ses créneaux et ses donjons. Il n'en est rien. La maîtresse de céans reçoit ses hôtes dans cette paisible demeure blanche, remaniée au cours des ans et ourlée d'ocres éclatants. Inoubliables, les effluves des fleurs d'oranger par-

Comment continuer à fabriquer des cruches en terre cuite, lourdes et fragiles, quand les récipients en plastique sont légers, et incassables ? Tel est le défi que doivent relever les artisans d'Alentejo. Pourtant leurs œuvres, plus fonctionnelles qu'on ne le

pense, sont des merveilles. Ces cruches, par exemple, ont la propriété de garder l'eau délicieusement fraîche (ci-dessous à gauche et ci-contre).

Les *bonecos* – figurines –, pures merveilles de l'art populaire, se fabriquaient déjà à Estremoz au XVIIIe siècle. Ces statuettes modelées en argile coûtaient moins cher que les statues en bois sculpté dont elles s'inspiraient. Aujourd'hui encore, les sujets sont toujours des personnages de la vie quotidienne, mais aussi des santons et des figures allégoriques. Leur charme infini tient à ce goût du détail bien observé associé à une imagination gentiment délirante. Leurs dimensions varient selon les modèles, cinq à cinquante centimètres pour la Vierge ou les figures de saints, comme saint Jean ou saint Antoine (ci-dessous).

fument la nuit. A Vila Viçosa encore, la Casa dos Arcos nous accueille à la belle saison, dans la loggia ou le patio, sous les arcades de marbre, réminiscences des fastes de la Renaissance italienne. Lors d'une halte, on goûte les bons fromages au lait de brebis. L'*évora* appelé aussi *queijinho d'Alentejo* est parfois conservé dans l'huile d'olive. Le plus réputé cependant est le *serpa*, fort et légèrement piquant. Sa croûte, badigeonnée pendant l'affinage d'huile d'olive teintée de paprika doux, est légèrement brique.

UN ARTISANAT DE QUALITÉ

Mais un séjour en Alentejo permet aussi de découvrir la tradition artisanale la plus active du Portugal. La première étape pourrait être Azaruja, ce village au cœur des forêts de chênes-lièges. Là, près d'un amoncellement d'écorces, Joaquim Correia Pereira, comme près d'une dizaine d'autres artisans, travaille dans son petit atelier. Après avoir longuement mouillé, aplati et lissé l'écorce, il donne forme aux *tarros* – efficaces thermos rustiques –, taille des cuillères, des écuelles ou d'autres objets surprenants.

A Nisa, Estremoz, Redondo, São Pedro do Corval, Reguengos de Monsaraz, c'est le royaume de la céramique. Dans cette région au climat chaud, on a toujours cherché à fabriquer des récipients qui conservent à l'eau sa fraîcheur, en utilisant la matière première idéale offerte par le sol souvent argileux. Dans ces ateliers – les *olo-*

A Estremoz, Redondo, Reguengos de Monsaraz, São Pedro do Corval, Nisa..., on produit des poteries rouges, mates et des poteries vernissées peintes de motifs naïfs. Cet artisanat a toujours eu un caractère familial, le potier travaillant seul, aidé de sa femme ou de ses enfants.

rias –, le travail garde depuis toujours un caractère familial. A São Pedro do Corval, il y a encore près de soixante potiers, qui se succèdent de père en fils. Ainsi, les Filhão sont installés depuis près de quatre cents ans dans l'atelier São José. Ils fabriquent une vaisselle vernissée, travaillée au tour, revêtue de couleur jaune pâle et ornée des motifs floraux traditionnels. Dans la pénombre, au fond de l'atelier, les poteries s'entassent, magiques, formes vieilles comme le monde façonnées dans une matière si périssable.

Toutefois, ce sont les poteries d'Estremoz, les *púcaros*, d'origine arabe, cruches en argile rouge très fine, décorées de pierres blanches, qui ont été pendant longtemps les plus célèbres de tout le Portugal. On allait même jusqu'à fabriquer des petits *púcaros* en argile parfumée que les nobles dames portugaises grignotaient avec plaisir après en avoir bu le contenu.

Aujourd'hui, les pièces de céramique les plus belles d'Estremoz sont certainement les fameuses figurines, les *bonecos*. A l'origine, les santonniers créaient des sujets de crèches et des figures religieuses. Puis, peu à peu, puisant leur inspiration dans la vie quotidienne, ils ont reproduit des bourgeois – la dame du *monte* –, des gens de la campagne, des bergers... Naïves et gracieuses, peintes de couleurs vives, ces statuettes que fabriquent

L'Alentejo est le pays du liège. La matière première ne manque pas à ces artisans qui le travaillent dans leurs ateliers depuis toujours (à gauche).

En Alentejo, dès le XVIᵉ siècle, les femmes tissaient à la maison des *mantas*, couvertures et tapis de laine de couleurs naturelles, brunes ou écrues. Il y a quelques dizaines d'années, certains de ces tissus étaient parfois encore trempés dans de l'huile d'olive pour en faire des vêtements imperméables destinés aux bergers. On découvre ici les métiers manuels de l'atelier créé par Mizette Nielsen pour le tissage des *mantas* traditionnelles. Il y a un choix d'environ sept couleurs, avec entre autres des tons vifs. On en fait des tapis, des rideaux, des

couvre-lits (ci-dessous, en haut et en bas, et ci-dessus).

Les tapis d'Arraiolos qui sont l'orgueil de toute bonne maison portugaise semblent être nés en Alentejo. Les premiers, brodés sur du canevas de lin par des femmes, chez elles ou dans des couvents, copient rigoureusement des tapis d'origine persane. Plus tard, ils s'inspirent d'indiennes et d'autres motifs. Actuellement, on brode également ces tapis dans d'autres régions (en bas, détail d'un nœud brodé sur canevas).

Une toilette à l'ancienne : fer forgé, céramique et coton brodé (ci-contre, en haut).

Dans les musées d'arts et traditions populaires, on découvre des trésors. Au musée artisanal d'Evoramonte, toute la blancheur de l'Alentejo semble se refléter sur cette nappe inondée de lumière. Symbolique aussi, ce magnifique travail de broderie où se décline point par point le quotidien, ses peines, ses doutes et ses immenses bonheurs (page ci-contre).

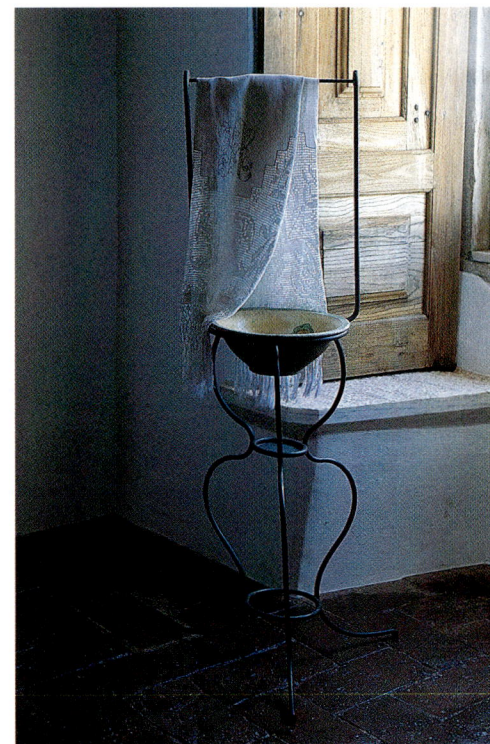

entre autres les frères Ginja ou les sœurs Flores sont peut-être parmi les plus belles créations actuelles de l'artisanat portugais traditionnel.

Quant aux tapis, la réputation de ceux d'Arraiolos a dépassé les frontières. Dans le bourg et aux alentours, on découvre ces prestigieux tapis brodés d'origine arabe, dont les premiers exemples connus remontent au début du XVIIᵉ siècle. Dans les ateliers ou à la maison, les femmes brodent sur une toile de lin la laine au point de croix. Les dessins s'inspirent traditionnellement des tapis persans ou de motifs indo-portugais également reproduits sur les dessus-de-lit de Castelo Branco. Ces tapis, que l'on peut commander dans les ateliers répartis dans le pays, peuvent également être exécutés à la commande d'après un motif fourni.

Algarve

Terre multiple que ce Portugal ! Après l'immensité poignante de l'Alentejo, ses blés, ses chênes-lièges et ses oliviers, l'Algarve se découvre des hauteurs des *serras* do Malhão, do Caldeirão et de Monchique comme un royaume extraordinaire, un jardin abrité des vents. Oui, la montagne, la plaine, la mer, tout contribue à la beauté incomparable de cette région. S'y ajoutent, bien sûr, le bleu des ciels, la transparence de l'air, la fabuleuse lumière et ce climat unique qui permet aux essences méditerranéennes de se mêler à la végétation de l'Europe tempérée et à celle de l'Afrique. A Silves, au temps de la domination musulmane, le poète Ibn Saide chantait déjà ce paradis, *al-Gharb*, le jardin ou peut-être l'occident. Et aujourd'hui, pour celui dont le regard sait voir avec son innocence originelle, l'Algarve fait toujours rêver en dehors de la saison des migrations vers le soleil.

Des hauteurs de la *serra* de Monchique, le voyageur découvre toute la diversité de cet extraordinaire paysage. Déjà, au loin, la mer scintille. Il fait doux. Des cascades murmurent, des sources thermales jaillissent de la montagne. Partout les eaux ruissellent, irriguant les cultures en terrasses. Les harmonies de vert des lumineuses prairies, des forêts de pins, de chênes-lièges et de châtaigniers se font écho. Parfois même, dans les vallées abritées, poussent des bananiers, des figuiers, des ignames. Au printemps, Monchique éclate de couleurs avec ses mimosas, ses azalées et ses narcisses en fleurs.

Dans le Barrocal, entre la montagne et la côte, c'est le pays des amandiers. Seuls, en boqueteaux ou s'étendant à perte de vue sur de vastes champs, ils émaillent le paysage de leurs tons de blanc, de rose ou de lilas. En hiver, c'est une surprise chaque fois renouvelée. Une légende raconte que la jeune femme d'un émir maure, mélancolique princesse nordique, se languissait loin des neiges de son pays. Pour lui rendre son sourire, son époux fit planter une forêt d'amandiers autour de son palais. En janvier, elle découvrit avec

ravissement les collines couvertes d'un immense manteau blanc. Des hommes, cachés dans les arbres, agitaient les branches, et la neige semblait tomber sur le sol. En Algarve, il neige en hiver des fleurs d'amandier !

Toute l'année, dans les vallons et les plaines, les *Algarvios*, avec l'antique savoir-faire hérité des Arabes, transforment cette terre en une *horta*, un véritable jardin. Ici poussent les jeunes oignons, les petits pois, les tomates et surtout les fèves qui, fraîches, sont à l'origine de délicieuses spécialités. Les collines sont piquetées de figuiers, d'oliviers, de grenadiers, de bananiers, d'orangers, de citronniers. La verdeur d'un golf somptueux – les greens de cette région sont parmi les plus beaux d'Europe – vient parfois trouer le paysage. Et partout, la chaleur tempérée par les brises marines exacerbe les parfums de buissons odorants de jasmins, de lauriers roses...

Ici, la mer n'est jamais loin. Le long de la côte se succèdent les petits ports pittoresques aux barques multicolores. A Cacela Velha, Tavira, Fuseta, Armação de Pêra, Lagos... tout rappelle l'épopée des premières caravelles inspirées du *ca-*

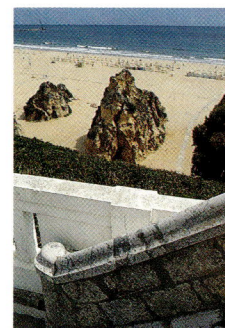

Dans le *Sotavento*, le ciel a disparu, la mer a envahi le paysage (à Cacela Velha, double page précédente). Sur cette côte d'où sont partis tant de navigateurs, on songe aux vers de Camões : «Que me voulez-vous perpétuelles saudades Avec quel espoir vous me trompez encore ?»

Les falaises fauves déchiquetées par la mer, le vert émeraude des eaux, les plages de sable doré font du Barlavento une des plus belles côtes d'Europe (page ci-contre à Portimão).

«Il faut voir Praia da Rocha l'hiver, quand tous les cars sont partis et que les filles de Neptune reprennent possession de leur royaume humide», recommandait Paul Morand. Ici, les rochers éclatants de lumière, sculptés par la mer, vus du très agréable hôtel *Bela Vista* (en haut) et du restaurant *Caniço* créé par la célèbre décoratrice, Maria Jose Salavisa (ci-dessous).

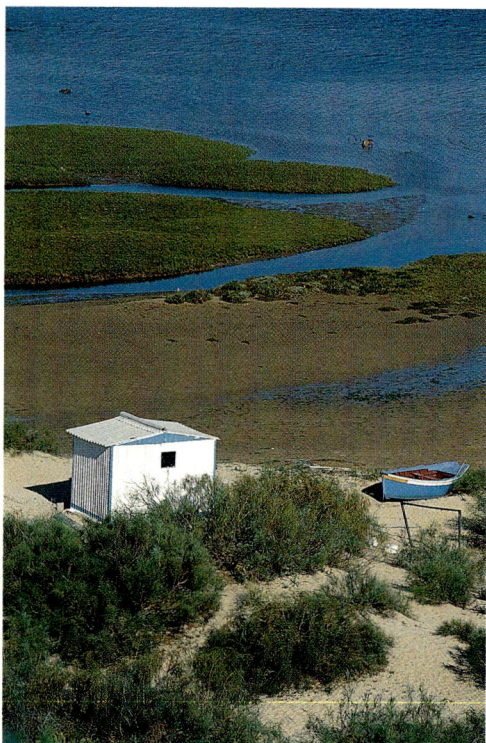

ravo des pêcheurs arabes. Vers l'est, la côte s'étire plate et lagunaire. C'est le *Sotavento* – sous le vent –, un littoral sauvage qui s'étend à perte de vue. Le ciel se reflète dans l'eau calme ; le sable, les dunes, les mousses, les roseaux ont un charme infini. D'énormes meules à sel étincellent sous le soleil. Dans le parc naturel de Castro Marim, vaste marécage, s'épanouissent d'extraordinaires plantes aquatiques rares. C'est le royaume des oiseaux, cigognes, flamants roses, hérons garde-bœufs...

Vers l'ouest en revanche, le *Barlavento* – au vent – est beaucoup moins sauvage. Mais cette côte rocheuse est d'une telle beauté que la pression immobilière en devient presque dérisoire. A Carvoeiro, à Praia da Rocha, à Ponta da Piedade, il suffit d'emprunter les petits chemins ou de louer une barque pour oublier la foule. S'avançant dans la mer, les roches fauves, ocrées, déchiquetées, composent des arches, des chaos, des grottes féeriques. Le soir, leur ton ambré donne au littoral cette douce lumière qui nimbe certains tableaux

D ans le *Sotavento*, une côte plate et sauvage s'étire entre les dunes de sable qui se mêlent aux eaux et à la musique de l'océan, sous un ciel infini (Ici à Cacela Velha).

A Olhão, ces pieux de bois piqués dans le sable composent un paysage intemporel qui aurait sans doute inspiré le peintre Vieira da Silva (page ci-contre).

Dans de telles échauguettes, que de fois a-t-on guetté avec impatience l'arrivée des caravelles ou aperçu, non sans angoisse, des bateaux ennemis ? (ci-dessous).

Instant exceptionnel sur la plage d'Armação de Pêra. En fin de journée, la lumière révèle toute la beauté des plages d'Algarve et enveloppe de sa magie le sable mauve et ces filets bleus, mousses éphémères et légères (page ci-contre).

Partout sur la côte, les villages égrènent leurs barques multicolores. Ancrées au port, dansant parfois au rythme des marées, elles composent un merveilleux spectacle. Leurs teintes vives et primaires, la variété de l'assemblage des couleurs, leur naïveté dégagent une gaieté

irrésistible, qui semble se transmettre aux maisons colorées (Armação de Pêra, en haut, et Alcantarilha, ci-dessus).

orientalistes de Delacroix ou de Ziem. A Ponte da Piedade, dans les tunnels marins, la silhouette fantastique des rochers, l'émeraude des eaux transparentes, le vert des varechs, le rouge bruni des falaises, la lumière irisée et le tendre clapotis des vagues composent le plus féerique des opéras.

Puis, imperceptiblement, jusqu'à la presqu'île de Sagres, la côte change encore. Elle devient rude, inhospitalière, tragique même. Littoral sans douceur, mer sans sérénité, serait-ce ainsi que finit l'Europe, continent tourmenté ? Douceur et violence, l'alliance des contraires serait-elle un des secrets de ce royaume ? Car cette terre accueillante est aussi le lieu des exploits les plus héroïques. C'est de Sagres, formidable promontoire battu par les vents et les flots démontés, qu'au XVe siècle, l'infant Henri le Navigateur a préparé ses expéditions maritimes et lancé ses marins et ses caravelles vers des mondes inconnus. Ces navigateurs ont fait re-

culer l'horizon et étendu à l'infini les frontières du royaume. Les premiers, ils ont atteint les Açores, avant de descendre la côte africaine, doublant le cap Bojador et le cap de Bonne-Espérance, pour enfin aborder les Indes et leurs précieuses épices.

« Portugaise est la mer infinie », murmura Fernando Pessoa en songeant à leurs exploits. Mais les Grandes Découvertes ont été suivies par une très longue décadence, une immense *saudade*. Cinq cents ans plus tard, Sagres n'est plus pour Miguel Torga qu'« un élan brisé, la flèche désignant une route perdue réellement et symboliquement [...] qui aurait pu devenir le point de départ non plus de caravelles impossibles du passé, mais de voiliers possibles du présent ». En cette fin de siècle, cette inquiétude n'est plus de mise. Les Portugais se sont enfin dégagés « des illusions sébastianistes, des nostalgies contemplatives et des envolées rhétoriques ».

Ferragudo veille sur l'estuaire du *rio* Arade. Orgueilleusement bâtie si près de l'eau, ce port semble envahi par la marée les jours de tempête. Superbement scénique, ce pittoresque village de pêcheurs n'est qu'un lacis de venelles et d'escaliers qui grimpent vers l'église (ci-contre).

Etonnante Albufeira. En 1250, elle est l'ultime place forte d'Algarve conquise par les Portugais. Aujourd'hui, elle résiste encore à la pacifique invasion des touristes. Ses pittoresques ruelles conservent le tracé des lointains occupants. Ici, les liens communautaires ancestraux et cette paix qu'engendre la solidarité sont vraiment authentiques (à droite).

Ces *registros*, petits panneaux d'azulejos placés sur les maisons, symbolisent tout un art de vivre. Ils représentent le plus souvent la Vierge ou un saint protecteur (ci-dessous).

TERRASSES BLANCHES ET CHEMINÉES DE GUIPURE

En Algarve, marche de l'Europe, antique terre de contact avec les pays de la Méditerranée, les villes et les villages gardent le souvenir de la longue présence arabe. Dans ce pays tourné vers le sud, l'Afrique du Nord n'est jamais très loin. Découvrir ces bourgs parfaitement adaptés au climat et à leur environnement est un bonheur sans cesse renouvelé.

Dans les hauts quartiers d'Albufeira, les rues étroites, parfois voûtées, surmontées d'arcs et entrecoupées d'escaliers ne sont qu'ombre et fraîcheur. Les petites ouvertures des maisons, masquées de jalousies, laissent à peine pénétrer la chaleur et la lumière. Ici, les femmes de pêcheurs préparent l'*arroz de langueirão*, cette exquise spécialité à base de riz et de couteaux. Quand il fait bon, à l'heure du repos, les gens s'installent dehors sur un banc de pierre ou sur le seuil de leur demeure. Ces blanches ruelles sont si accueillantes.

Comme elles sont douces les courbes des toits portugais recouverts de tuiles mauresques. A Tavira, chaque pièce est coiffée d'une toiture indépendante, d'où ces toitures multiples à la grâce inimitable (ci-dessous).

Ohão s'est couverte d'étonnantes demeures. Ici, colonnes et pilastres, statues et vases classiques, stucs et céramiques ne composent-ils pas un décor digne d'un palais des mille et une nuits ? (page ci-contre).

Les *Algarvios* enjolivent tout. Pavés étoilés de basalte, de grès, de granit ou de calcaire, harnachements de mules ornés de houppes à pompons de laine multicolore, délicats massepains transformés en objets d'art, frontons d'églises parés de stucs (Olhão, ci-dessus et en haut).

Partout, les Maures ont laissé leur empreinte. A Olhão, c'est presque le Maroc. Les escaliers extérieurs et les terrasses s'imbriquent, s'articulent, se superposent en un équilibre instable. Les lois de la perspective et les jeux de volumes sont comme noyés, annulés par la pureté étincelante et par les blancs tonitruants des murs. Cette étonnante ville cubiste, qui a inspiré à Braque l'un de ses collages, éclate de vie. Partout, les oiseaux chantent dans des cages qui voisinent avec des milliers de pots rustiques et hétéroclites débordant d'une allègre végétation. C'est le pays des *açoteias*, toits en terrasses sur lesquels les *Algarvios* font sécher le poisson, recueillent la précieuse eau de pluie, viennent guetter les bateaux sur la mer et faire de fabuleux rêves à la belle étoile. Comme eux, on voudrait y rester toujours.

Tavira, l'une des plus belles villes d'Algarve, illustre aussi cet art de vivre modelé par une longue histoire. La cité aux trente-sept églises apparaît hérissée de clochers, de cheminées, et aussi de coupoles et de minarets aux réminiscences mauresques. De gracieux toits en ciseaux coiffent les maisons. Ces toitures multiples appelées en portugais *telhados de quatro águas* – toits à quatre eaux – sont peut-être de lointaines souvenances d'Afrique ou d'Inde. A moins qu'elles ne soient tout simplement nées d'un choix délibéré

de charpentes plus légères, chaque pièce ayant son propre toit.

Dans l'arrière-pays, les bourgs sont plus sauvages, plus secrets. Ils se coulent dans le paysage comme São Brás de Alportel ou Caldas de Monchique dont les eaux - ô merveille ! - auraient la vertu de rajeunir ceux qui boivent à la source. Sur la *serra*, le poétique bourg de Monchique, avec ses ruelles pentues qui dégringolent les collines et ses terrasses fleuries de camélias, fait figure de jardin d'Eden. La fabuleuse lumière dévoile l'immense panorama sur la montagne jusqu'à la mer à l'horizon. Les mimosas embaument. Dans ce lieu magique, toutes les essences sont réunies, celles du Nord comme celles du Midi. Même les clochers et les corniches sont accueillants pour les cigognes et les hirondelles. Dans les échoppes et sur la place du marché, le deuxième vendredi du mois, les artisans proposent toutes sortes d'objets quotidiens, en bois, en palme, en roseau, en osier, en céramique... Et chaque année, tous les fermiers de cette luxuriante région se retrouvent fin octobre, pour la grande foire. La cuisine rustique traditionnelle de l'Algarve est alors, bien sûr, à l'honneur. Accompagnés d'un vin de Lagos, de Portimão, de Lagoa ou de Tavira, l'*ensopado de borrego* – ragoût de mouton – ou l'*assadura de porco* – porc rôti – prennent ici une saveur particulière.

L'Algarve, c'est aussi la lumière, la chaleur. Partout, celle-ci impose le blanc éclatant qui protège les maisons en renvoyant l'intense lumière vers l'extérieur. Le plus souvent, la chaux recouvre des murs en pisé, cette terre battue qui est un excellent isolant. L'éclat de ses maisons fleuries rehausse la blancheur immaculée d'Alcantarilha. Alte, surtout, enchâssé dans la verdure avec une candeur rustique, paraît surgir directement de l'atmosphère qui l'entoure, comme engendré tout naturellement par l'air et la lumière.

Car l'architecture se pare de mille nuances en cette terre riante et fertile qui ignore la grandeur sauvage et austère de la province voisine. Les volumes délicats des cheminées de l'Algarve contras-

La très cosmopolite Faro préserve la beauté de sa vieille ville. Un clocher accueille les cigognes qui vivent et nichent en Algarve (ci-dessus).

Quel savoir-faire ne faut-il pas pour chauler les surfaces de ces clochers... Rien de plus beau que de voir se détacher sur le ciel bleu de l'Algarve, unis dans une même blancheur immaculée, tous ces volumes aux formes complexes, définis par des verticales, des horizontales, des diagonales, des courbes et des contre-courbes. L'église São Martinho d'Estói illustre la permanence des formes baroques avec son clocher entouré de grands vases ornementaux (page ci-contre).

Cette femme, ce chat et cet arbre à l'ombre généreuse n'illustrent-ils pas toute la douceur de vivre en Algarve ? (ci-dessous).

On comprend ici pourquoi les toits portugais se posent sur les murs avec une si douce courbure. Les murs étant épais, la charpente suit en quelque sorte l'horizontale de la partie supérieure du mur avant de s'élever (Cacela Velha, ci-dessus).

Ces chèvres qui paissent au bord de la mer à Cacela Velha témoignent de la double vocation de l'Algarve peuplée de marins et de paysans (ci-dessous).

tent avec les structures puissantes des cheminées *alentejanas*. Orgueil de chaque propriétaire, les cheminées sont toutes différentes, résultat d'un choix, d'une inspiration même. A Loulé, lors de la commande, l'artisan demandait : « Combien de jours voulez-vous que j'y travaille ? ». Selon le désir et la bourse du client surgissaient les cheminées travaillées comme des guipures et finement ajourées, minaret ou coupole, girouette ou jalousie, clocher miniature ou pigeonnier, œuvres d'art toujours couronnées d'ornements variés. Car Loulé a une très longue tradition artisanale transmise par les Arabes. Au hasard d'une promenade dans le vieux quartier de l'Almedina, on rencontre encore ceux qui battent le cuivre, sculptent le bois, tressent le rotin et l'osier ou travaillent le cuir.

A Loulé, comme souvent en Algarve, les maisons sont basses. Leur partie supérieure est alors mise en valeur, sans doute pour équilibrer les proportions. De ce constant souci d'harmonie ont surgi ces garde-corps à balustrades, ces entablements et ces frontons en stucs. Rien n'est jamais systématique car, comme l'a remarqué Paul Morand, « le fronton, c'est la cravate des façades, le frontispice

de ces livres ouverts tout grand. […] Nulle part les blancs ne sont plus crus, les ombres plus bleues, les reliefs plus tourmentés qui viennent crever l'extérieur des façades. Couronnes, croix, majuscules enlacées en médaillons, oves, perlures, corbeaux sculptés, guirlandes et fleurons répandent sous les yeux du visiteur leurs joyaux pétrifiés. »

Sur les murs chaulés qui diffusent la lumière, la couleur, accusant, soulignant ou rectifiant les volumes, devient essentielle, structure même. Lagos met ainsi à l'honneur le bleu et le vert, l'ocre aussi et, parfois, le rouge et le noir. Les portes et les fenêtres sont fréquemment laquées de couleurs vives. A Olhão, les *tabuinhas*, sortes de jalousies cloisonnées en bois, chantent elles aussi la joie de cette province.

Lorsque l'on découvre la chapelle de São Lourenço d'Almansil, près de Faro, on comprend cette allégresse, si souvent tangible en Algarve. Car cet édifice est un éblouissement. Les murs, la voûte en berceau et même la coupole, tout l'intérieur est tapissé de merveilleux azulejos. *Ad majorem dei gloriam.*

Cette nostalgie d'un monde autre est douce en Algarve, surtout quand la chaleur s'atténue. Les nuits se révèlent alors ensorceleuses. D'énormes diamants étoilés scintillent sous un ciel de velours. Et quand la lune apparaît, bien pleine, villes et villages deviennent des lieux féeriques. Silves, l'antique capitale arabe, semble revivre ses heures de gloire tandis que le vieux Faro, désert et si bien éclairé, a un charme incomparable. Terrasses, patios, treilles et pergolas deviennent alors des lieux merveilleux de repos et d'apaisement.

VIVRE AU PAYS DU SOLEIL

Le soleil et la mer confèrent à l'Algarve une douceur édénique. Les belles demeures anciennes des hauteurs, les villégiatures modernes de la côte imaginées par de grands architectes invitent le voyageur à une halte, pour quelques jours de vacances… ou pour une vie.

Sur cette maison de pêcheur éclatent toutes les couleurs du Portugal (ci-contre).

Acheter le poisson toujours bien frais est un des plaisirs des marchés en Algarve où abondent les raies, les colins, les rougets, les sardines. Les poissons portent parfois des noms différents dans le Barlavento

et dans le Sotavento. Ici, un choix très varié de morues au marché d'Olhão (ci-dessous et à gauche).

Les marchés d'Algarve sont très animés. Tourisme oblige, l'artisanat traditionnel tend à

disparaître au profit d'objets destinés à la décoration. C'est souvent le sort des pièces de bourrellerie qui, détournées, enchâsseront un miroir... La vannerie de palme ou d'osier, tressée traditionnellement par les femmes, propose toujours des meubles, des sacs et surtout de très beaux tapis. Mais les célèbres *bilhas* – les amphores de terre cuite – de Loulé sont de plus en plus rares. Quant aux *alcatruzes*, ces pots de terre attachés en chapelet utilisés autrefois pour monter l'eau dans les norias, ils servent également à la pêche aux poulpes (ci-dessus à gauche).

A Moncarapacho, jeux de lumières dans le salon du baron von Rosen. Installé dans un très ancien pressoir à olives voûté, ce bel espace a été restauré dans l'esprit du pays (ci-contre).

La chambre avec son plafond de bois dont les poutres sont blanchies (à droite).

Des petits bancs de pierre sont installés dans les encoignures de fenêtres. A l'origine, ils étaient destinés à servir d'appui afin que puissent pivoter les volets en bois (ci-dessous).

LE DOMAINE D'UN CITOYEN DU MONDE. C'est aussi le charme du Sud qui a attiré le baron von Rosen à Moncarapacho, près de Fuseta. Appartenant à une très vieille famille d'Estonie, il a longtemps cherché à recréer cet art de vivre à la campagne, sur ses terres, dans la tradition de ses ancêtres. Finalement, cet aristocrate balte, en vrai citoyen du monde, a choisi le Portugal.

Son domaine, le *Viveiro Monterosa*, est au cœur de l'une des régions les plus luxuriantes d'Algarve. Dans ses superbes pépinières, ficus, palmiers, lauriers roses sont cultivés à l'air libre, sous ombrage ou en serres. Le baron von Rosen est d'ailleurs l'un des plus grands exportateurs de plantes ornementales du pays. En hiver, il ne faut pas manquer la visite des vergers où les arbres plient sous le poids des fruits.

Dans ce pays de cocagne, le baron von Rosen a choisi d'habiter un très ancien pressoir à olives d'où l'on aperçoit la mer, au loin. La façade paraît légèrement ocrée, de la terre ayant été mêlée à la chaux pour en atténuer l'éblouissante blancheur.

Installé à l'ombre, on y déguste la traditionnelle *cataplane* de fruits de mer et les *estrelas de figo*, ces pâtisseries qui marient les plus délicieux fruits de la province, les figues et les amandes (ci-dessous).

Les *Algarvios* savent enjoliver, orner, décorer avec un grand souci du détail (page ci-contre à droite). Christina von Rosen, qui aime beaucoup cuisiner, a voulu faire de sa cuisine un endroit chaleureux. Une discrète touche nordique rappelle ses origines (page ci-contre, à gauche).

La charmante maison de Christina von Rosen est installée dans une petite ferme rustique. Entourée de verdure, la véranda couverte est un endroit très agréable (ci-dessus).

A l'intérieur, en revanche, le blanc domine. Le pressoir voûté et les pièces aux plafonds en bois restaurés selon les traditions du pays ont gardé toute la beauté de leurs proportions.

UNE MAISON RUSTIQUE AU PAYS DES AMANDIERS. C'est dans le même esprit que Christina von Rosen, la sœur du baron, s'est installée dans une maison ancienne, la Casa Christina, près de São Brás de Alportel. Pouvait-elle rêver de vivre dans un plus bel endroit que ce pays où les montagnes sont bleues et les amandiers couverts de fleurs blanches en hiver ?

Très artiste et fort adroite, Christina a beaucoup travaillé à sa maison qui, dit-elle, a maintenant une âme. De proportions agréables, les pièces sont ornées de charmants meubles rustiques trouvés dans les environs. Comme son frère, la maîtresse de maison entreprend également la restauration d'un ancien pressoir à olives où elle a l'intention d'installer un petit centre culturel consacré à la cuisine régionale. Car Christina aime beaucoup cuisiner. Sur sa terrasse ombragée, on

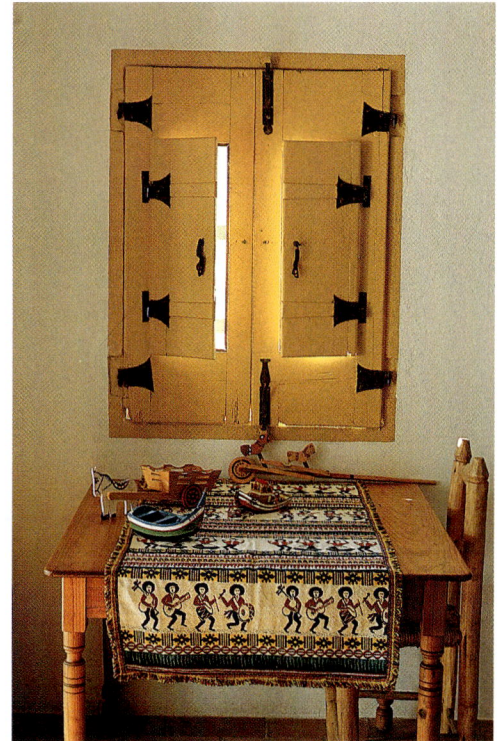

savoure le plat le plus réputé d'Algarve, les délicieuses *ameijoas na cataplana*, palourdes longuement mijotées avec du jambon cru, de l'échine de porc et du *chouriço* dans un récipient en cuivre en forme de double coquille, probablement d'origine maghrébine. La mer ici est généreuse et de nombreuses autres spécialités sont aussi à base de fruits de mer, *berbigões* – coques –, *lapas* – patelles –, *burrié* – bigorneaux... La maîtresse de maison aime aussi les friandises. Sa dernière création, très *algarvia*, associe savamment les figues, l'*aguardente de figo*, la fameuse eau-de-vie de figue et, bien sûr, la pâte d'amandes. Car en Algarve, le royaume des fruits et le pays des amandiers, les amandes sont d'une qualité exceptionnelle. *Queijinhos, castanhas, croquetes, palitos... de amêndoa*, les noms de toutes ces douceurs ne sont guère traduisibles. Mais ils donnent envie de partir là-bas, très vite, pour goûter ces délicieux massepains de toutes les couleurs,

Il y a peu de demeures seigneuriales en Algarve ; le contexte historique et social, très différent de celui du nord du pays, ne s'y prêtait pas. La maison des Fragoso qu'on aperçoit au fond du verger, à Tavira, n'en est que plus exceptionnelle (ci-contre).

António et Benedicte Fragoso ont décoré leur maison de mille objets pleins de charme qui proviennent de la région. Les *alcatruzes* – ces cruches ici posées sur une table – sont utilisées pour la pêche aux poulpes (ci-dessous).

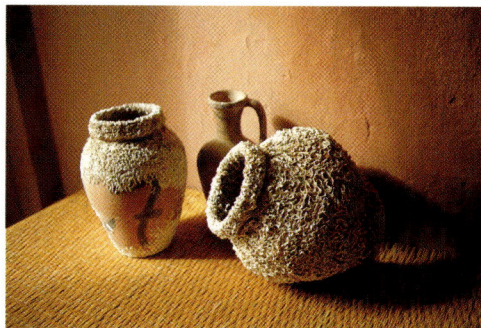

modelés comme d'appétissantes petites sculptures en forme de fruits et de légumes. Quant aux merveilles que sont le *morgado* – « administrateur du majorat » – et le *dom Rodrigo*, elles doivent leur nom, fort aristocratique, au raffinement de leur préparation et de leur emballage. Pâte d'amandes, jaunes d'œuf, confiture de citrouille et décor de sucre en font des douceurs irrésistibles.

Pour accompagner ces desserts, les maîtresses de maison offrent toutes sortes de vins doux et notamment des eaux-de-vie et des *moscatel*, liqueurs dont elles gardent jalousement les secrets de fabrication. Une *medronheira velha*, une vieille eau-de-vie d'ar-bouse, dégustée sur une terrasse en Algarve à la tombée de la nuit, procure vraiment un bonheur incomparable.

L'AMER, UN SI BEAU BELVÉDÈRE. Si Christina von Rosen s'est installée dans l'arrière-pays, António et Bénédicte Fragoso ont, eux, choisi la mer, la côte du *Sotavento* où sont situées les plus belles demeures de l'Algarve. Ils se sont installés dans la Quinta da Barra, sur les hauteurs de Tavira, voici près de dix ans. Depuis, ils n'ont plus quitté cet ancien manoir de la fin du XVIIᵉ siècle, ancienne résidence d'un ec-clésiastique de haut rang. Remarquablement situé, il servait autrefois d'amer aux marins et on ne se lasse pas de la vue fabuleuse dont on jouit d'ici sur l'océan et la ville.

Cette vaste demeure est caractéristique de la ré-gion, avec ses élégantes cheminées ajourées sur-plombant des toits en ciseaux protégés de tuiles an-

Bénédicte Fragoso s'est plue à créer, dans ces espaces, une harmonie de couleurs que nous découvrons sur cette page : jaune des murs, or des paniers chargés de fruits, ocre des céramiques. Le rouge des sets de table vient en contrepoint tandis que les verres et les bougeoirs brillent de tous leurs feux.

ciennes. Des fenêtres dans le goût mauresque ajoutent encore une touche d'exotisme aux murs d'une éclatante blancheur. Dans la chaleur de l'été, la terrasse ombragée par une vigoureuse bougainvillée rose invite au repos. Ici, les aubes sont fraîches et les nuits si douces. Le temps semble suspendu.

Apprivoisant avec talent ce lieu chargé d'histoire, Bénédicte et António ont su mettre en valeur les belles voûtes de briques chaulées, les

larges lattes en bois des plafonds et les superbes *ladrilhos*, carreaux de terre cuite qui couvrent les sols. Avec ce mélange de tact et de liberté qui est le sien, Bénédicte a insufflé ici un peu de la joie de vivre *algarvia*. En colorant certaines parois, elle a fait revivre les couches d'enduits craquelés, écaillés, retravaillés, repeints presque chaque année depuis plusieurs siècles. Elle évoque avec beaucoup de respect ces revêtements qui, de

simples pellicules de chaux, sont devenus, au cours des ans, la mémoire des murs.

Ajoutant au charme de cette *quinta*, les maîtres de maison se sont entourés de meubles peints, de céramiques et de paniers choisis avec soin. Sans oublier les tableaux, leur grande passion. Parmi ceux qui ornent les murs du salon, on remarque celui d'Alberto de Hutra, le grand-père d'António, un ami de Fernando Pessoa. Bénédicte accompagne aussi ses amis dans sa galerie de Tavira. Là, dans une séduisante demeure patricienne au bord de l'eau, elle présente toute l'année un choix de sculptures et d'œuvres contemporaines.

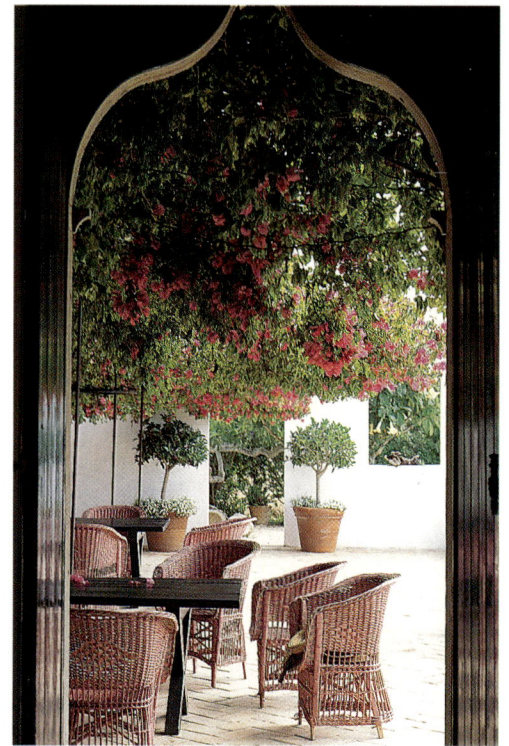

L'Orient est là dans ces arcs en accolade. Les tons de blanc de cette salle à manger sont noyés dans la lumière de l'Algarve (à gauche).

Sur la terrasse, le rose des bougainvillées semble faire écho à celui des meubles de rotin (en haut).

Le bois sèche au soleil de l'Algarve (en bas).

Le lit à baldaquin est couvert d'une *colcha* en coton gaufré (page ci-contre).

La cloche rythme les heures. Les Portugais sont passés maîtres dans la manière d'apprécier le temps. Jouir en plénitude de chaque instant qui passe est tout un art de vivre. Ici, à la Quinta do Vesuvio située dans le Haut-Douro (page suivante).

Avec quel talent les Portugais semblent rendre allègre le quotidien. Une esclave noire écaille tranquillement le poisson dans la cuisine du palais Pimenta, l'actuel musée de la ville de Lisbonne (page 241).

CARNET
PORTUGAIS

Ces adresses sont le fruit de nombreux séjours au Portugal au cours desquels se sont tissés des liens d'amitié avec les Portugais qui nous ont accueillis. Certaines sont réputées ; d'autres sont des découvertes.
Bien sûr, ce carnet regroupe toutes les adresses des hôtels, restaurants... cités ou photographiés dans les chapitres précédents, avec renvois aux pages des photographies.
Notre choix de musées est volontairement restrictif : nous avons, en effet, choisi de ne présenter ici que les petits musées intimes – arts décoratifs, arts et traditions populaires – et quelques palais ouverts au public.
Le Portugal dispose d'un grand nombre d'hôtels de qualité. Ne pouvant tous les citer, nous avons privilégié les endroits authentiques, de charme et de caractère. Nous recommandons également deux modes d'hébergement bien portugais, les pousadas et le tourisme d'habitation, particulièrement développé dans le nord du pays. Ces différents lieux de séjour sont clairement identifiés : (H) hôtel, (P) pousada et (TH) tourisme d'habitation.
Pour obtenir une information générale sur les pousadas ou sur le tourisme d'habitation, vous pouvez vous adresser aux différents organismes suivants : l'**Enatur-Pousadas** du Portugal, avenida Santa Joana Princesa, 10, Lisbonne, Tél : (01) 848 12 21, **Pitt**, rua Frederico Arouca, 72, 2°F, Cascais Tél : (01) 484 44 64 , **Privetur**, largo das Pereiras, Ponte de Lima Tél : (058) 7414 93, **Turihab**, Praça da Republica, Ponte de Lima, Tél : (058) 74 16 72 et **Anter**, Quinta do Campo, Valado dos Frades, Nazaré, Tél : (062) 57 71 35.
Ce carnet est organisé par régions suivant le parcours proposé dans ce livre.
A l'intérieur de chaque région, les adresses sont classées par thème et par ordre alphabétique des villes ou des villages qui figurent sur les cartes des pages 245 et 247. Nous avons notamment sélectionné de nombreuses adresses dans la région du Nord et dans l'Alentejo pour le voyageur qui souhaite s'éloigner des régions de grand tourisme.
Pour téléphoner au Portugal depuis la France, composez le 19 puis le 351 suivi des chiffres indiqués, en omettant le zéro qui a seulement cours au Portugal. Attention, des modifications de numérotation sont en cours et les numéros ci-dessous sont susceptibles d'être modifiés.

Les régions du Portugal

MINHO ET DOURO

OU SEJOURNER ?

Casa de Pascoaes (TH)
Maria Amélia Teixeira de Vasconcellos
São João de Gatão, 4600 Amarante
Tél : (055) 42 25 95
(voir p. 50, 51)
Dans cette région où le vin vert est particulièrement réputé, cette belle demeure du XVIIIe siècle s'ouvre par un large balcon sur le fleuve et les collines. Très belle cuisine typique.

Paço da Glória (TH)
Maurício Macedo e Moreira
Jolda, 4970 Arcos de Valdevez
Tél : (058) 94 71 77
(voir p. 46)
Ce manoir qui évoque les châteaux anglais a toujours été aimé des artistes. Récemment restauré avec art par son propriétaire, il a un charme fou. On prend le petit déjeuner dans une poétique galerie à arcades qui domine le Lima.

Quinta de Santa Comba (TH)
Jorge Henrique Carvalho de Campos
Lugar de Crujaes, 4750 Barcelos
Tél (053) 83 21 01
(voir p. 49)
Au cœur d'un vignoble de vin vert, ce manoir impressionne par son portail baroque et sa chapelle, éléments essentiels d'une demeure de qualité. Ouvrant sur le patio fleuri, la maison est très accueillante. Les cavaliers apprécieront les chevaux du domaine.

Casa do Campo (TH)
Maria Armanda de Meireles
Molares, 4890 Celorico de Basto
Tél : (055) 36 12 31
(voir p. 48, 49)
Cette maison seigneuriale, qui accueille des hôtes venus du monde entier, illustre tout un art de vivre. L'austérité du granit contraste avec la blancheur des murs. Portiques et tonnelles en topiaires géants de camélias se découvrent dans le jardin, l'un des plus beaux de la région.

Casa do Ribeiro (TH)
Maria do Carmo Ferraz Pinto
São Cristovão de Selho, 4800 Guimarães
Tél : (053) 53 28 81
Un portail armorié s'ouvre sur cette demeure qui, avec ses meubles anciens, son argenterie, ses portraits et sa chapelle, a le charme d'une maison de famille. Très agréable jardin.

Casa de Sezim (TH)
António et Maria Francisca Pinto Mesquita
Nespereira, Apartado 410, 4800 Guimarães
Tél : (053) 52 31 96
(voir p. 40, 41, 42, 43)
Très belle maison seigneuriale, avec quelques chambres, élégantes et confortables, donnant sur le jardin. Une des plus belles demeures de charme de cette région.

Paço de São Cipriano (TH)
João et Maria Teresa de Sottomayor
Tabuadelo, 4800 Guimarães
Tél : (053) 48 13 37
(voir p. 47)
Chapelle, tour crénelée, bibliothèque, patio, cuisine de granit confèrent beaucoup de cachet à cet antique palais. La maison est entourée de beaux jardins avec topiaires et buis, de vergers et de vignobles.

Pousada de Santa Marinha (P)
4800 Guimarães
Tél : (053) 51 44 53
Il fait bon vivre dans ce splendide couvent baroque restauré par le célèbre architecte Fernando Távora. L'immense couloir voûté dessert les anciennes cellules des moines, aménagées en chambres. Dans la vaste salle à manger à arcades, on déguste notamment un savoureux *arroz de cabrito*, chevreau au riz.

Casa de Rodas (TH)
Maria Luisa Távora
Lugar de Rodas, 4950 Monção
Tél : (051) 65 21 05
Fresques, meubles de famille, jardin de buis bien abrité et clos... cette demeure, située dans une propriété qui produit du *vinho verde*, vous plongera dans l'ambiance du Minho. La cuisine où l'on prend le petit déjeuner a conservé son immense cheminée de granit et son four à pain.

Casa de Casal de Loivos (TH)
Manuel Bernardo de Sampaio Pimentel Pereira Leitao
Casal de Loivos, 5085 Pinhao
Tél : (054) 7 21 49
Ce manoir du XVIIe siècle jouit d'un panorama splendide sur la vallée du Haut-Douro. Un lieu de séjour agréable pour découvrir les prestigieux domaines des vins de Porto, tout proches.

Casa do Outeiro (TH)
João Gomes de Abreu de Lima
Lugar do Outeiro, 4990 Ponte de Lima
Tél : (058) 94 12 06
Les propriétaires du manoir contribuent à conserver toute leur vitalité aux traditions locales et à faire connaître la région à leurs hôtes. En ce royaume du granit, on admire le portail armorié, le portique à colonnes et la grande cuisine.

Paço de Calheiros (TH)
Comte de Calheiros
Calheiros, 4990 Ponte de Lima
Tél : (058) 94 71 64
(voir p. 14, 15, 21, 44)
Le comte de Calheiros est l'un des premiers propriétaires à avoir accueilli des hôtes dans sa maison et de nombreuses personnalités portugaises apprécient son palais. On en aime les tours, l'escalier monumental, la chapelle et la galerie-haute qui domine la vallée du Lima et les montagnes.

Casa de Requeixo (TH)
Maria Henriqueta Norton
Frades, 4830 Póvoa de Lanhoso
Tél : (053) 63 11 12
Entre l'antique cité de Braga et le parc national da Peneda-Gerês, on loge dans cette belle ferme restaurée, en face du manoir où résident les propriétaires. Les chambres évoquent une maison de famille avec leurs lits du XVIIIe siècle en bois du Brésil, et leurs *colchas*, couvre-lits qui faisaient autrefois partie du trousseau.

Casa do Ameal (TH)
Maria Elisa Faria de Araújo
Rua do Ameal, 119, Meadela, 4900 Viana do Castelo

Tél : (058) 82 24 03
(voir p. 45)
Près de Viana do Castelo, ce manoir a le charme des demeures portugaises. Une belle collection de costumes rappelle les fastes d'antan. Les chambres d'hôte sont dans une dépendance récente. C'est l'endroit idéal pour participer à la plus célèbre fête du Nord, celle de Nossa Senhora da Agonia qui a lieu à Viana do Castelo à la mi-août.

Casa da Boa Viagém (TH)
José et Júlia Teixeira de Queiroz Areosa, 4900 Viana do Castelo
Tél : (058) 83 58 35
(voir p. 49)
Les jardins dévalent une colline verdoyante qui domine la mer et l'eau murmure dans une fontaine d'une grande beauté.
Les chambres, aménagées dans les dépendances du manoir, sont très agréables.

Quinta do Paço d'Anha (TH)
António Julio et Maria Augusta d'Alpuim
Vila Nova de Anha, 4900 Viana do Castelo
Tél : (058) 32 24 59
(voir p. 46)
Ouverts sur le patio, de confortables appartements sont installés dans les anciennes dépendances de ce manoir historique. Il ne faut pas manquer de déguster ici l'excellent Paço d'Anha, le *vinho verde* produit sur le domaine.

RESTAURANTS

Arantes
Avenida da Liberdade, 33, 4750 Barcelos
Tél : (053) 81 16 45
Le romancier José Saramago a immortalisé une spécialité de ce restaurant : les *papas de sarabulho*, solide soupe aux abats de porc et au sang préparée seulement en hiver. En été, le chef propose le *pade de anho*, un gigot d'agneau rôti au feu de bois.

Encanada
Avenida Marginal, 4990 Ponte de Lima
Tél : (058) 94 11 89
Dans l'édifice du marché, ce restaurant populaire avec vue sur le pont et la foire propose des spécialités rustiques du Minho

dont les *rojões à moda do Minho*, viande de porc avec abats, sang et marrons.

PATISSERIES

Confeitaria Salvação
Rua António Barroso, 127, 4750 Barcelos
Tél : (053) 81 13 05
Fondée il y a plus de cent cinquante ans, cette pâtisserie est considérée comme la meilleure du Minho. Parmi les merveilles, les *laranjas de doce*, des oranges confites fourrées de confiture de citrouille, et les *belas queijadinhas*, des gâteaux en forme d'étoile, mariage étonnant de fromage, d'amandes, d'œufs et de fruits.

Pastelaria Zé Natário
Rua dos Combatentes da Grande Guerra, 4900 Viana do Castelo
Tél : (058) 82 21 17
Dans cette pâtisserie réputée, on vient prendre un *cafezinho* – petit café – accompagné de *manjericos de Viana* ou de *princesas do Lima,* gâteaux traditionnels du Haut-Minho aux œufs et aux amandes.

MARCHÉS

Barcelos
(voir p. 22)
Tous les jeudis se tient sur le campo da República le plus grand marché du Portugal. Volailles, fruits, légumes, mais aussi des couvre-lits de coton ou de lin, des dentelles, des nappes brodées, des vanneries, des jouets traditionnels en bois, des plats et de pittoresques figurines en céramique.

Ponte de Lima
Le lundi, tous les quinze jours, c'est le jour du marché dans cette petite cité qui a su garder les traditions festives du Minho. On y trouve tous les produits locaux et les mille objets nécessaires à la vie quotidienne à la campagne comme la vaisselle de faïence ou le linge du Minho.

MUSEE

Casa de Mateus
5000 Vila Real
Tél : (059) 2 31 21
(voir p. 37)
La Casa de Mateus – connue dans le monde entier sous le nom

de Solar de Mateus – est l'un des plus beaux palais baroques du pays. Le parc est splendide avec ses jardins de buis et son étonnante allée couverte de cyprès. On peut également visiter l'intérieur qui garde l'ambiance chaleureuse d'un lieu habité avec ses meubles de famille et sa riche bibliothèque. Le palais abrite également une fondation, qui y organise de nombreuses activités culturelles.

PORTO

OU SEJOURNER

Casa do Marechal (H)
Avenida da Boavista, 2652
Tél : (02) 610 47 02
(voir p. 68)
Dans le quartier de Boavista, cette villa Art déco est l'hôtel de charme de Porto, redécoré récemment avec goût. Le restaurant est fréquenté à l'heure du déjeuner par les hommes d'affaires du quartier.

Hôtel Boa-Vista (H)
Esplanada do Castelo, 58, Foz do Douro
Tél : (02) 618 31 75
Installé dans une maison bourgeoise, cet hôtel est situé à Foz do Douro, près de l'embouchure du Douro. Du restaurant, le panorama rappelle que Porto sait être aussi une station estivale. Choisir une chambre sur la mer.

Hôtel da Bolsa (H)
Rua Ferreira Borges, 101
Tél : (02) 202 67 68
Ce sympathique hôtel est installé dans un immeuble ancien du centre ville, à côté du célèbre Palais de la Bourse. La plupart des chambres ont une vue sur le Douro et les chais de Vila Nova de Gaia.

Hôtel Infante de Sagres (H)
Praça D. Filipa de Lencastre, 62
Tél : (02) 200 81 01
On retrouve toute l'ambiance des anciennes demeures portugaises dans cet hôtel édifié au début des années 50 seulement. Le président de la République portugaise et les membres des familles royales anglaise et espagnole viennent y

séjourner. Les pièces de réception sont splendides avec leurs tapis d'Orient, leurs meubles de marqueterie, leurs tapisseries des Gobelins, leurs porcelaines de Chine, et leurs belles antiquités provenant, pour certaines, de la prestigieuse Casa de Serralves qui a appartenu au propriétaire de l'hôtel.

Hôtel Internacional (H)
Rua do Almada, 131
Tél : (02) 200 50 32
Ilot de calme au cœur de la ville, ce petit hôtel est installé dans un ancien couvent dont subsiste le bel escalier et les arcades de pierre. Il abrite le restaurant O Almada, très réputé et surtout fréquenté à midi.

RESTAURANTS

Aleixo
Rua da Estação, 216
Tél : (02) 57 04 62
Aleixo est une institution à Porto. La cuisine est populaire, familiale et authentiquement portugaise. Certaines personnalités, dont l'écrivain José Saramago, aiment s'y retrouver.

Boa Nova
Leça da Palmeira, 4450 Matozinhos
Tél : (02) 995 17 85
Près de Porto, ce restaurant, dessiné par l'architecte Álvaro Siza Vieira, se dresse au bord de la mer. La cuisine y est excellente. C'est aussi une halte de rêve pour boire un verre de porto en admirant le coucher du soleil sur l'océan.

Mercearia
Cais da Ribeira, 32/33 A
Tél : (02) 200 43 89
(Voir p. 66)
Délicieuse halte, le soir, pour dîner au bord du fleuve dans un décor chaleureux.

O Escondidinho
Rua Passos Manuel, 144
Tél : (02) 200 10 79
Ce restaurant traditionnel est depuis toujours une référence gastronomique à Porto.

Portofino
Rua do Padrão, 103, 4100 Foz do Douro
Tél : (02) 617 73 39
Les azulejos géométriques jaune

et blanc de la façade annoncent la qualité du décor intérieur. Dans ce restaurant de Foz do Douro, la cuisine est d'une grande finesse.

Portucale
Rua da Alegria, 598
Tél : (02) 57 07 17
De la grande salle panoramique du douzième étage, on admire tout Porto et la mer à perte de vue. Ce restaurant, considéré comme l'un des meilleurs de la ville, est un lieu incontournable pour déguster la grande cuisine portugaise et ses spécialités régionales.

Taberna do Bebobos
Cais da Ribeira, 21/25
Tél : (02) 31 35 65
(voir p. 62)
Cette taverne sur les quais est une adresse bien connue des Portugais. Depuis plus de cent ans, on déguste dans la salle à manger voûtée des spécialités du Nord telles les *papas de sarabulho*, une soupe que José Saramago a rendu célèbre.

VINS

Les chais de Vila Nova de Gaia
(voir p. 70)
Près de 80 firmes dont les noms sont inscrits en lettres géantes sur les toits sont ici représentées. Dans certaines maisons, les chais ont plus de deux cents ans. Sous les plafonds voûtés s'empilent dans la pénombre les barriques de chênes et les immenses foudres. Les visites sont toujours suivies d'une dégustation et d'une vente.

Parmi les maisons les plus connues :
Ferreira, Rua da Carvalhosa, 19/103
Tél : (02) 370 00 10
(voir p. 72)
Ramos-Pinto, Avenida Ramos-Pinto, 380
Tél : (02) 30 07 16
(voir p. 70, 71, 72)
Taylor's, Rua do Choupelo, 250
Tél : (02) 371 99 99
(voir p. 71)
W & J Graham & Co, Quinta do Agro, Rua Rei Ramiro
Tél : (02) 379 60 63

Outre les chais de Vila Nova de Gaia, on trouve aussi de bons vins de Porto dans les boutiques

spécialisées, les *garrafeiras*. Nous vous en conseillons deux :

Garrafeira do Campo Alegre
Rua do Campo Alegre, 1598
Tél : (02) 618 82 95
Garrafeira Augusto Leite
Rua do Passeio Alegre, 924
Tél : (02) 618 34 24

Pour déguster le porto dans les règles de l'art :
Solar do Vinho do Porto
Quinta da Macieirinha, rua de Entre-Quintas, 220
Tél : (02) 69 77 93
Dans un parc, au cœur de la ville, en contrebas du charmant musée Romantique, ce bar et son petit jardin surplombent le Douro. Les *escanções*, ces fins connaisseurs de l'Institut des vins de Porto, vous initient aux subtilités du porto. Ils proposent à la dégustation plus de 250 merveilles, provenant d'une soixantaine de firmes.

PATISSERIES

Casa Margaridense
Travessa de Cedofeita 20-A
Tél : (02) 200 11 78
(voir p. 64, 65)
Dans cette pâtisserie réputée, on trouve deux savoureuses douceurs traditionnelles : la *marmelada*, de la pâte de coing, et le *pão de ló*, une sorte de moelleux gâteau de Savoie en forme de roue.

Confeitaria Império
Rua Santa Catarina 149/151
Tél : (02) 200 55 95
(voir p. 65)
Une des plus anciennes et des meilleures pâtisseries de la ville.

EPICERIES

A Pérola da Guiné
Rua Costa Cabral, 231
Tél : (02) 52 02 28
(voir p. 65)
Comme l'indique son décor d'azulejos, cette épicerie est spécialisée dans les cafés provenant des anciennes colonies de l'Empire et notamment du Brésil.

A Pérola do Bolhão
Rua Formosa 279
Tél : (02) 200 40 09
(voir p. 63)

Derrière une amusante façade bien connue à Porto, cette maison propose thés et cafés, fruits secs, vins de Porto et spécialités du Brésil.

Casa Oriental
Campo Mórtires da Pátria, 112
Tél : (02) 200 25 30
(voir p. 62)
Ici, c'est le royaume de la morue. Elle s'empile jusqu'en haut des vitrines ; on la débite sur un comptoir habillé de métal. Provenances, qualités... choisir, ici, c'est tout un art.

LIBRAIRIE

Lello & Irmão
Rua dos Carmelitas, 144
Tél : (02) 200 20 37
(voir p. 67)
Cette librairie est installée dans une époustouflante architecture néo-gothique aux boiseries sculptées. Lello & Irmão a aussi édité les plus grands écrivains portugais du XIXᵉ siècle, dont Eça de Queiroz et Camilo Castelo Branco.

BOUTIQUES

Luís Ferreira & Filhos
Rua Trindade Coelho, 9
Tél : (02) 31 61 46
Luís Ferreira est considéré comme le meilleur orfèvre de Porto et, pour certains, du pays. Une boutique qui fait rêver.

José Rosas
Rua Eugénio de Castro, 282
Tél : (02) 69 57 85
Depuis plus de cent cinquante ans, cet orfèvre est le fournisseur de toutes les grandes familles du nord du pays.

Miguel Vaz de Almada
Rua Delfim Ferreira, 500
Tél : (02) 610 44 72
Chez ce jeune joaillier réputé, les prix sont très compétitifs.

MARCHES

Marché du Bolhão
Rua Sá da Bandeira
(voir p. 53, 54, 60, 61)
Ce marché animé se tient dans une belle architecture de fer, en plein centre de Porto. C'est la meilleure façon de découvrir les spécialités gastronomiques du Nord, les charcuteries, les volailles, les poissons, toutes les variétés de

haricots, présentés dans de beaux paniers drapés de tissus.

Marché de la Ribeira
(voir p. 62)
Ce pittoresque marché se tient en plein air sur les quais de la Ribeira. Il était, il y a quelques années encore, approvisionné par les bateaux du Douro.

MUSEE

Casa de Serralves
Rua de Serralves, 977
Tél : (02) 617 51 24
(voir p. 68, 69)
Somptueuse villa des années 30 entourée de jardins Art déco et d'un immense parc, la Casa de Serralves est ouverte au public et abrite une fondation culturelle, noyau du futur musée d'Art contemporain. Le petit salon de thé et son odorante glycine offrent un agréable repos dans le parc.

EN ROUTE VERS LE SUD

OU SEJOURNER ?

Palais-hôtel de Cúria (H)
Cúria 3780 Anadia
Tél : (031) 51 21 31
(voir p. 108, 109)
Construit dans les années 1920, ce grand hôtel évoque les paquebots de la Belle Epoque, leurs halls et leurs salles à manger immenses. Sa piscine construite au milieu des vignes était alors l'une des plus belles d'Europe. Toute la nostalgie des croisières de luxe...

Paloma Branca (H)
Rua Luis Gomes de Carvalho, 23
3800 Aveiro
Tél : (034) 2 25 29
Cet hôtel aménagé dans une élégante maison bourgeoise des années trente a le charme d'une demeure privée avec ses meubles, ses objets d'art et son charmant jardin où coule une fontaine.

Hôtel Palácio de Águeda (H)
Quinta da Borralha, 3750 Águeda (près d'Aveiro)
Tél : (034) 60 19 77
Entre Porto et Lisbonne, Jean Louis de Talancé a donné à la somptueuse résidence du comte da Borralha une élégance empreinte d'allégresse. Dans ce cadre fin XVIIIᵉ siècle, meubles,

objets d'art et tissus s'intègrent parfaitement. La gentillesse de l'accueil, la table réputée du restaurant, et le jardin ajoutent au charme de ces lieux.

Paço da Ermida (T.H)
João Alberto Ferreira Pinto Basto
3830 Ilhavo (près d'Aveiro)
Tél : (034) 32 24 96
Cette demeure appartient à la famille du fondateur de la fabrique de porcelaine et du musée de Vista Alegre. Un bel escalier à double volée conduit les hôtes dans cet élégant palais du siècle dernier.

Pousada da Ria (P)
Torreira, 3870 Murtosa (près d'Aveiro)
Tél : (034) 4 83 32
Un voyage au bout du monde... Sur la bande de terre qui sépare la mer de la *ria*, cette *pousada* permet d'apprécier la lagune, ses eaux, ses ciels. Il faut ici goûter la spécialité d'*ensopado de enguias* – matelote d'anguilles.

Palais-hôtel de Buçaco (H)
Buçaco, 3050 Mealhada
Tél : (031) 93 01 01
(voir p. 77, 110, 111, 112, 113)
Au cœur d'une forêt extraordinaire, l'architecture manuéline fin de siècle de Buçaco dévoile toutes ses beautés. Ce palais-hôtel n'a-t-il pas la réputation d'être l'un des plus beaux d'Europe ? Dans la rotonde qui donne sur le parc, les repas sont des moments de grâce. La cave est particulièrement renommée.

Hôtel Astória (H)
Avenida Emídio Navarro, 21, 3000 Coimbra
Tél : (039) 2 20 55
Situé au centre de la ville, au bord du *rio* Mondego, cet hôtel a le charme des demeures des années 30. Les peintres et les écrivains portugais aimaient autrefois y descendre ; Amália Rodrigues y chantait ses superbes *fados*. Le restaurant propose les très rares crus de Buçaco.

Quinta de Santa Bárbara (TH)
Manuel Vieira de Faria
2250 Constância
Tél : (049) 9 92 14
(voir p. 107)
On retrouve ici l'ambiance chaleureuse d'une demeure

portugaise traditionnelle. Le restaurant installé dans l'ancien cellier est excellent. On y déguste notamment la *sopa de peixes* – soupe de poisson –, une spécialité du Ribatejo.

Estalagém do Convento (H)
Rua D. João d'Ornelas, 2510 Óbidos
Tél : (062) 95 92 17
Patio fleuri, arcades de pierre, plafonds de bois, mobilier élégant, restaurant accueillant font de cet ancien couvent un hôtel de charme. Quelques chambres offrent une vue superbe sur la ville.

Pousada do Castelo (H)
2510 Óbidos
Tél : (062) 95 91 05
(voir p. 107)
Si les chambres de ce château fort restauré avec soin sont simples, la salle à manger est superbe avec ses encoignures gothiques.

Quinta da Sobreira (TH)
Maria João Trigueiro de Mártel Franco Frazão
Vale de Figueira, 2000 Santarém
Tél : (043) 42 02 21
(voir p. 106, 107)
Pour goûter aux charmes de la vie à la campagne, dans une confortable demeure du XIXᵉ siècle.

Quinta de Santo André (H)
Estrada Monte Gordo, 2600 Vila Franca de Xira
Tél : (063) 2 21 43
Tenue par des cavaliers, cette villégiature offre une halte agréable au pays du cheval. A Vila Franca de Xira, les amateurs d'équitation peuvent s'initier à cette haute école si prisée au Portugal au centre équestre de Lezíria (tél : (063) 2 27 81).

RESTAURANTS

Marquês de Marialva
Largo do Romal, 3060 Cantanhede
Tél : (031) 42 00 10
Une halte gourmande dans un restaurant considéré comme l'un des meilleurs de la région. La *chanfana de cabra* – chevreau en marinade – et le *leitão assado* – cochon de lait à la broche –, deux spécialités régionales, y sont très savoureux.

Restaurante Ramalhão
Rua Tenente Valadim, 24,
3140 Montemor-o-Velho
(près de Cantanhede)
Tél : (039) 6 84 35
Ce restaurant fort réputé offre
dans un décor rustique
une cuisine authentiquement
régionale. Ne manquez surtout
pas de goûter au *bacalhau com
migas temperado com ervas
aromáticas*, un plat de morue
préparée avec du pain et des
herbes aromatiques. Etoilé
dans le guide Michelin.

A Ilustre Casa de Ramiro
Rua Porta do Vale, 2510 Óbidos
Tél : (062) 95 91 94
Des colonnes blanches rythment
la belle salle voûtée peinte
en vieux rouge. D'énormes
jarres en terre cuite de Porto
de Mós se détachent sur
les murs et composent un décor
imaginé par l'architecte José
Fernandes Teixeira. Dans
l'imposante cheminée aux
piliers de granit, on grille de
savoureuses viandes.

CAFÉS ET BARS

Café Santa Cruz
Praça 8 de Maio,
3000 Coimbra
Tél : (039) 3 36 17
Les étudiants se retrouvent
dans ce café étonnant installé
sous les voûtes d'une chapelle
de l'église Santa Cruz.

Ibn Errik Rex
Rua Direita, 2510 Óbidos
Tél : (062) 9 51 93
Ce bar au décor insolite,
avec ses murs ornés de fresques,
est le rendez-vous préféré
du tout-Óbidos. C'est le
royaume de la *ginjinha*,
cette célèbre liqueur
préparée avec les griottes de
la région.

PATISSERIE

Café Zaira
Praça da República, 18,
2500 Caldas da Rainha
Tél : (062) 83 22 88
Sur la place du marché, ce café
propose aux gourmets
d'excellentes pâtisseries. Parmi
celles-ci, les *cavacas*,
des friandises qui évoquent
les macarons, et les *trouxas
de ovos*, des croquettes
au sucre et aux œufs.

FAÏENCES

Loja da Vista Alegre
Vista Alegre, 3830 Ilhavo
(près d'Aveiro)
Tél : (034) 32 42 23
On trouve dans cette boutique,
installée près de la fabrique
de porcelaine de Vista Alegre,
de superbes pièces de second
choix à des prix intéressants.

Rafael Bordalo Pinheiro
Rua Rafael Bordalo Pinheiro, 53,
2500 Caldas da Rainha
Tél : (062) 84 23 53
Boutique de second choix de la
fabrique la plus renommée de
Caldas da Rainha, la ville des
faïences.

Secla
Rua São João de Deus, 37,
2500 Caldas da Rainha
Tél : (062) 84 21 51
Beaucoup de choix également
dans cette boutique de faïence
dont la tendance est moins
classique.

MARCHE

Coimbra
(voir p. 88)
Ce marché a lieu tous les jours,
sauf le dimanche, dans la rua
Olimpo Nicolau Rui Fernandes,
sur les hauteurs de la ville. On y
trouve de tout, les produits des
fermes des environs, les poissons
du port de Figueira da Foz tout
proche, des vêtements et mille
objets quotidiens dont les paniers
tressés dans la région.

MUSÉES

Musée historique de Vista
Alegre
Vista Alegre, 3830 Ilhavo
(près d'Aveiro)
Tél : (034) 32 50 40
Ce musée appartient à la famille
du fondateur de la manufacture
de Vista Alegre, la plus célèbre
fabrique de porcelaine du pays.
On y admire les chefs-d'œuvre
réalisés depuis 1824 par la
prestigieuse maison.

Musée Rafael Bordalo
Pinheiro
Rua Rafael Bordalo Pinheiro, 53,
2500 Caldas da Rainha
Tél : (062) 84 23 53
Les passionnés de céramique ne
manqueront pas de visiter ce
petit musée situé dans la célèbre

Carte du Portugal
permettant de
situer les lieux
cités dans le texte

fabrique de Caldas da Rainha et fondé au siècle dernier par Rafael Bordalo Pinheiro.

AUTOUR DE LISBONNE

OU SEJOURNER

Casa da Pérgola (TH)
Manuel Correa Gonçalves
Avenida Valbom, 13,
2750 Cascais
Tél : (01) 284 00 40
Au cœur de la ville, cette confortable maison de famille du XIXe siècle est entourée d'un agréable jardin. La façade présente de magnifiques encadrements de fenêtres en azulejos polychromes.

Pousada de Palmela (P)
2950 Palmela
Tél : (01) 235 12 26
Ce monastère du XVe siècle domine l'imposante *serra* da Arrábida. Les bâtiments conventuels magnifiquement restaurés ont une ampleur qui n'a rien d'austère. Les chambres, surtout la 9 et la 22, ont une vue spectaculaire.

Pousada de São Filipe (P)
2900 Setúbal
Tél : (65) 52 38 44
(voir p. 142)
Cette pousada est installée dans une citadelle surplombant la ville et le fleuve. Les chambres avec vue sont très agréables. Sur la terrasse, le repas est un moment de rêve. La carte propose notamment des poissons et fruits de mer de la marée de Setúbal.

Quinta das Torres (H)
Vila Nogueira de Azeitão,
2900 Setúbal
Tél : (01) 218 00 01
(voir p. 139)
La vie est douce dans ce beau manoir Renaissance. Les chambres sont élégantes et chaleureuses ; l'une d'elles est installée dans la tour. Ornée de panneaux d'azulejos et de rares majoliques italiennes, la salle à manger donnant sur la pièce d'eau a beaucoup de charme.

Palais-hôtel de Seteais (H)
Rua Barbosa do Bocage, 8,
2710 Sintra
Tél : (01) 923 32 00
(voir p. 140, 141)

Séjourner dans cette splendide demeure historique est un plaisir de tous les instants. Dans les salons et dans les chambres, le mobilier de style néo-classique portugais est très raffiné. Avec leurs superbes buis taillés, les jardins sont dignes du palais. Excellent restaurant où l'on déguste des spécialités de la région et notamment le *pescada* – colin – de Cabo da Roca et le *frango estufado* – coq au vin – à la mode de Colares.

Quinta da Capela (TH)
Arturo da Silva Pereira
Estrada de Monserrate,
2710 Sintra.
Tél : (01) 929 01 70
(voir p. 116, 138)
Dans ce site extraordinaire, près des jardins de Monserrate, cette demeure bien portugaise, aux proportions harmonieuses, est installée avec recherche. On peut aussi loger dans deux autres charmantes maisons sur le domaine.

Quinta de São Thiago (TH)
Maria Teresa Braddell
Estrada de Monserrate,
2710 Sintra.
Tél : (01) 923 29 23
Une vue imprenable, des arbres centenaires, un manoir Renaissance... cette *quinta* résume tous les charmes de Sintra. L'accueil est chaleureux et une excellente cuisine est servie dans la salle à manger ornée d'azulejos.

QUINTAS ET PALAIS A LOUER

Quinta de Manique
Marquis et marquise de Casteja
Alcabideche, 2750 Cascais
(voir p. 124, 125, 134, 135)
Pour la location :
Sociedade Campos Henriques
(CH) Tél : (01) 396 70 51
Cette merveilleuse demeure portugaise est crépie de rose et ornée d'azulejos. Les salons avec leurs meubles de famille, les jardins ombragés où l'eau murmure, une vaste tente montée dans le parc se louent pour des réceptions de prestige, toute l'année hormis les deux mois d'été.

Palais du Correio-Mor
2670 Loures
Tél : (1) 983 33 31
(voir p. 121)

Pour la location :
Sociedade Imobiliária e Turística, Rua Rodrigo da Fonseca, 53-2°, 1200 Lisboa
Tél : (01) 386 34 13
Ce palais, édifié au XVIIIe siècle, lorsque affluait l'or du Brésil, est l'un des plus somptueux des environs de Lisbonne. On loue le palais et les jardins pour des réceptions. Egalement ouvert à la visite sur rendez-vous.

Quinta da Bacalhoa
Vila Fresca de Azeitão,
2900 Setúbal
Tél : (01) 218 00 11
(voir p. 130, 131, 132, 133)
Pour la location :
Thomas W. Scoville,
3637 Veazey street, N.W.,
Washington D.C, 20008, USA.
Tél : (1) 20 26 86 73 36
Propriétés d'une famille américaine qui aime le Portugal, le palais et les jardins sont considérés comme les chefs-d'œuvre de la Renaissance portugaise. Vivre dans ce cadre exceptionnel est une expérience unique mais ... il faut réserver longtemps à l'avance.

RESTAURANTS

Porto de Santa Maria
Praia do Guincho, 2750 Cascais
Tél : (01) 285 04 91
Entre ciel et mer, c'est la meilleure table de la région pour les amateurs de poissons et de fruits de mer. L'*arroz de mariscos* – le riz aux fruits de mer – est une merveille. Etoilé dans le guide Michelin.

Cozinha Velha,
Palácio Nacional de Queluz
Largo do Palácio, 2745 Queluz
(près de Lisbonne)
Tél : (01) 435 02 32
Ce restaurant installé dans la vaste cuisine du palais royal s'orne d'une immense cheminée soutenue par huit colonnes, de cuivres rutilants et d'une belle table de marbre sur laquelle sont présentés d'excellents desserts. On peut aussi y prendre un rafraîchissement après la visite du palais royal.

VINS

J.M. da Fonseca Internacional Vinhos Lda.
Vila Nogueira de Azeitão,
2925 Azeitão (près de Setúbal)
Tél : (01) 218 02 27
On visite ici les installations où

naît le Lancers Rosé, très connu à l'étranger, au même titre que le Mateus Rosé, ainsi que les chais où vieillissent les excellents vins de la société Vinhos dirigée par António Francisco Avillez. Celui-ci y expose son importante collection d'azulejos anciens.

PATISSERIE

Casa Piriquita
Rua das Padarias, 1/3,
Sintra
Tél : (01) 923 06 26
Dans une petite rue près du palais royal, est installée la meilleure pâtisserie de Sintra. On y déguste les légendaires *queijadas*, des tartelettes au fromage frais et au sucre.

AZULEJOS

São Simão Arte
Rua Almirante Reis, 86,
Vila Fresca de Azeitão, 2925
Azeitão (près de Setúbal)
Tél : (01) 218 31 35
Cette manufacture crée des azulejos et conçoit des panneaux entiers fabriqués selon les méthodes traditionnelles. Il est possible d'en acheter ou de passer commande sur place.

FOIRE

Foire de l'artisanat
Junta de Turismo, Arcadas do Parque, 2765 Estoril
Tél : (01) 468 01 13
En juillet et en août, des artisans de toutes les provinces viennent montrer ici leurs œuvres. Il est parfois difficile de trouver ailleurs ces *bonecas* – figurines d'Estremoz – ou ces azulejos peints à la main dans des petits ateliers spécialisés.

MUSEE

Palais Fronteira
Fundação das Casas de Fronteira e Alorna
Largo São Domingos, 1,
Benfica, 1500 Lisbonne
Tél : (01) 778 20 23
(voir p. 136, 137)
Dans les faubourgs de Lisbonne, le palais Fronteira et ses extraordinaires jardins sont ouverts à la visite. Les azulejos sont ici splendides. Ils ornent terrasses, bassins et fontaines mais aussi l'intérieur du palais, habité par ses propriétaires et magnifiquement décoré.

LISBONNE

OU SEJOURNER ?

Albergaria Senhora do Monte (H)
Calçada do Monte, 39 (H)
Tél : (1) 886 60 02
Sur les hauteurs de Lisbonne, cet hôtel offre une très belle vue sur le château Saint-Georges, mais il est très difficile à trouver.

As Janelas Verdes (H)
Rua das Janelas Verdes, 47
Tél : (01) 396 81 43
Cette séduisante demeure de la fin du XVIIIe siècle offre un décor raffiné. De certaines chambres, on aperçoit le port. A la belle saison, prendre le petit déjeuner ou savourer un verre de madère dans le patio couvert de lierre est un moment fort agréable.

Avenida Palace (H)
Rua Primeiro de Dezembro, 123
Tél : (01) 346 01 51
Sur une des places les plus animées de la ville, un de ses plus célèbres décor, celui de ce palace fin de siècle récemment restauré. Les meubles de marqueterie, les sculptures de marbre, les bronzes, les miroirs, les tapis d'Arraiolos, les lanternes de verre donnent au voyageur l'agréable impression d'être un habitué.

Lisboa Plaza (H)
Avenida da Liberdade/ Travessa do Salitre
Tél : (01) 346 39 22
Au cœur de Lisbonne, cet hôtel très élégant a le charme d'une demeure très accueillante. Le décor, avec ses faux marbres aux tons clairs, ses porcelaines et ses gravures, a été conçu dans un esprit classique par Graça Viterbo.

Veneza Lisboa (H)
Avenida da Liberdade, 189
Tél : (01) 352 67 00
Bien située, cette belle demeure du XIXe siècle entièrement rénovée est un hôtel très agréable.

York House (H)
Rua das Janelas Verdes, 32
Tél : (01) 396 24 35
(voir p. 173)
Près du beau palais Abrantes qui abrite l'ambassade de France, c'est le plus poétique des hôtels de Lisbonne. Lits à baldaquin,

azulejos, tapis d'Arraiolos..., cet ancien monastère est décoré avec l'élégance d'un palais portugais. On oublie ici l'agitation de la ville, en prenant ses repas dans l'agréable jardin intérieur où chantent les oiseaux.

RESTAURANTS

A Bota Alta
Travessa da Queimada, 37
Tél : (01) 342 79 59
Dessins et autographes de célébrités qui y sont venues ornent les murs de ce restaurant du Bairro Alto. Dans une amusante atmosphère cosmopolite, on vient ici déguster le *bacalhau à Brás*, la morue aux œufs.

Alcãntara Café
Rua Maria Luisa Holstein, 15
Tél : (01) 363 71 76
(voir p. 170)
Dans le décor original de cet ancien entrepôt, s'est installé un restaurant très à la mode.

António Clara – Clube de Empresário
Avenida da República, 38
Tél : (01) 76 63 80
Ce palais du début du siècle abrite une des très bonnes tables de Lisbonne. La morue y est fameuse. C'est l'un des rendez-vous de l'establishment politique et financier.

Aviz
Rua Serpa Pinto, 12-B
Tél : (01) 342 83 91
Lustres de cristal, velours et damas décorént ce temple de la gastronomie lisboète dans le Chiado. On goûtera ici de succulentes *costeletas de porco recheadas com ameijoas*, des côtes de porc farcies aux palourdes, superbe interprétation d'une recette traditionnelle.

Casa da Comida
Travessa das Amoreiras, 1
Tél : (01) 388 53 76
(voir p. 172)
Le tout-Lisbonne se retrouve dans ce restaurant. Un patio, des porcelaines de la Compagnie des Indes, des tableaux créent une ambiance très portugaise. On y sert une cuisine très savoureuse, élaborée avec les meilleurs produits. La carte propose notamment du *faisão à moda do Convento de Alcântara*, faisan mariné dans le vin de Porto et truffé, un très grand classique de l'Estremadure. Etoilé dans le guide Michelin.

Cervejaria da Trindade
Rua Nova da Trindade, 20
Tél : (01) 342 35 06
(voir p. 164)
Journalistes, écrivains et étudiants se retrouvent dans cette brasserie animée. Ici, l'excellente bière Sagres coule à flots.

Conventual
Praça das Flores, 45
Tél : (01) 60 91 96
Outre ses bois sculptés qui évoquent des scènes religieuses, l'originalité de ce restaurant réside dans ses plats qui proviennent pour la plupart d'antiques et succulentes recettes conventuelles. Le meilleur de Lisbonne pour certains. Etoilé dans le guide Michelin.

Gambrinus
Rua das Portas de Santo Antão, 23
Tél : (1) 342 14 66
Ce restaurant est célèbre pour la qualité de sa carte et ses spécialités de poissons. Sa cave est une des plus réputées de la ville et le sommelier, Francisco Gonçalves, jouit d'une grande réputation. Les personnalités du monde des lettres et de la finance aiment se retrouver ici.

Pap'Açôrda
Rua da Atalaia, 57
Tél : (01) 346 48 11
L'ambiance amusante d'un restaurant à la mode qu'apprécie Mário Soares. On y déguste les savoureuses *açordas* portugaises, ces sauces au pain qui accompagnent fruits de mer, morue ou viandes.

Tágide
Largo da Academia Nacional de Belas Artes, 18
Tél : (01) 346 05 70
Véritable institution, ce restaurant propose une cuisine portugaise superbement préparée : les *lombos de robalo à portuguesa* – filets de bar à la portugaise – ou les *costeletas de borrego à Tagide* – côtelettes d'agneau à la Tagide. Ornée d'azulejos, la salle à manger offre une vue fabuleuse sur le Tage.

Versailles
Avenida da Republica, 15-A
Tél : (01) 355 53 44
(voir p. 166)
A la fois café et restaurant, le Versailles est connu pour son élégant décor de stucs et de miroirs. Tout y est très bon et particulièrement l'*arroz de pato*, le riz au canard cuit au four et les *doces d'ovos*, ces gâteaux aux œufs et au sucre si portugais.

CAFES ET BARS

Café Brasileira
Rua Garrett, 120
Tél : (01) 346 95 41
Ce café historique, qui fut un célèbre café littéraire, n'est plus vraiment à la hauteur de sa réputation. Mais sur la terrasse, un mélancolique Pessoa en bronze sculpté nous rappelle que c'est ici que le grand écrivain venait écrire.

A Ginjinha
Travessa de São Domingos, 8
Tél : (01) 84 55 37
(voir p. 166)

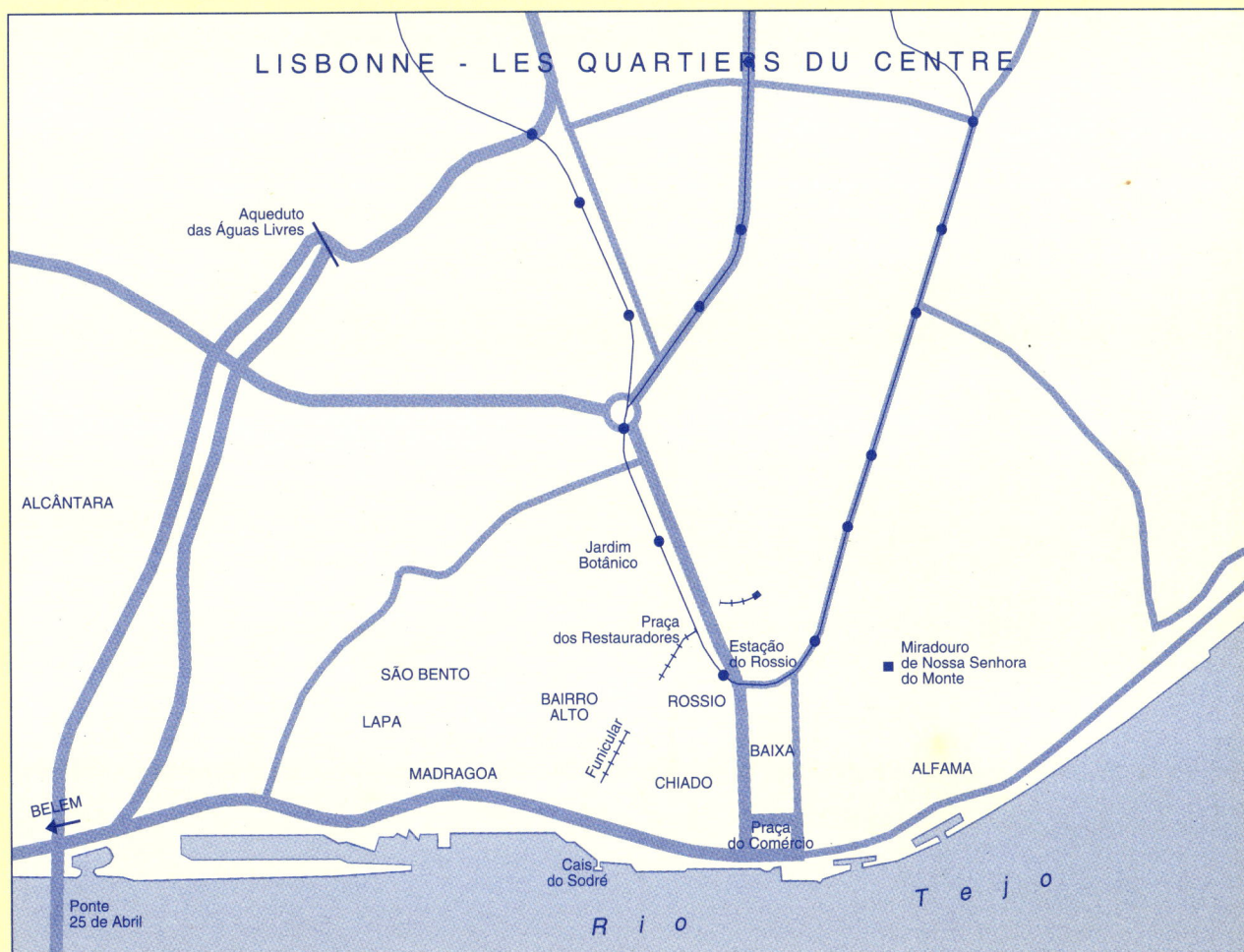

LISBONNE - LES QUARTIERS DU CENTRE

Aqueduto das Águas Livres

ALCÂNTARA

Jardim Botânico

Praça dos Restauradores

Estação do Rossio

Miradouro de Nossa Senhora do Monte

SÃO BENTO

BAIRRO ALTO

ROSSIO

LAPA

Funicular

BAIXA

ALFAMA

MADRAGOA

CHIADO

Praça do Comércio

BELEM

Cais do Sodré

Ponte 25 de Abril

Rio Tejo

Debout dans cette minuscule taverne à côté du Rossio, les connaisseurs dégustent cette délicieuse liqueur de griottes, une des boissons les plus populaires du pays.

O Chapitô
Rua Costa do Castelo, 7
Tél : (01) 888 22 41.
Une ambiance sympathique et une terrasse ombragée qui domine Lisbonne et Alfama.

Pavilhão Chinês
Rua D. Pedro V, 89
Tél : (01) 342 47 29
(voir p. 169)
Un décor étonnant pour ce bar très connu.

Procópio
Alto de São Francisco, 21
Tél : (01) 65 28 51
Dans un décor 1900, l'ambiance d'un «salon» du XVIIIe siècle où Alice Pinto Coelho, l'âme de ce bar, reçoit hommes d'affaires, personnalités du monde politique et journalistes.

PATISSERIE

Antiga Confeitaria de Belém
Rua de Belém, 84
Tél : (01) 363 74 23
(voir p. 164, 165, 167)
Cette pâtisserie qui fleure bon la cannelle est bien connue pour ses *pastéis de Nata*, ses flans à la crème dont la recette est tenue secrète.

BOITES DE NUIT

Frágil
Rua da Atalaia, 126-8
Tél : (01) 346 95 78
Grâce au propriétaire Manuel Reis, c'est ici qu'a commencé l'histoire du Baïrro Alto en 1974. Au Fragil, – véritable institution ! –, le décor change tous les six mois. Population bigarrée et ambiance assurée.

Kapital
Avenida 24 de Julho, 68
Tél : (01) 395 59 63
Colonnes, miroirs chromés et totems évoquent quelque peu le cinéma surréaliste allemand. Dans ce cadre splendide signé par la célèbre décoratrice Maria José Salavisa se pressent les noctambules du tout-Lisbonne.

XXIV de Julho
Avenida 24 de Julho, 116
Tél : (01) 396 09 11
(voir p. 170, 171)
Une étonnante boîte de nuit très à la mode, dans un décor superbe.

FADO

Le fado se chante dans les *casas de fado*, restaurants, bars, bistrots des quartiers du Bairro Alto, d'Alfama, d'Alcântara et de Lapa.

Mascote de Atalaia
Rua Atalaia, 47
Tél : (01) 347 04 80
Ce vieux café du Bairro Alto est l'un des rares endroits où le fado est vraiment authentique, chanté par des gens du quartier. Comme la salle est petite, il faut arriver vers 20 h pour ne pas rester dans la rue.

Senhor Vinho
Rua do Meio à Lapa, 18
Tél : (01) 397 26 81.
Restaurant sympathique et animé où chante la propriétaire, Maria da Fé.

AZULEJOS

Cerâmica Constância
Rua São Domingos à Lapa, 8
Tél : (01) 396 39 51
(voir p. 174)
Cette manufacture du quartier de Lapa copie des azulejos anciens et crée des œuvres contemporaines avec un grand savoir-faire.

Galeria Ratton Cerâmicas
Rua Academia das Ciênças, 2 C
Tél : (01) 346 09 48
Ana Maria Viegas renouvelle la grande tradition portugaise en commandant de remarquables azulejos artisanaux ou industriels à des artistes contemporains passionnés par la céramique. Si vous le souhaitez, elle se charge aussi de contacter des artistes pour réaliser vos propres décors.

Sant'Anna
Rua do Alecrim, 95
Tél : (01) 342 25 37
Depuis 1741, les azulejos de Sant'Anna sont des éléments essentiels de l'art de vivre au Portugal. Cette tradition est bien vivante avec un grand choix de modèles, dont des personnages

d'accueil grandeur nature, et des pièces de forme.

Solar, Albuquerque e Sousa
Rua D. Pedro V, 68
Tél : (01) 346 55 22
(voir p. 174)
Le plus célèbre antiquaire d'azulejos du pays. Une véritable caverne d'Ali Baba où l'on trouve des merveilles s'échelonnant du XVIe siècle à nos jours. On peut acheter des panneaux entiers.

Viúva Lamego
Largo do Intendente Pina Manique, 25
Tél : (01) 315 24 01
(voir p. 151, 160, 161)
La beauté de sa façade est la meilleure des signatures. Viuva Lamego fabrique les azulejos du métro de Lisbonne, mais également des copies d'anciens.

ARTISANAT

Casa Quintão
Rua Ivens, 30
Tél : (01) 346 58 37
Depuis plus de cent ans, cette maison réputée prodigue les meilleurs conseils aux acheteurs de tapis d'Arraiolos. Outre les multiples modèles exposés dans le magasin, il est possible de passer commande.

Casa Regional da Ilha Verde
Rua Paiva de Andrade, 4
Tél : (01) 342 59 74
Dans cette boutique spécialisée, on trouve tout l'artisanat des Açores et notamment ces broderies en camaïeu de bleu ou polychromes sur fond blanc ou ivoire.

Casa de São Vicente
Azinhaga das Viegas, 1, Marvila
Tél : (01) 858 11 59
Les tapis d'Arraiolos se commandent ici sur mesure. A l'est de Lisbonne, une adresse très connue pour la qualité de ses collections de dessins anciens et la beauté des couleurs de ses laines.

Galeria Tapeçarias de Portalegre
Rua da Academia das Ciências, 2
Tél : (01) 342 14 81
On trouve ici les tapisseries de haute lisse de la manufacture de Portalegre, une adresse célèbre

et réputée. On peut commander ici des œuvres d'artistes contemporains.

Madeira House
Rua Augusta, 131-135
Tél : (01) 342 68 13
Une des meilleures maisons de linge de Lisbonne. Elle propose de belles nappes de Madère. On trouve également ici de charmantes nappes rustiques de Viana do Castelo. Le linge du Nord, en lin tissé sur des métiers manuels est très beau.

Principe Real Enchovais
Rua Escola Politécnica, 12-14
Tél : (01) 346 59 45
Une adresse connue dans le monde entier. Têtes couronnées, grands de ce monde, familles de renom viennent ici passer commande. Assistée de son fils, Maria Christina Castro, qui a fondé cette maison il y a trente ans, propose sur les plus fines toiles, de merveilleuses broderies, avec des fils tirés, au point Richelieu... et même des dentelles de Peniche, introuvables ailleurs. Modèles personnalisés sur commande.

MUSEES

Fondation Ricardo do Espírito Santo Silva.
Largo das Portas do Sol, 2
Tél : (01) 886 21 83
(voir p. 174)
Tous les trésors du XVIIIe siècle portugais dans ce palais d'Alfama devenu musée des Arts décoratifs : mobilier, vaisselle, argenterie, objets d'art prestigieux... A côté, des ateliers restaurent, copient, fabriquent et vendent, dans le monde entier, des objets et autres merveilles.

Musée de la ville
Campo Grande, 245
Tél : (01) 759 16 17
(voir p. 241)
Ce musée, installé dans un palais du XVIIIe siècle, est un hymne aux azulejos : chinoiseries, scènes mythologiques et scènes de la vie quotidienne décorent les salons, les escaliers et la pittoresque cuisine.

Musée national des Azulejos
Rua do Madre de Deus, 4
Tél : (1) 814 77 47.

Dans le couvent de Madre de Deus, célèbre pour la richesse de ses bois dorés et de ses peintures, a été rassemblée la plus belle collection d'azulejos du Portugal. Donnant sur les jardins, le charmant restaurant est orné d'azulejos évoquant l'art de la cuisine. On peut acheter des azulejos dans la boutique du musée.

PROMENADE INSOLITE

Companhia Carris de Ferro de Lisboa
Rua Primeiro de Maio, 101
Tél : (01) 363 93 43
Il est possible de louer un tramway pour organiser une visite privée de la ville. Une expérience unique.

OU SEJOURNER ?

Castelo do Alvito (P)
7920 Alvito
Tél (084) 4 83 43
Récemment restauré, ce château fort impressionne par la superbe de des cinq tours. Certaines pièces de cette élégante *pousada* ont conservé leurs voûtes gothiques. C'est le cas de la salle-à-manger où l'on déguste la spécialité maison, le *bacalhau à marquês de Alvito*. Dans la fraîcheur des jardins, les orangers embaument.

Convento de São Paulo (H)
Aldeia da Serra, Serra d'Ossa, 7170 Redondo
Tél : (066) 99 91 00
(voir p. 210, 211)
Ce somptueux hôtel est installé dans un ancien couvent, apprécié au cours des siècles par les membres de la famille royale. On y découvre plus de cent panneaux d'azulejos, des plafonds voûtés, des vasques de marbre où coule l'eau de la montagne...

Pousada da Rainha Santa Isabel (P)
7100 Estremoz
Tél : (068) 2 26 18
(voir p. 208)
Dans un cadre fabuleux de pierres, de marbres et de boiseries, les élégants salons et chambres sont ornés de meubles anciens. La vaste salle à manger

voûtée offre une table de qualité. Dans cette région de chasse, grand choix de gibier pendant la saison. Le *lebre à caçadora* – lièvre chasseur – s'accompagne à merveille d'un excellent vin de Borba.

Quinta do Monte dos Pensamentos (TH)
Cristovão Tomás Bach Andresen Leitão
Estrada da Estação do Ameixial, 7100 Estremoz
Tél : (068) 2 23 75
(voir p. 209)
Il y a quelques années encore, cet agréable *monte alentejano* aux contreforts blancs était un rendez-vous de chasse. Les propriétaires ouvrent maintenant leur maison et font découvrir à leurs hôtes une étonnante collection de céramiques qui a envahi toute la maison. A la belle saison, on apprécie la fraîcheur des tonnelles.

O Eborense Solar Monfalim (H)
Largo da Misericodia, 1, 7000 Évora
Tél : (066) 2 20 31
Au cœur de la ville, ce petit palais Renaissance a conservé son vaste escalier de marbre couvert de plantes verdoyantes. La loggia à arcades, est bien agréable pour prendre un verre à la tombée de la nuit.

Pousada dos Lóios (P)
Largo Conde Vila Flor, 7000 Évora
Tél : (066) 2 40 51
(voir p. 209)
Cet ancien couvent orné de marbres, d'azulejos et de fresques est l'une des plus séduisantes *pousadas* de la région. On y savoure les fameuses douceurs conventuelles, notamment le *toucinho do céu*, littéralement «le lard du ciel».

Pousada de Santa Maria (P)
7330 Marvão
Tél : (045) 9 32 01
Cette pittoresque *pousada* nichée dans ce village blanc aux ruelles escarpées offre un dépaysement exceptionnel. On ne manquera pas de dîner dans la salle à manger pour jouir du soleil couchant.

Estalagém de Monsaraz (H)
Largo de São Bartolomeu, 5, 7200 Monsaraz

Tél : (066) 5 51 12.
Dans le village fortifié, chaulé de blanc, cet hôtel est construit dans le style du pays. Tout y est à la fois très soigné et naturel. Les chambres ornées de meubles rustiques ouvrent sur la vallée. Dans les salons, poutres et cheminées rappellent que l'Alentejo est aussi un pays aux hivers rigoureux.

Castelo de Milfontes (TH)
Margarida de Castro de Almeida
Vila Nova de Milfontes, 7555 Odemira
Tél : (083) 9 61 08
Un castel de rêve au bord de l'eau, où l'on accède par un pont-levis. Dans cette propriété familiale, les chambres ont de superbes meubles anciens et la table est excellente. L'accueil empreint de simplicité et d'élégance est inoubliable.

Casa dos Arcos (TH)
Maria Jardím Hintze Ribeiro
Praça Martím Afonso de Sousa, 16, 710 Vila Viçosa
Tél : (068) 9 85 18
(voir p. 209)
Près du palais royal, cette belle demeure ornée de fresques offre des chambres spacieuses et une agréable loggia Renaissance.

Casa de Peixinhos (TH)
José Dionísio Melo e Faro Passanha
7160 Vila Viçosa
Tél : (068) 9 84 72
(voir p. 208)
Ce manoir du XVIIe siècle, blanchi à la chaux et ourlé d'ocre éclatant, propose des chambres confortables. On apprécie ici le patio à arcades qu'embaume le parfum des orangers.

RESTAURANTS

Águias d'Ouro
Rossio Marquês de Pombal, 7100 Estremoz
Tél : (068) 33 33 26
Considéré comme le meilleur restaurant de la ville, il propose de très bonnes spécialités. La viande d'agneau est ici succulente et on ne manquera pas de goûter le *borrego com mioleiras guisado*, un ragoût d'agneau à la cervelle.

Adega do Isaías
Rua do Almeida, 23, 7100 Estremoz
Tél : (068) 2 23 18

Dans ce bistrot, on déguste le cochon sous toutes ses formes : oreilles – *orelhas* – et pieds au four – *chispes assados no forno* – ou préparés à la coriandre – *pézinhos do porco de coentrada*.

Cozinha de São Humberto
Rua da Moeda 39, 7000 Évora
Tél : (066) 2 42 51
Dans de belles salles voûtées blanches, on déguste une délicieuse cuisine régionale accompagnée des grands vins de la région. Ici, l'*arroz de pato cozido* – un riz au canard relevé avec du chorizo – s'accompagne parfaitement de reguengos rouge.

Fialho
Travessa das Mascarenhas 16, 7000 Évora
Tél : (066) 2 30 79
Dans ce restaurant bien connu, on découvre quelques spécialités dont un *borrego assado* – agneau rôti – et des salades aux herbes comme seuls savent les préparer les *Alentejanos*.

Jardím do Paço
Rua Augusto Filipe Simões, 2, 7000 Évora
Tél : (066) 74 43 00
Près du couvent dos Loios, les Cadaval ont ouvert les jardins de leur palais. Le petit restaurant qui y est installé est un lieu de rendez-vous agréable pour déjeuner ou prendre un rafraîchissement.

CHASSES

Herdade da Pereira
João Fiuza da Silveira
Apartado 99, 7000 Évora
Tél : (066) 2 44 61
Près d'Évora, João Fiuza da Silveira organise sur ses vastes domaines de grandes chasses à courre au lièvre avec ses lévriers. Les cavaliers se réunissent ensuite pour partager un excellent repas dans la salle de chasse du haras.

Vale do Manantio
Pour la réservation :
Sodarca, rue de São Paulo, 12-2°, 1200 Lisboa
Tél : (01) 347 10 11
Des passionnés organisent des chasses dans leur vaste domaine du Vale do Manantio, près de Moura, dans la région de Beja. Au bord du Guadiana, ces terres sont très giboyeuses. Perdreaux,

faisans, lièvres... sont au rendez-vous. Les chasseurs sont hébergés dans une confortable demeure qui fait partie de la propriété.

ARTISANAT

Casa d'Artes e Ofícios
Rua de Évora, 160, Igrejinha, 7040 Arraiolos
Tél : (066) 4 71 31
Dans cet atelier, les tapis sont éxécutés d'après les modèles de beaux tapis anciens. Le choix est vaste et l'on peut acheter sur place.

Tapetes de Arraiolos Kalifa
Rua Alexandre Herculano 44/46, 7040 Arraiolos
Tél : (066) 4 14 27
Cette manufacture de tapis est très attachée au respect de la tradition, dans le choix des dessins comme dans celui des laines.

Joaquím Correia Pereira
7035 Azaruja
Tél : (066) 9 71 92
Cet artisan vend ses œuvres en liège dans son atelier. Parfaitement exécutées, nombre d'entre elles ont été acquises par le musée municipal d'Estremoz.

Irmãs Flores
Rua das Meiras, 8, 7100 Estremoz
Tél : (068) 2 42 39
Dans leur petite officine, Maria Inácia Flores et sa sœur Perpétua modèlent, peignent et cuisent avec passion de superbes figurines et de grandes pièces représentant la Vierge et les saints vénérés au Portugal.

Irmãos Ginja
Musée municipal
Largo D. Dinis, 7100 Estremoz
Tél : (068) 2 27 83
Installés dans les locaux du musée municipal, Afonso et Arlindo Ginja assurent la continuité de la tradition des figurines. Ils travaillent d'après les modèles anciens des collections municipales et créent également dans le même esprit des œuvres personnelles.

Manufacture de tapisseries de Portalegre
Fábrica Real, Parque da Corredura, 7300 Portalegre
Tél : (045) 2 32 83

Cette manufacture de tapisseries de haute lisse est réputée. Séduits par la qualité du travail, Jean Lurçat, Vieira da Silva, Manuel Cargaleiro et beaucoup d'autres artistes l'ont choisie pour exécuter leurs cartons. On peut la visiter et y passer des commandes.

Loja Misette
Rua do Celeiro Monsaraz, 7200 Reguengos de Monsaraz
Tél : (066) 5 21 79
(voir p. 214)
Dans son atelier, Misette Nielsen fait tisser sur des métiers manuels des *mantas*, couvertures traditionnelles de laine aux couleurs vives et des *trapos*, ces lirettes *alentejanas*, tapis colorés très populaires réalisés avec des chutes de coton. On les trouve dans ses boutiques, à Monsaraz et à Estremoz.

Oleiros São José
Estrada de Monsaraz, 7200 São Pedro do Corval (près de Reguengos de Monsaraz)
Tél : (066) 3 14 63
Cet atelier qui est depuis près de quatre cents ans dans la famille Filhão, exécute au tour les céramiques traditionnelles en terre cuite rouge.

FOIRES ET MARCHÉ

Castro Verde
La foire qui se tient le deuxième dimanche d'octobre est ici un événement. On y trouve encore tous ces objets traditionnels qui disparaissent peu à peu : articles de bourrellerie, carrioles peintes, cuillères de bois. Un grand moment de nostalgie.

Estremoz
(voir p. 192)
Sur le Rossio, le marché du samedi matin est très pittoresque. On y achète toutes sortes de céramiques, de grosses houppelandes à col de renard, des boîtes en feutre brodé de Nisa, et bien sûr, ces fabuleuses figurines en terre cuite peinte.

Évora
La grande foire annuelle se tient la seconde quinzaine de juin. Ici, tous les artisans de l'Alentejo viennent proposer leurs créations : objets en lièges, meubles en bois peint et céramiques rustiques.

MUSÉE

Musée municipal
Largo de D. Dinis
7100 Estremoz
Tél (mairie) : (068) 2 27 33
Dans ce petit musée d'arts et traditions populaires, on découvre les plus beaux *bonecos*, les célèbres *púcaros* – cruches – et les sculptures de marbre d'Estremoz.

OU SEJOURNER ?

Vila Joya (H)
Praia da Galé, 8200 Albufeira
Tél : (089) 59 17 95
Entouré d'un jardin, cet hôtel donne sur la mer. Maria José Salavisa s'est inspirée du style mauresque pour le décor des salons et des somptueuses chambres. Sur la terrasse où l'on dîne le soir au coucher du soleil, la *caldeirada* – matelote de poissons – et les fruits de mer sont très appréciés.

Estalagém da Cegonha (H)
8100 Vilamoura (près d'Albufeira)
Tél : (089) 30 25 77
Dans cette ferme ancienne dotée d'un manège, l'ambiance est chaleureuse. Les cavaliers apprécieront la proximité du centre équestre de Vilamoura.

Casa de Lumena (H)
Praça Alexandre Herculano, 27, 8000 Faro
Tél : (089) 80 19 90
Au centre de Faro, cette demeure de caractère est ornée de meubles de style bien choisis. Le patio avec sa treille ombragée est un endroit délicieux pour prendre ses repas.

Quinta de Benatrite (TH)
John Philip Oliver
Santa Barbara de Nexe, 8000 Faro
Tél : (089) 9 04 50
A l'ombre de grands arbres, une maison de campagne très accueillante, décorée avec soin.

Casa de São Gonçalo (H)
Rua Cândido dos Reis, 73, 8600 Lagos
Tél : (082) 76 21 71
Cette demeure ancienne meublée avec recherche est une étape de charme dans la ville historique de Lagos. Le patio fleuri qu'égaye une fontaine est une véritable oasis, y prendre son petit déjeuner est un vrai plaisir.

Estalagém Abrigo da Montanha (H)
8550 Monchique
Tél : (082) 9 21 31
Cette confortable auberge de montagne permet de découvrir l'arrière-pays dans toute sa beauté. Vue inoubliable des chambres et de la terrasse fleurie. La cuisine régionale est élaborée avec des produits du terroir ; l'*assadura*, le porc grillé, est succulent.

Hôtel Bela Vista (H)
Avenida Tomás Cabreira, Praia da Rocha, 8500 Portimão
Tél : (082) 2 40 55
Cette villégiature dans le goût oriental, avec son minaret et ses palmiers qui semblent posés sur la plage, est un endroit délicieux. L'intérieur soigné est orné de beaux panneaux d'azulejos.

Fortaleza do Beliche (H)
8650 Sagres
Tél : (082) 6 41 24
Une petite merveille et les souvenances des Grandes Découvertes. Dans cette forteresse qui domine la mer, quelques chambres, une petite chapelle et un restaurant où l'on déguste de bons poissons grillés.

Pousada do Infante (P)
8650 Sagres
Tél : (082) 6 42 22
«Là où la terre finit et la mer commence», selon l'expression du poète Camões... Chaque chambre de cette agréable *pousada* donne sur l'océan et les falaises escarpées.

Pousada de São Brás (P)
8150 São Brás de Alportel
Tél : (089) 84 23 05
Entourée d'un jardin débordant de fleurs, cette pousada jouit d'une très belle vue. On y déguste une bonne cuisine locale avec des *berbigões abertos à algarvia* – coques fraîches cuites à la casserole – et un dessert traditionnel, la *torta de amendoa*, un gâteau roulé aux amandes.

Quinta do Caracol (TH)
João Marcelo Viegas
São Pedro, 8800 Tavira
Tél : (081) 2 24 75

Dans le calme d'un parc fleuri, plusieurs petites maisons de caractère, fort bien aménagées. La vue s'étend sur la mer et la montagne.

RESTAURANTS

Cidade Velha
Rua Domingos Guieiro, 19, 8000 Faro
Tél : (89) 2 71 45
Près de la cathédrale, un des meilleurs restaurants de Faro. Dans les belles salles aux plafonds voûtés de briques, on déguste des *lulas recheadas*, des encornets farcis au lard.

Alpendre
Rua António Barbosa Viana 71, 8600 Lagos
Tél : (082) 76 27 05
C'est une adresse bien connue en Algarve pour la finesse de sa cuisine. Dans un cadre luxueux, on vous propose un choix de fruits de mer et de poissons de qualité.

O Avenida
Avenida José da Costa, 8100 Loulé
Tél : (089) 6 21 06
En plein centre de Loulé, cette auberge au cadre rustique est très réputée. Il ne faut pas manquer de déguster la grande spécialité de l'Algarve, les *ameijoas na cataplana*, des palourdes mijotées avec du jambon cru.

A Lanterna
Estrada 125, croisement de Ferragudo, Parchal, 8500 Portimão
Tél : (082) 2 39 48
Dans un décor rustique c'est l'un des restaurants les plus considérés d'Algarve. Il faut goûter ici le *caldo rico de peixe*, une succulente soupe de poissons.

Alfredo's
Rua Pé da Cruz, 10, 8500 Portimão
Tél : (082) 2 29 54
Le roi des restaurants de Portimao où se retrouve une clientèle d'habitués pour y déguster une bonne cuisine portugaise. La *sopa de peixes* – soupe de poissons – et la *pescada a marinheiro* sont particulièrement savoureuses.

MUSEE

Palais de Estói
Estói, 8000 Faro
Tél : (089) 8 72 82
Pour les visites :
Mairie de Faro.
Tél : (089) 82 20 42
Ce magnifique palais se dresse au milieu de jardins en terrasse construits à la fin du XIXe siècle dans la tradition baroque portugaise. L'ensemble, en cours de restauration, va s'ouvrir à la visite.

VIE CULTURELLE

Centre Culturel Calouste Gulbenkian
51, avenue d'Iéna, 75116 Paris
Tél : 47 20 86 84
Ce centre émanant de la fondation Calouste Gulbenkian à Lisbonne organise de nombreuses manifestations qui visent à mieux faire connaître la culture portugaise : séminaires et conférences, concerts, récitals, expositions. Il dispose d'une riche bibliothèque (service d'échanges et de prêt) et exerce une importante activité éditoriale. Ses publications sont vendues à la librairie Jean Touzot, 38, rue Saint-Sulpice, 75006 Paris
Tél : 43 26 03 88 (catalogue sur demande).

Résidence André de Gouveia Fondation Calouste Gulbenkian
Cité internationale universitaire
7, boulevard Jourdan, 75014 Paris
Tél : 40 78 65 00
L'actif directeur de cette résidence, M. Eduardo Rogado-Dias, organise de nombreuses activités culturelles au cours de l'année universitaire. Sur simple coup de téléphone, on vous inscrira sur une liste et vous recevrez des invitations pour chaque manifestation.

Association Cap Magellan
20, rue de La Reynie, 75004 Paris
Tél : 42 77 46 89
Cette association dynamique entend donner une image différente du Portugal au moyen de manifestations variées et originales : conférences et débats, Forum emploi, Olympiades, concerts de rock et de variétés, week-ends et semaines culturelles... Consultez le journal d'informations mensuel *Cap Magellan News*.

Galerie Magellan
37, rue Richard-Lenoir, 75011 Paris
Tél : 43 48 33 10
Cette galerie, créée en 1990, expose des peintres et sculpteurs portugais ou d'origine portugaise. On y trouve, entre autres, des lithographies de Vieira da Silva (très rare), des sculptures de Cutileiro et Álvaro Lapa, des toiles de Rodrigo Ferreira ou de jeunes artistes comme Lilimelo. De très belles œuvres à des prix abordables.

Librairie portugaise
10, rue Tournefort, 75005 Paris
Tél : 43 36 34 37
Dans cette librairie aux couleurs du Portugal, Anne Lima et Michel Chandeigne font partager leur érudition et leur passion pour les pays lusophones. Ces libraires-éditeurs réputés pour la beauté et la qualité de leurs livres tiennent à jour l'unique catalogue de livres français et portugais sur le Portugal. Leurs spécialités : la poésie contemporaine, dont Michel Chandeigne est traducteur, et l'histoire, en particulier l'expansion maritime portugaise dont la *collection Magellane* rassemble les textes fondamentaux.

Librairie Lusophone
22, rue du Sommerard, 75005 Paris
Tél : 46 33 59 39
L'actif libraire Jean Heitor possède une gamme importante d'ouvrages en français et en portugais, et en particulier des livres pour enfants, et toute la presse lusophone. Il vend aussi des disques et des partitions, et tient à votre disposition un riche catalogue des musiques portugaises.

Librairie Portugal
146, rue du Chevaleret, 75013 Paris
Tél : 45 85 07 82
Qui propose notamment toute la presse portugaise et bresilienne.

L'Harmattan
16, rue des Écoles
75005 Paris
Tél : 43 26 04 52
Dans cette librairie cosmopolite, vous trouverez un fond important de livres portugais : littérature, livres scolaires, dictionnaires, droit…

Le Latina
80, rue du Temple, 75004 Paris
Tél : 42 78 47 86
C'est ici que vous pourrez découvrir le cinéma portugais. Outre la programmation hebdomadaire comportant des reprises en VO de grands classiques ou des exclusivités (de Manoel de Oliveira à João Botelho), ce cinéma organise des festivals, des rétrospectives, des mois à thèmes. Avec sa galerie d'art et son bistrot, c'est un lieu privilégié pour les actions culturelles que réalise à Paris l'Union Latine.

Radio Alfa 98.6 FM
1, rue Vasco de Gama
94046 Créteil-Soleil
Tél : 43 89 57 57
La radio de la communauté portugaise à Paris émet vingt-quatre heures sur vingt-quatre, dont une heure en français.

MODE

Ana Salazar
12, rue de Turbigo, 75001 Paris
Tél : 42 33 70 22
La créatrice Ana Salazar est une pionnière de la mode au Portugal. Elle aime le noir, les formes épurées, les mélanges de matières et le détail inattendu. La touche portugaise se lit dans l'utilisation de la dentelle et des écussons.

AZULEJOS

Céramis
130, avenue de Versailles, 75016 Paris
Tél: 46 47 50 98
1 bis, avenue du Général-Boissier, 78220 Viroflay
Tél : 30 24 34 41
Elisette Mouillé est la grande spécialiste des azulejos à Paris. Elle en possède un stock important dont des originaux comme les azulejos bleu cobalt des XVIIIe et XIXe siècles. Elle effectue aussi à la demande, dans des ateliers au Portugal, des rééditions de carreaux anciens ou des créations utilisant des graphismes contemporains (compter environ un mois de délai de fabrication). Ses catalogues et ses précieux conseils vous aideront à faire votre choix.

BOUTIQUES

Olissipo
19, rue du Roule, 75001 Paris
Tél : 42 36 44 69
Olissipo privilégie l'authenticité des objets et la noblesse des matériaux, présentant notamment des rééditions de céramiques du XVIIe et du XVIIIe siècle (exclusivité), des tapis d'Arraiolos, du linge de table en lin brodé à la main, des verres bullés, soufflés à la bouche. On y trouve aussi d'anciennes jarres à vin modelées et montées au colombin.

Porto Santo
7, rue du 29 Juillet, 75001 Paris
Tél : 42 86 97 81
Pedro Alvím, enfant du pays, sélectionne des objets d'artisanat traditionnels, verreries et céramiques stylisées, idéales pour les résidences secondaires. Vous vous laisserez séduire par de typiques patchworks qui, à l'origine, étaient fabriqués avec des chutes de chemises des pêcheurs de Nazaré.

Siècle
24, rue du Bac, 75007 Paris
Tél : 47 03 48 03
Pour cette élégante boutique, Marisa Osorio-Farinha, s'imprégnant de la culture portugaise, a créé la collection "arts de la table", qui se signale par la noblesse et l'originalité des matériaux. De très belles tapisseries de soie brodées à la main selon la tradition de Castelo-branco.

RESTAURANTS

Saudade
34, rue des Bourdonnais, 75001 Paris
Tél : 42 36 30 71
A deux pas du Pont Neuf, c'est le haut lieu de la cuisine portugaise à Paris. Dans un décor d'azulejos, vous goûterez le *caldo verde*, la soupe alentejane, les grands plats de morue classiques, le tout accompagné d'un frais vin vert, de très bonnes cuvées de la Quinta de Bacalhoa ou de Barca Velha... Bien sûr vous aurez l'embarras du choix dans la très belle carte des Porto. Accueil très portugais, c'est-à-dire charmant et attentif, du créateur de ce lieu, Antonio Simoẽs et de Fernando Moura.

Chez Albert
43, rue Mazarine, 75006 Paris
Tél : 46 33 22 57
Ce restaurant d'habitués propose, dans une ambiance très chaleureuse, de copieuses spécialités de toutes les régions du Portugal : vous goûterez notamment la salade de morue aux cornilles (haricots blancs), le porc sauté aux palourdes servi dans des plats de terre ou la cataplane de lotte aux palourdes, deux spécialités de l'Algarve.

L'Azulejo
7, rue Campagne-Première, 75014 Paris
Tél : 43 20 93 04
Manu et Maria, originaires de Lisbonne, ont voulu recréer dans leur restaurant l'ambiance de leur pays, ornant les murs d'azulejos ou d'ustensiles de cuisine en cuivre, et préparant une cuisine simple et savoureuse. Outre l'incontournable cataplane de porc aux palourdes, esayez les gambas ou la morue maison, accompagnée d'un vin blanc sec de l'Alentejo.

ALIMENTATION, VINS ET SPIRITUEUX

Les produits et surtout les vins portugais sont largement répandus, vous en trouverez dans les marchés, dans les épiceries fines et même dans les supermarchés. Nous ne citerons donc dans cette rubrique que des établissements spécialisés ou possédant l'exclusivité d'un produit de qualité.

Pastelaria Belém
47, rue Boursault, 75017 Paris
Tél : 45 22 38 95
Cette pâtisserie-salon de thé prépare, outre les classiques *pastéis de nata,* des spécialités de l'Alentejo et d'Abrantes dont la propriétaire est originaire, par exemple des *tigeladas de Abrantes* (entre la crème caramel et la crème renversée). On y trouve aussi du pain de maïs, du Porto et du *vinho verde*.

Canelas
4, rue Jacques, 93380 Pierrefitte
Tél : 48 21 84 51
Cette boulangerie réputée propose, outre des gâteaux classiques, les spécialités des grandes fêtes portugaises : la couronne de Noël, le pain fourré de jambon et d'olives à Pâques... Fait aussi traiteur ; pour vos banquets, passez commande.

Parmi les boutiques de vins et spiritueux portugais :
Cândieuropa
33, rue Benoît Frachon, 94500 Champigny sur Marne
Tél : 49 83 07 64
Des vins réputés (Alvarinho, Regengos, João Pires, Sauvignon, Lancers Rosé...) et de bons Porto (notamment Borges et Tresvelhotes).

PREPARER SON VOYAGE

Office du Commerce et du Tourisme du Portugal
7, rue Scribe, 75009 Paris
Tél : 47 42 55 57
Vous y trouverez des brochures détaillées par région.
Vous pourrez aussi y consulter le guide officiel du tourisme d'habitation, *Turismo no Espaço Rural,* ouvrage illustré édité en quatre langues par la direction du tourisme portugais, qui regroupe toutes les adresses des demeures ouvertes aux hôtes de passage.

Atout Portugal
Ce spécialiste du Portugal privilégie les formules à la carte et permet à chacun de concevoir son voyage à sa guise, selon son propre rythme et son budget : vol seul, circuits, locations de villas... Demande de brochures, informations et liste des agences agréées au 43 20 78 78.

Clio
34, rue du Hameau, 75015 Paris
Tél : 53 68 82 82
Cette agence de voyages culturels – inspirée par la muse de l'histoire –, propose un circuit qui vous permettra de découvrir en petits groupes les monuments, monastères et musées des villes du nord du Portugal, de Lisbonne à Porto.

Donatello
20, rue de la Paix, 75002 Paris
Tél : 44 58 30 81
Ce spécialiste de l'Italie s'ouvre au Portugal avec une belle brochure : circuits, séjours découvertes, séjours mer et golf ou service à la carte.

Lusitânia
6, rue Paul-Cézanne, 75008 Paris
Tél : 42 89 42 99
Spécialiste du Portugal, cette agence propose des circuits et des séjours variés : du week-end culturel au stage de golf. Elle sélectionne des hôtels de charme ou des *pousadas* et met à votre disposition trois brochures ainsi qu'un guide du tourisme d'habitation. Le service «à la carte» vous permettra de composer votre propre circuit.

"Portugal extraordinaire" de Marsans international
4, rue Chateaubriand, 75008 Paris
Tél : 43 59 72 36
Cet organisme diffuse une très belle brochure, claire et complète, offrant de nombreuses formules : forfaits avion, voiture et pousada, week-ends avion et hôtel, voyages à la carte. La présentation région par région vous aidera à concevoir votre itinéraire, puis à sélectionner et à réserver vos *pousadas* et demeures de charme (tourisme d'habitation).

La liste des *feiras* – foires – et des *romarias* – fêtes religieuses célébrées en l'honneur d'un saint patron – est très longue, surtout dans le Nord. Elles sont l'occasion de processions, de bals, de défilés et, bien sûr, de feux d'artifice, ramenés de Chine au temps des Grandes Découvertes.
Voici une sélection de quelques-unes de ces fêtes.

FEVRIER OU MARS, avant le mercredi des Cendres
A **Ovar, Torres Vedras et Loulé**, défilés de chars, bataille de fleurs.

MARS OU AVRIL, pendant la Semaine sainte
Braga : partout dans les églises et dans la ville sont reconstituées les stations du chemin de croix. Processions très solennelles avec leurs pénitents, qui évoquent celles de Séville.

MAI
Barcelos : le 3. Une des grandes fêtes du Nord. Procession de la fête des Croix, danses populaires et exposition d'artisanat avec un choix important de céramiques.
Fátima : Les 12 et 13, de mai à octobre, il y a chaque mois un grand pèlerinage. Ce sont les plus importants du Portugal. Comme pour Saint-Jacques-de-Compostelle, on y vient à pied de tout le pays.

JUIN
Amarante : le premier week-end. La grande fête de la São Gonçalo, le saint réputé pour favoriser les mariages.
Lisbonne : fêtes des saints populaires. Les 12 et 13, la Saint-Antoine ; les 24 et 25, la Saint-Jean. On défile en musique dans la ville. Les quartiers anciens sont décorés de guirlandes et on danse dans des bistrots improvisés en plein air.
Braga : du 21 au 24. Fête de la Saint-Jean. Défilé costumé, parade de groupes folkloriques, feux d'artifice.
Vila do Conde : du 16 au 24. Pour la Saint-Jean défilent les *mordomas*, les femmes du Minho parées de leurs célèbres bijoux d'or et les dentellières dans leur costume régional.
Porto : les 23 et 24, pour la Saint-Jean. On danse et on chante autour de feux de joie, en mangeant des grillades et des sardines arrosées de vin vert.
Évora : du 23 au 29, grande foire de la Saint-Jean. Artisanat, musique.
São Pedro de Sintra : le 29, pour la Saint-Pierre. Vaste foire on l'on trouve de tout, antiquités, artisanat, brocante...

JUILLET
Campo Maior : début juillet. Dans cette ville de l'Alentejo, les *festas de povos* – fêtes du peuple – ont lieu en principe tous les sept ans. La prochaine est prévue pour 1995. Fascinantes décorations multicolores en papiers découpés : oiseaux, fleurs, animaux, guirlandes... dans toute la ville. Chaque rue devient un lieu magique.
Vila Franca de Xira : le premier week-end. La grande fête du Ribatejo, le *Colete encarnado* – gilet rouge. Défilés des *campinos* – les gardians –, lâchers de taureaux dans les rues, courses de taureaux, danses folkloriques, repas de sardines grillées.
Guimarães : début juillet. Fêtes de São Torcato. Processions et festival international de folklore.
Tomar : la première quinzaine de juillet, les années impaires. Fête des Tabuleiros, une des plus réputées du pays. Les jeunes filles défilent en portant sur la tête un *tabuleiro*, plateau de leur propre hauteur, formé de pains empilés garnis de fleurs. Ces réjouissances s'accompagnent de danses, de courses de taureaux, de feux d'artifice.

AOUT
Viana do Castelo : la troisième semaine. *Romaria* de Notre-Dame de l'Agonie. La plus célèbre du Minho où l'on admire les plus beaux costumes de la région, avec procession, course de taureaux, défilés de géants et de nains, feux d'artifice, festival de danses folkloriques...

SEPTEMBRE
Palmela : le premier dimanche. Fête des vendanges. Bénédiction des raisins, folklore, musiques, feux d'artifice.
Lamego : au début du mois. *Romaria* da Senhora dos Remédios. Processions avec statues représentant des épisodes de la vie de la Vierge. Bataille de fleurs.

OCTOBRE
Castro Verde : la deuxième quinzaine. Foire très animée où l'on trouve toutes sortes d'objets qui témoignent d'une civilisation rurale traditionnelle.

NOVEMBRE
Golegã : la première quinzaine. Foire de la Saint-Martin. La grande foire nationale du cheval lusitanien. Présentation, concours d'attelage, concours hippiques, épreuves de dressage, ventes aux enchères.

BIBLIOGRAPHIE

Il ne s'agit ici que d'une esquisse de bibliographie qui ne saurait être exhaustive et dans laquelle nous avons donné la première place aux titres traduits en français. Pour certains domaines, nous nous sommes contentés d'orienter le lecteur en lui indiquant une collection spécialisée.

GUIDES

Des guides faciles à consulter, qui offrent d'excellentes informations générales et de bonnes adresses.

Le Grand Guide de Lisbonne, Bibliothèque du Voyageur, Gallimard.
Le Grand Guide du Portugal, Bibliothèque du Voyageur, Gallimard.
Le Guide du Routard Portugal, Hachette.
Portugal, Madère, Guide Vert, Michelin.
Portugal, Madère, Açores, Guide Bleu, Hachette.
Lisbonne aujourd'hui, Suzanne Chantal, J.A., 1991.
Le Petit Futé Portugal, Olivier Orban.
Algarve, Lisbonne, Berlitz.
Guide des hôtels de charme d'Espagne et du Portugal, Rivages.
Portugal, Arthaud.
Au Portugal et à Madère, Visa, Hachette.
Nous partons pour le Portugal, PAUL TEYSSIER, PUF, 1970.

Des guides en langue étrangère, indispensables :
Turismo no espaço rural, Direcção Geral do Turismo, Lisboa. Le guide du Tourisme d'habitation, en portugais, français, anglais et allemand.
Karen Brown's Portuguese Country Inns & Pousadas, Harrap Columbus.
Frommers, Portugal, Prentice Hall. En anglais. Toutes les bonnes adresses parfaitement commentées.
Portugal's Pousada Route, Stuart Moss, Vista Ibérica publicacões, 1992.
La guia del viajero gastronomico, José F. Pérez Gallego et Lola Romero, Anaya Touring. Un très bon ouvrage en espagnol.

ESSAIS ET RÉCITS

Avec autant de cœur que d'esprit, des récits de voyage, des guides essentiels, poétiques, pertinents.

CHRISTIAN AUSCHER, *Portugal*, Points Planète Seuil, 1992.
EDUARDO PAZ BARRO (sous la direction de), *Saveurs de Porto*, L'Escampette, 1991.
YVES BOTTINEAU, *Le Portugal*, Arthaud, 1989.
MICHEL CHANDEIGNE (sous la direction de), *Lisbonne, nostalgie du futur*, Autrement, hors-série n° 30, avril 1988.
SUZANNE CHANTAL, *Portugal*, Sun, 1987.
MICHEL DÉON, JACQUES CHARDONNE, PAUL MORAND, *Le Portugal que j'aime*, Sun, 1960.
BERNARD HENNEQUIN, *Voir le Portugal*, Hachette Réalités, 1979.
PIERRE KYRIA, *Lisbonne*, Champ Vallon, 1985.
J.-J. LAFAYE en collaboration avec ZÉNI D'OVAR, *Le Fado d'Amália Rodrigues*, Actes Sud, 1992.
PHILIPPE ET PIERRE LÉGLISE-COSTA, *Le Portugal*, Romain Pages, 1990.
EDUARDO LOURENCO, *L'Europe introuvable, Jalons pour une mythologie européenne*, Métailié, 1991.
GEORGES PILLEMENT, *Portugal inconnu*, Grasset, 1965.
A. t'SERSTEVENS, *L'Itinéraire portugais*, Grasset, 1940.

HISTOIRE ET GEOGRAPHIE

MARQUIS DE BOMBELLES, *Journal d'un ambassadeur de France au Portugal*, Roger Kahn, PUF, 1979. La vie au XVIIIe siècle, à Lisbonne.
YVES BOTTINEAU, *Le Portugal et sa vocation maritime, Histoire et Civilisation d'une nation*, de Boccard 1977.
ALBERT ALAIN BOURDON, *Histoire du Portugal*, Chandeigne, 1994.
SUZANNE CHANTAL, *La Vie quotidienne au Portugal après le tremblement de terre*, Hachette, 1962.
ROBERT DURAND, *Histoire du Portugal*, Hatier, 1992.
JACQUES GEORGEL, *Le Salazarisme : Histoire et Bilan 1926-1974*, 1981.
FRANÇOIS GUICHARD, *Géographie du Portugal*, 1990.
YVES LÉONARD, *Le Portugal*,

252

Vingt ans après la révolution des œillets, D.F, 1994.

BEAUX LIVRES

Azulejos, Europalia 1991.

MARCUS BINNEY, *Country Manors of Portugal,* Difel, 1987.

PATRICK BOWE, NICOLAS SAPIEHA, *Parcs et jardins des plus belles demeures du Portugal,* Menges, 1990. Une découverte.

JOSÉ-AUGUSTO FRANÇA, *Une ville des Lumières : la Lisbonne de Pombal,* S.E.V.P.E.N., Paris, 1965. Pour comprendre la Lisbonne pombaline.

JOSÉ MECO, *L'Art de l'Azulejo Bertrand au Portugal,* Lisbonne 1990. Omniprésence des azulejos

EUGENIO D'ORS, *Du Baroque,* Gallimard, 1968. Le baroque comme une constante de l'art. *Portugal Roman,* Zodiaque, 1987.

TERESA PACHECO PEREIRA, *Tapis d'Arraiolos,* FNAC Gráfica, 1991.

PASCAL QUIGNARD, *La Frontière,* Chandeigne, 2e Edition 1992. Inspiré par le palais Fronteira. Une édition de luxe illustrée.

MARIA JOSÉ SALAVISA, *Regras e princípios em decoração,* Civilização, 1991.

ANNE DE STOOP, *Demeures portugaises dans les environs de Lisbonne,* Weber Civilização, 1986 ; *Palais et manoirs du Minho,* à paraître aux Éditions du Seuil en 1995.

MARYLÈNE TEROL, *Azulejos à Lisbonne,* Hervas, 1992.

FERNANDO SOMMER D'ANDRADE, *La Tauromachie équestre au Portugal,* Chandeigne 1991.

LITTÉRATURE

WILLIAM BECKFORD, *Souvenirs d'Alcobaça à Batalha,* José Corti, 1989. *Journal intime au Portugal,* José Corti, 1986.

SUZANNE CHANTAL, *La Caravelle et les Corbeaux,* Plon, 1948.

JEAN GIRAUDOUX, *Portugal,* Grasset, 1958.

JOSEPH KESSEL, *Les Amants du Tage,* Presses Pocket, 1978.

PIERRE KYRIA, *La Mort blanche,* Fayard, 1972.

VALERY LARBAUD, *Lettre de Lisbonne,* dans *Jaune Bleu Blanc,* Gallimard, 1991. Quelques souvenirs de voyages.

PAUL MORAND, *Le Prisonnier de Sintra,* Livre de Poche, 1974 ; *Lorenzaccio ou le retour du proscrit,* Livre de Poche, 1977 ; *Bains de mer,* Arléa, 1991.

ANTÓNIO TABUCCHI, *Requiem,* Bourgois, 1993.

VOLTAIRE, *Candide ou l'Optimisme,* Larousse, 1971.

LITTÉRATURE PORTUGAISE

NUNO JÚDICE, *Voyage dans un siècle de littérature portugaise,* Fondation Gulbenkian et L'Escampette, 1993. Un aperçu très complet des œuvres disponibles en français.

Les classiques :

CAMILO CASTELO BRANCO, *Amour de perdition,* Actes Sud, 1984.

LUÍS DE CAMÕES, *Les Lusiades,* Fondation Gulbenkian, 1992 ; *Sonnets,* Chandeigne, 1991.

JOSÉ MARIA EÇA DE QUEIROZ, *Les Maias,* Fondation Gulbenkian, PUF, 1971 ; *202, Champs-Elysées,* La Différence, 1991.

FERNÃO MENDES PINTO, *Pérégrination,* La Différence, 1991.

FERNANDO PESSOA : ses œuvres ont été publiées en français par de nombreux éditeurs, dont Christian Bourgois qui en a entrepris la publication complète en huit volumes. Citons, entre autres, *Le Livre de l'intranquillité* et *Je ne suis personne,* préface de R. Bréchon, une anthologie du plus célèbre des poètes.

AQUILINO RIBEIRO, *Casa Grande,* Stock, 1993.

Les contemporains :

ALEXANDRE ALMEIDA FARIA, *La Passion,* Belfond, 1988 ; *Le Conquistador,* Ramsay-Cortanze, 1991.

AGUSTINA BESSA LUÍS, *Fanny Owen,* Actes Sud, 1987 ; *La Cour du Nord,* Métailié, 1990.

JOSÉ CARDOSO PIRES, *Ballade de la plage aux chiens,* Gallimard, 1986.

MARIA JUDITE DE CARVALHO, *Paysages sans bateau,* La Différence, 1988.

VERGÍLIO FERREIRA, *Alegria Breve,* Gallimard, 1969 ; *Au nom de la Terre,* Gallimard, 1992.

NUNO JÚDICE, *Les degrés du regard,* l'Escampette.

ANTÓNIO LOBO ANTUNES, *Le Cul de Judas,* Métailié, 1983 ; *Le Retour des caravelles,* Bourgois, 1990.

EDUARDO LOURENÇO, *Le Labyrinthe de la saudade,* Sagres-Europa, 1988 ; *Pessoa, l'étranger absolu,* Métailié, 1990.

SOPHIA DE MELLO BREYNER, *Contes exemplaires, Navigations,* La Différence, 1981, 1988.

FERNANDO NAMORA, *Fleuve triste,* La Différence, 1987.

VITORINO NEMÉSIO, *Gros Temps sur l'archipel,* La Différence, 1988.

LUIS MIGUEL QUEIRÓS, *Vingt et un poètes pour un vingtième siècle portugais,* L'Escampette, 1994.

JOSÉ SARAMAGO, *L'Année de la mort de Ricardo Reis,* Le Seuil, 1994 ; *Le Radeau de pierre,* Le Seuil, 1986. *Le Dieu manchot,* Albin Michel, 1989.

JORGE DE SENA, *Signes du feu,* Albin Michel-Métailié, 1987 ; la vie portugaise à l'époque de la guerre civile d'Espagne ; *Au nom du diable,* Métailié, 1993. Nouvelles.

MIGUEL TORGA, *En franchise intérieure,* Aubier-Montaigne, 1982 ; *Portugal,* Arléa, 1988. *Contes et nouveaux contes de la montagne,* José Corti, 1994. Le patriarche de la littérature portugaise. Toutes ses œuvres sont traduites avec art par Claire Cayron.

GASTRONOMIE

Ouvrages remarquables pour s'initier à la cuisine, aux vins ou découvrir les meilleurs restaurants.

CHANTAL LECOUTY, *Le Porto,* Robert Laffont, 1989.

ALEX LIDDELL ET JANET PRICE, *Port Wine Quintas of the Douro,* préfacé par Serena Sutcliffe, Philip Wilson, 1992.

RICHARD MAYSON, *Portugal's Wines and Wine Makers,* Ebury Press, 1992.

MARIA DE LOURDES MODESTO, *Cozinha traditional portuguesa,* Verbo, 1982.

JOSÉ F. PÉREZ GALLEGO, *Pequena historia de la cocina portuguesa,* Anaya, 1993.

JORGE TAVARES DA SILVA, *La Cuisine portugaise de tradition populaire,* Le Guide des Connaisseurs, 1991.